Barnikel · Fichtner · Ruch · Winter

GEZIELT VORBEREITET

# GEZIELT VORBEREITET

Ein Informations- und Arbeitsbuch zur **Auswahlprüfung** für die Studienplätze an der Hochschule für den öffentlichen Dienst in Bayern

mit Prüfungsaufgaben und Lösungen für die Einstellungsjahre 2017 und 2018


herausgegeben von

HERMANN RUCH

verfasst von

FRIEDRICH BARNIKEL
PAUL FICHTNER
HERMANN RUCH
ERICH WINTER


VERLAG E. VÖGEL, STAMSRIED

ISBN 978-3-89650-454-8
33., neu bearbeitete Auflage 2018


Gesamtherstellung: Druck + Verlag Ernst Vögel GmbH, Stamsried

Printed in Germany

# INHALTSVERZEICHNIS

# VORWORT

Sie interessieren sich für eine verantwortungsvolle und herausfordernde Tätigkeit im Dienste des Gemeinwohls?

Sie besitzen die deutsche Staatsangehörigkeit oder die eines anderen Mitgliedstaates der Europäischen Union, des Europäischen Wirtschaftsraumes (EWR) oder der Schweiz?

Sie werden bis Herbst 2019 mindestens über die unbeschränkte Fachhochschulreife verfügen oder den allgemeinen Hochschulzugang über erfolgreiche berufliche Fortbildungsprüfungen (Meisterprüfung oder gleichgestellte berufliche Fortbildungsprüfungen, Absolventen von Fachschulen und Fachakademien) in Verbindung mit einem Beratungsgespräch an der Hochschule für den öffentlichen Dienst in Bayern (HföD) oder an einer bayerischen Hochschule erworben haben? (Beratungsgespräche an der HföD werden üblicherweise erst nach einem Einstellungsangebot durch die Einstellungsbehörden veranlasst und sind daher für die Teilnahme am Auswahlverfahren noch nicht erforderlich.)

Sie sind bis zu diesem Zeitpunkt noch nicht 45 Jahre alt?

Wenn Sie diese Fragen mit „ja" beantworten, können Sie sich vom **20. März bis 08. Juli 2018** für die Studienplätze an der Hochschule für den öffentlichen Dienst in Bayern bewerben. (Bitte beachten Sie, dass für nichtstaatliche Verwaltungen, die nicht am Online-Verfahren des Landespersonalausschusses teilnehmen, eine gesonderte Bewerbung bei der jeweiligen Einstellungsbehörde erforderlich ist und hierfür abweichende Bewerbungsfristen gelten können.) Für den Fall einer Verlängerung des Anmeldezeitraums wird dies – ggf. auch kurzfristig – auf der Internetseite **www.lpa.bayern.de** bekannt gegeben.

Ein erfolgreicher Abschluss des berufspraktischen Studiums ist der Schlüssel, um Beamter oder Beamtin in der **dritten Qualifikationsebene** bei den **staatlichen** und **kommunalen Behörden** des **Freistaats Bayern** zu werden. Höchst unterschiedliche Tätigkeiten warten auf Sie!

Zunächst einmal gilt es jedoch, das **Auswahlverfahren** und die **Auswahlprüfung** zu bestehen, die die Vergabe der Studienplätze regeln. Unser Informations- und Arbeitsbuch GEZIELT VORBEREITET unterstützt Sie dabei:

- **Teil 1** bietet nach einem kurzen Eignungstest **Allgemeine Informationen** zum Studium an der Hochschule für den öffentlichen Dienst in Bayern, zum Auswahlverfahren und zur Auswahlprüfung.
- **Teil 2** und **3** stellen die **Prüfungsgebiete** und die **Aufgabentypen** der Auswahlprüfung vor. Sie erfahren dabei, was Sie am Prüfungstag erwartet. Anhand zahlreicher Aufgaben können Sie Ihre Kenntnisse einem ersten Test unterziehen. Ausführliche Hinweise erleichtern eine optimale Vorbereitung.
- **Teil 4** und **5** enthalten die kompletten Aufgabenbögen der **Auswahlprüfung der beiden letzten Jahre – mit Lösungen und Lösungshinweisen.** Wenn Sie zunächst die Aufgaben selber lösen und erst dann mit den jeweiligen Lösungen und Lösungshinweisen auf der rechten Seite vergleichen, werden Sie am meisten von diesem Übungsteil profitieren. Nehmen Sie sich Zeit dafür. Nur so werden Sie Ihre Wissenslücken erkennen und den cleversten Umgang mit den jeweiligen Aufgabentypen einüben können.

Für Ihre Bewerbung für die Studienplätze an der Hochschule für den öffentlichen Dienst in Bayern wünschen wir Ihnen viel Erfolg!

Die Autoren

Aktuelle Informationen über das Auswahlverfahren, die Auswahlprüfung, Zulassungsvoraussetzungen, Prüfungsorte, Bewerbungsunterlagen und Einstellmöglichkeiten finden Sie unter:

**www.lpa.bayern.de ➔ Studienplätze**

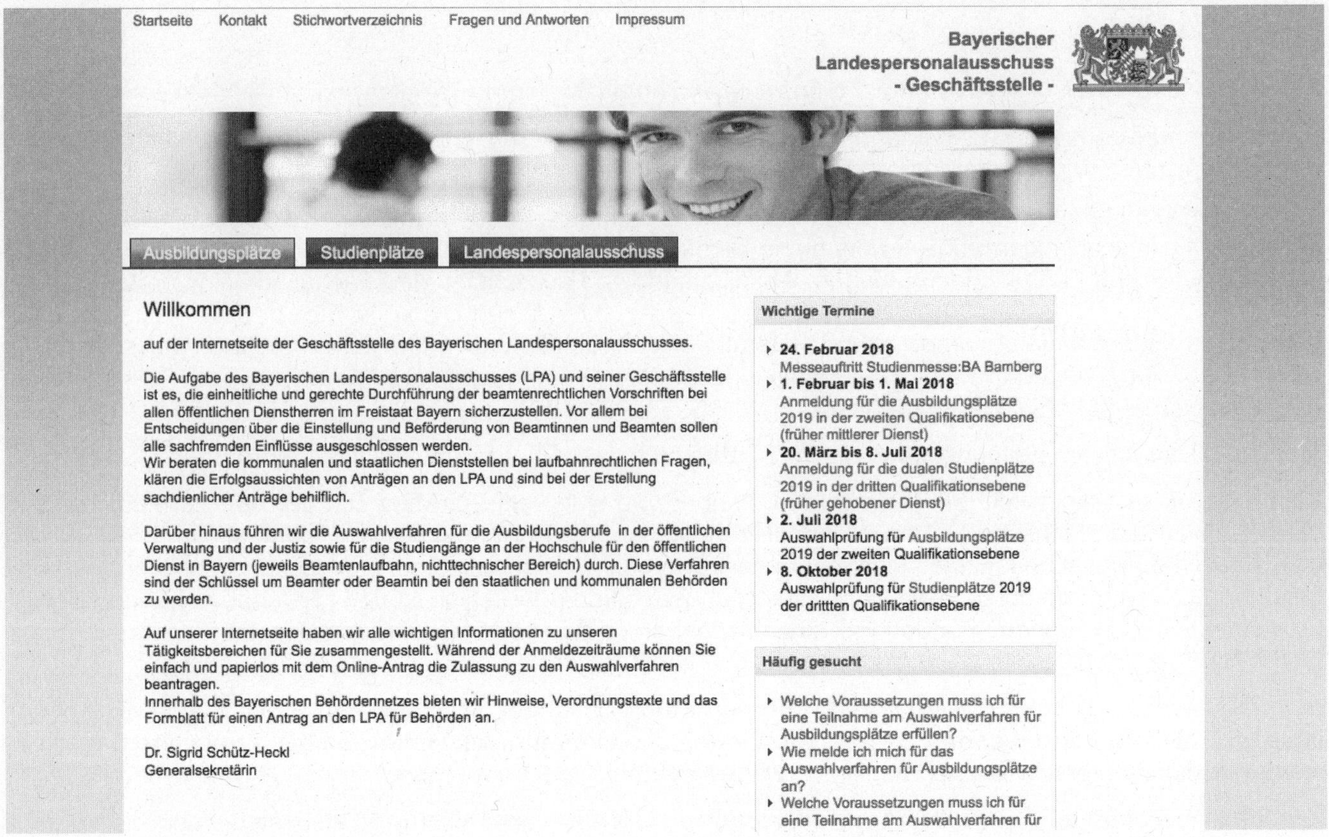


# EIGNUNGSTEST

Anhand folgender Checkliste können Sie prüfen, ob ein Studium an der Hochschule für den öffentlichen Dienst in Bayern zu Ihren Interessen und Fähigkeiten passt:

- ❑ Ich habe Freude am Umgang mit Menschen.
- ❑ Ich interessiere mich für komplexe rechtliche Fragestellungen, Politik, Gesellschaft und wirtschaftliche Zusammenhänge.
- ❑ In meinem Job will ich mich für das Gemeinwohl einsetzen und für den gerechten Ausgleich unterschiedlicher Interessen sorgen.
- ❑ Nach dem Studium möchte ich einen krisensicheren Arbeitsplatz haben.
- ❑ Ich verfüge über eine gute mündliche und schriftliche Ausdrucksweise.
- ❑ Ich möchte selbständig und eigenverantwortlich arbeiten.
- ❑ Ich trete selbstbewusst auf und bin konsensfähig.
- ❑ Mir macht es Spaß im Team zu arbeiten.
- ❑ Ich besitze eine schnelle Auffassungsgabe, Entscheidungsfreude und Verhandlungsgeschick.
- ❑ Ich arbeite gerne am Computer und finde mich schnell in neuen PC-Programmen zurecht.
- ❑ Ich traue mir zu, Führungsverantwortung zu übernehmen.
- ❑ Bis spätestens zu Beginn des Studiums besitze ich mindestens die (unbeschränkte) Fachhochschulreife oder habe den allgemeinen Hochschulzugang über erfolgreiche berufliche Fortbildungsprüfungen (Meisterprüfung oder gleichgestellte berufliche Fortbildungsprüfungen, Absolventen von Fachschulen und Fachakademien) in Verbindung mit einem Beratungsgespräch an der Hochschule für den öffentlichen Dienst in Bayern oder einer anderen bayerischen Hochschule erworben.

Der letzte Punkt ist zwingend erforderlich!

Je mehr Eigenschaften auf Sie zutreffen, desto sicherer können Sie sein, dass Ihnen eine Tätigkeit im öffentlichen Dienst bei Staat oder Kommunen Spaß machen würde!

[Aus: Mitgestalten – Mitverwalten. Berufsfelder und Studiengänge an der Hochschule für den öffentlichen Dienst in Bayern, Landespersonalausschuss Januar 2018, S. 6 f.]

# 1 ALLGEMEINE INFORMATIONEN

## 1.1 Studium im öffentlichen Dienst

Das Studium an der Hochschule für den öffentlichen Dienst in Bayern dauert in der Regel **drei Jahre.** Studienbeginn ist bei den meisten Studiengängen jedes Jahr **im Herbst.**

Die **Fachstudienabschnitte** an der Hochschule für den öffentlichen Dienst in Bayern wechseln sich mit **Praktikumsphasen an den Behörden** ab. Durch diesen Wechsel werden Sie perfekt auf den späteren Beruf vorbereitet und es fällt Ihnen sicher leicht, das Gelernte umzusetzen.

Sie zahlen **keine Studiengebühren,** sondern verdienen während des Studiums. Sie erhalten **etwa 1.200 € brutto** im Monat (Stand 01/2018). Hinzu kommen vermögenswirksame Leistungen, eine jährliche Sonderzahlung sowie ggf. der Familienzuschlag. Daneben bieten die Dienstherren verschiedene weitere Fürsorgeleistungen an, wie etwa eine Ballungsraumzulage.

Beamte, die im Rahmen der Ausbildungsqualifizierung studieren, erhalten ihre bisherigen Bezüge in unveränderter Höhe.

Die Hochschule für den öffentlichen Dienst in Bayern bietet folgende **fachliche Schwerpunkte** bzw. **Fachrichtungen** an:

| **Fachbereich** | **fachlicher Schwerpunkt/Fachrichtung** |
|---|---|
| Allgemeine Innere Verwaltung | • nichttechnischer Verwaltungsdienst<br>• Verwaltungsinformatik |
| Archiv- und Bibliothekswesen | • Archivwesen<br>• Bibliothekswesen |
| Finanzwesen | • Steuer<br>• Staatsfinanz |
| Polizei | • Polizeivollzugsdienst |
| Rechtspflege | • Rechtspflege<br>• Vollzugsverwaltungsdienst bei den Justizvollzugsanstalten |
| Sozialverwaltung | • Rentenversicherung<br>• staatliche Sozialverwaltung |

Folgende **Abschlüsse** können erworben werden:

- Diplom-Verwaltungswirt/in (FH) in der Allgemeinen Inneren Verwaltung
- Diplom-Verwaltungswirt/in (FH) in der Kommunalverwaltung
- Diplom-Verwaltungswirt/in (FH) oder Kommissar/in bei der Polizei
- Diplom-Rechtspfleger/in (FH) in der Justiz
- Diplom-Verwaltungswirt/in (FH) in einer Justizvollzugsanstalt
- Diplom-Verwaltungswirt/in (FH) in der Hochschulverwaltung
- Bibliothekar/in (B.A.) an wissenschaftlichen Bibliotheken
- Diplom-Archivar/in (FH) in der staatlichen Archivverwaltung
- Diplom-Finanzwirt/in (FH) in der Steuerverwaltung
- Diplom-Verwaltungswirt/in (FH) in der Staatsfinanzverwaltung
- Diplom-Verwaltungswirt/in (FH) in der Forstverwaltung
- Diplom-Verwaltungswirt/in (FH) in der Staatlichen Sozialverwaltung
- Diplom-Verwaltungswirt/in (FH) bei der Deutschen Rentenversicherung

Informationen zur **Hochschule für den öffentlichen Dienst in Bayern** und über die dort angebotenen Studiengänge finden Sie im Internet unter **www.hfoed.bayern.de.**

Informationen über die **Studiengänge** und **Arbeitsorte** sowie die **Anzahl der jeweiligen Studienplätze** bei den staatlichen und nichtstaatlichen Verwaltungen in Bayern finden Sie im Internet unter **www.lpa.bayern.de** ➔ Studienplätze ➔ Studiengänge/Einstellungsbehörden. An gleicher Stelle sind auch die **Adressen** der staatlichen und vieler kommunaler Einstellungsbehörden abzurufen.

**Literaturtipps:**

Susanne Forstner (2018): Berufseinstieg in den öffentlichen Dienst – inkl. Arbeitshilfen online. Freiburg: Haufe Verlag, 200 S., Broschur, 24,95 €, ISBN 978-3-648-11070-6, lieferbar ab 21. 06. 2018

INHALTE:

- Ausbildungs- und Studienmöglichkeiten
- Der Einstieg in den öffentlichen Dienst
- So laufen Ausbildung und Studium ab
- Internetadressen der Einstellungsbehörden

ARBEITSHILFEN online:

- Tests zu Allgemeinwissen, logischem Denken, Rechenaufgaben und Persönlichkeitsmerkmalen

**Mitgestalten – Mitverwalten. Berufsfelder und Studiengänge an der Hochschule für den öffentlichen Dienst in Bayern**

Diese aktuelle Broschüre (Stand: Januar 2018) bietet Ihnen einen aussagekräftigen Überblick über die Studiengänge und Berufsfelder für eine spätere Tätigkeit als Beamtin oder Beamter im öffentlichen Dienst in der dritten Qualifikationsebene. Download: **www.lpa.bayern.de** ➔ Startseite.

## 1.2 Das Auswahlverfahren

### Durchführung

Das Auswahlverfahren für den Einstieg in der dritten Qualifikationsebene im nichttechnischen Bereich der Leistungslaufbahn wird von der Geschäftsstelle des Bayerischen Landespersonalausschusses (LPA) durchgeführt:

Bayerischer Landespersonalausschuss – Geschäftsstelle

Postfach 22 14 41
80504 München
Telefon (089) 23 06-29 00
Telefax (089) 22 78 88
Internet: www.lpa.bayern.de

Auf der Internetseite des LPA können Sie sich umfassend über die aktuellen Zugangsvoraussetzungen, die nächsten Termine, die vorgesehenen Prüfungsorte, den voraussichtlichen Bedarf der staatlichen und kommunalen Verwaltungen sowie zahlreiche weitere Aspekte des Auswahlverfahrens informieren. Bitte schauen Sie zunächst im Internet nach, um die Hotline der Geschäftsstelle nicht unnötig zu belasten. Die Mitarbeiterinnen und Mitarbeiter der Geschäftsstelle werden es Ihnen danken.

## Rechtliche Grundlagen

Die Vergabe der Studienplätze an der Hochschule für den öffentlichen Dienst in Bayern wird durch ein Auswahlverfahren entschieden. Das Auswahlverfahren richtet sich nach der **„Verordnung zur Regelung der besonderen Auswahlverfahren für den Einstieg in der zweiten und dritten Qualifikationsebene im nichttechnischen Bereich der Leistungslaufbahn (Auswahlverfahrensordnung – AVfV)“** vom 8. Februar 2000 (GVBl 2000, S. 48), zuletzt geändert durch Verordnung vom 22. Juli 2014.

## Zweck, Anforderungen und Art

Das Auswahlverfahren soll zeigen, ob Sie die **Studienanforderungen** an der genannten Hochschule erfüllen und für eine spätere Tätigkeit als Beamtin oder Beamter geeignet sind. Hierzu gehören insbesondere:

- Aufgeschlossenheit für Gegenwartsfragen,
- gute Allgemeinkenntnisse und
- Sprachgewandtheit.

Das Auswahlverfahren ist notwendig, weil die Zahl der Bewerberinnen und Bewerber größer ist als die Zahl der Studienplätze. Das Verfahren hat deshalb **Wettbewerbscharakter.** Für die Einstellung ist das Ergebnis in der **Reihenfolge der Platzziffern** entscheidend. Wichtig: Ein Anspruch auf Einstellung wird durch die erfolgreiche Teilnahme nicht begründet!

## Zulassungsvoraussetzungen

Maßgeblich für die Zulassung zum Auswahlverfahren sind **drei Kriterien:**

- Schulabschluss/Bildungsstand,
- Staatsangehörigkeit und
- Lebensalter.

(Für Bewerberinnen und Bewerber für das Studium zum/zur Kommissar/in bei der Polizei, zum/zur Bibliothekar/in (B.A.) oder zum/zur Diplom-Archivar/in (FH) gelten zusätzliche Voraussetzungen.)

Hinsichtlich der **Schulbildung** müssen Sie einen der folgenden Schulabschlüsse vorweisen:

- die unbeschränkte Fachhochschulreife,
- die fachgebundene Hochschulreife oder
- die allgemeine Hochschulreife.

Alternativ gilt ein vom Bayerischen Staatsministerium für Bildung und Kultus, Wissenschaft und Kunst als gleichwertig anerkannter Bildungsstand. Ferner zugelassen werden Bewerberinnen und Bewerber, die den allgemeinem Hochschulzugang über erfolgreiche berufliche Fortbildungsprüfungen (Meisterprüfung oder gleichgestellte berufliche Fortbildungsprüfungen, Absolventen von Fachschulen und Fachakademien) in Verbindung mit einem Beratungsgespräch an der Hochschule für den öffentlichen Dienst in Bayern oder einer anderen bayerischen Hochschule erworben haben.

In anders gelagerten Fällen ist eine Hochschulzugangsberechtigung nicht ausreichend. Prüfen Sie deshalb in diesen Fällen, ob für Sie die Teilnahme an der Ergänzungsprüfung zum Erwerb der Fachhochschulreife oder zur Abschlussprüfung der Fachoberschule als andere Bewerberin/anderer Bewerber in Frage kommt. Sie können am Auswahlverfahren teilnehmen, wenn zu erwarten ist, dass Sie bis zum Einstellungszeitpunkt die unbeschränkte Fachhochschulreife erlangen werden. Näheres zur Anerkennungspraxis des Bayerischen Staatsministeriums für Bildung und Kultus, Wissenschaft und Kunst finden Sie im Internet bei **www.km.bayern.de → Schüler → Abschlüsse → Hochschulreife.**

Bei Zeugnissen über die unbeschränkte **Fachhochschulreife aus anderen Bundesländern** muss auf dem Zeugnis der Zusatz „Berechtigt zum Studium an Fachhochschulen in allen Ländern der Bundesrepublik Deutschland“ vermerkt sein.

Falls Sie Ihren **Schulabschluss im Ausland** erworben haben, ist eine Anerkennung des Abschlusses durch die Zeugnisanerkennungsstelle des Freistaats Bayern erforderlich. Informationen hierzu finden Sie im Internet bei **www.km.bayern.de → Schüler → Abschlüsse → Zeugnisanerkennung.** Bitte geben Sie bei der Anmeldung zum Auswahlverfahren im Online-Antrag an, dass Sie einen ausländischen Bildungsabschluss besitzen, unabhängig davon, ob dieser als Fachhochschulreife oder als Hochschulreife anerkannt wurde.

Soweit die erforderlichen Vorbildungsvoraussetzungen noch nicht vorliegen, müssen sie bis zum Zeitpunkt der Einstellung erworben sein. Die Bewerberinnen und Bewerber nehmen am Auswahlverfahren unter dem **Vorbehalt** teil, dass sie bis zu dem für die Einstellung maßgebenden Zeitpunkt den Vorbildungsnachweis bei der Einstellungsbehörde vorlegen.

Hinsichtlich der **Staatsangehörigkeit** müssen Sie

- Deutsche/Deutscher im Sinne des Art. 116 des Grundgesetzes sein,
- die Staatsangehörigkeit eines anderen Mitgliedstaates der Europäischen Union oder
- die Staatsangehörigkeit von Island, Liechtenstein, Norwegen oder der Schweiz besitzen.

Im Falle eines laufenden Einbürgerungsverfahrens können Sie sich für das Auswahlverfahren anmelden, sofern Sie die erforderliche Staatsangehörigkeit voraussichtlich bis zum Einstellungstermin erwerben werden.

Beachten Sie, dass eine spätere Einstellung als Rechtspfleger/in bei der Justiz und bei der Arbeitsgerichtsbarkeit, als Diplom-Verwaltungswirt/in im Justizvollzug und bei der Allgemeinen Inneren Verwaltung nur mit deutscher Staatsangehörigkeit möglich ist! Im Bereich der Forstverwaltung wird im Hinblick auf den späteren Tätigkeitsbereich im Einzelfall gesondert geprüft, ob eine Einstellung von Bewerberinnen und Bewerbern aus anderen Mitgliedstaaten der Europäischen Union möglich ist.

Hinsichtlich des **Lebensalters** werden Sie zum Auswahlverfahren im Regelfall **bis zur Vollendung des 45. Lebensjahres** zugelassen. In besonders gelagerten Einzelfällen kann die oberste Dienstbehörde Ausnahmen zulassen. Bei Beamtinnen und Beamten des Staates ist das Einvernehmen des Finanzministeriums, im Übrigen die Zustimmung des Landespersonalausschusses erforderlich.

## Bestandteile des Auswahlverfahrens

Das Auswahlverfahren besteht aus **zwei** Teilen: Neben den Ergebnissen der **schriftlichen Auswahlprüfung** werden die **schulischen Leistungen** in Deutsch, Mathematik und einer Fremdsprache bei der Gesamtbewertung berücksichtigt.

## Auswahlprüfung

In einer mindestens vierstündigen schriftlichen Auswahlprüfung sollten Sie nachweisen, dass Sie über

- eine **vertiefte Allgemeinbildung,**
- ein **logisches, strukturelles und analytisches Denkvermögen,**
- **Sprachfertigkeit in der deutschen Sprache** sowie über
- **Konzentrationsfähigkeit** und eine hinreichende **Belastbarkeit**

verfügen. Näheres zur Auswahlprüfung siehe 1.3.

## Berücksichtigung schulischer Leistungen

Die Noten in **Deutsch** und in der **Fremdsprache** werden im Auswahlverfahren einfach gewichtet, die Noten in **Mathematik** dreifach. Dabei gilt Folgendes:

- Bewerberinnen und Bewerber, die Unterricht in mehreren Fremdsprachen hatten, können die Note derjenigen Fremdsprache wählen, in der sie besser abgeschnitten haben.
- Maßgebend sind die Noten des Abschlusszeugnisses, sofern der für die Teilnahme am Auswahlverfahren geforderte Bildungsabschluss (siehe S. 11) bereits vorliegt.
- Bei Bewerberinnen und Bewerbern, die den geforderten Bildungsabschluss noch nicht erworben haben, sind die Noten aus dem letzten vor dem Termin der Auswahlprüfung ausgehändigten Schulzeugnis zu berücksichtigen. Im Falle des Besuchs der Qualifikationsphase/Kollegstufe eines Gymnasiums sind dies die Zeugnisse der beiden zuletzt besuchten Ausbildungsabschnitte. Besuchen Sie die 12. Klasse einer Berufsoberschule, so ist das Zeugnis über den mittleren Schulabschluss zusammen mit dem Berufsschulabschlusszeugnis vorzulegen.
- Fehlt die Bewertung im Fach Deutsch, müssen die Bewerberinnen und Bewerber in diesem Fach an der Abschlussprüfung einer Fachoberschule teilnehmen; die hierbei erzielte Note zählt als Note des Faches Deutsch.

- Sofern ein maßgebendes Zeugnis keine Bewertung in einem für das Auswahlverfahren weiteren zu berücksichtigenden Fach enthält, ist insoweit auf ein Zeugnis abzustellen, das dem maßgebenden Zeugnis unmittelbar vorausgeht.
- Zum Nachweis der Schulnoten erhalten die Bewerberinnen und Bewerber am Prüfungstag ein Formblatt, mit dessen Hilfe die Schule, die in das Verfahren einzubeziehenden Noten – regelmäßig online – bescheinigt. Die Bestätigung der Noten durch die Schule setzt in der Regel voraus, dass die Bewerberinnen und Bewerber das in Betracht kommende Zeugnis der Schule im Original oder in beglaubigter Abschrift vorlegen.
- Die Schulnoten sind dem Prüfungsamt spätestens bis zu dem im Formblatt genannten Termin zu übermitteln.

## Gesamtergebnis

Die Gesamtnote des Auswahlverfahrens wird vom Prüfungsamt aus der Note der Auswahlprüfung und der Durchschnittsnote der zu berücksichtigenden Schulfächer (vgl. S. 12 unten) ermittelt. Bei der Bildung der Gesamtnote zählt die **Note der Auswahlprüfung 1,5-fach,** die Durchschnittsnote für die schulischen Leistungen in den zu berücksichtigenden Fächern einfach. Die Gesamtnote wird auf zwei Dezimalstellen errechnet.

Das Auswahlverfahren ist **nicht erfolgreich** abgeschlossen, wenn

- der Bewerber oder die Bewerberin an der Auswahlprüfung nicht teilgenommen hat,
- der Nachweis der einzubeziehenden Schulnoten nicht erbracht wird oder
- die erzielte Gesamtnote schlechter als „4,00“ ist.

Nach Abschluss des Auswahlverfahrens erstellt die Geschäftsstelle des Landespersonalausschusses eine **Rangliste,** in der alle erfolgreichen Teilnehmerinnen und Teilnehmer in der Reihenfolge des Gesamtergebnisses aufgeführt sind. Bei gleichem Gesamtergebnis entscheidet über die Reihenfolge der Rangliste die Note der Auswahlprüfung.

Alle erfolgreichen Teilnehmerinnen und Teilnehmer am Auswahlverfahren erhalten bis Mitte Dezember ein **Prüfungszeugnis** mit der Platzziffer und der Gesamtnote.

## Wiederholungsmöglichkeit und Geltungsdauer

Sie können am Auswahlverfahren **wiederholt** teilnehmen, soweit Sie die geforderten Voraussetzungen erfüllen. Das Auswahlverfahren hat grundsätzlich nur für das Einstellungsjahr **Geltung,** für das es durchgeführt wurde. Ausnahmen bedürfen der Zustimmung des Landespersonalausschusses und können nur in besonders gelagerten Fällen auf Antrag der obersten Dienstbehörde erteilt werden.

## Zuweisung

Die durch das Auswahlverfahren gebildete **Rangliste** ist Grundlage für das dem Auswahlverfahren folgende **Zuweisungsverfahren.** Im **staatlichen Bereich** werden hierbei den einzelnen staatlichen Behörden in der Reihenfolge der Platzziffern jeweils so viele Bewerberinnen und Bewerber zugeteilt, wie Studienplätze zu vergeben sind. Wenn Sie eine Zuweisung für eine Studienrichtung erhalten, bedeutet das, dass Sie von der dafür zuständigen Behörde dazu aufgefordert werden, Bewerbungsunterlagen einzureichen. Die Einladung zu einem Vorstellungsgespräch dürfte dann nicht mehr lange auf sich warten lassen.

Zusätzlich zu den zugewiesenen Bewerberinnen und Bewerbern erhalten die staatlichen Einstellungsbehörden jeweils eine sogenannte **Ersatzliste,** die diejenigen an der jeweiligen Studienrichtung interessierten Bewerberinnen und Bewerber bis zu einer gewissen Platzziffer aufführt, die die Auswahlprüfung zwar bestanden haben, deren Platzziffer aber für eine Zuweisung nicht ausgereicht hat.

Erfahrungsgemäß sind die staatlichen Verwaltungen infolge von Absagen über die Zuweisung hinaus an weiteren Bewerberinnen und Bewerbern interessiert. In diesem Fall werden die Einstellungsbehörden ggf. von sich aus auf Sie zukommen und Sie zur Einsendung von Unterlagen auffordern. Sie können aber auch selbst Kontakt zu den jeweiligen Einstellungsbehörden aufnehmen und sich dort über Ihre Einstellungschancen erkundigen.

**Das Zuweisungsverfahren betrifft Sie nicht,** falls Sie sich für die Studienrichtungen Diplom-Verwaltungswirt/in in der Kommunalverwaltung (FH), Kommissar/in bei der Polizei, Bibliothekar/in (B.A.) in den wissenschaftlichen Bibliotheken oder Diplom-Archivar/in (FH) in der staatlichen Archivverwaltung beworben haben. In diesem Fall werden Sie unmittelbar von den zuständigen Einstellungsbehörden informiert, wenn Sie aufgrund Ihrer Platzziffer für einen Studienplatz in Frage kommen. Für die Einstellung in den Polizeivollzugsdienst gelten besondere Bedingungen.

Das im Auswahlverfahren erzielte Prüfungsergebnis wird von der Geschäftsstelle des Landespersonalausschusses auch an alle **nichtstaatlichen Behörden** (Städte, Gemeinden, Landkreise, Bezirke) weitergegeben, für die Sie sich beworben haben. Die einzelnen Behörden nehmen nach Bekanntgabe der Prüfungsergebnisse Kontakt zu Ihnen auf, wenn Sie aufgrund Ihrer Platzziffer für eine Einstellung in Frage kommen. Die Einladung zu den Vorstellungsgesprächen erfolgt in der Reihenfolge der Rangliste.

Für einige Studienrichtungen führen die Einstellungsbehörden nach dem schriftlichen Auswahlverfahren des Landespersonalausschusses noch ein **gesondertes Verfahren zur Prüfung der außerfachlichen Fähigkeiten** nach Art. 22 Abs. 8 Leistungslaufbahngesetz durch. Bestandteile dieser ergänzenden Prüfung können unter anderem ein strukturiertes Interview, eine Gruppendiskussion, ein Rollenspiel oder eine Präsentation sein. Nähere Informationen hierzu erhalten Sie bei den jeweiligen Einstellungsbehörden.

### Bewerbung

Bewerberinnen und Bewerber für die Studienplätze bei **staatlichen** Verwaltungen können sich im Anmeldezeitraum **online** mit dem hierfür vorgesehenen Formular unter **www.lpa.bayern.de** für das Auswahlverfahren anmelden. Die Einreichung von Bewerbungsunterlagen (z. B. Lebenslauf) ist dabei grundsätzlich nicht notwendig. (Ausnahmen: Bewerberinnen und Bewerber mit ausländischem Schulabschluss, bei Schwerbehinderung, Studium zum/zur Kommissar/in bei der Polizei, Eingliederungsberechtigte Soldaten und Soldatinnen auf Zeit.)

Bewerberinnen und Bewerber für die Studienplätze zum/zur Diplom-Verwaltungswirt/in (FH) in der **Kommunalverwaltung** können sich entweder über den **Online-Antrag** unter **www.lpa.bayern.de** anmelden oder für den Fall, dass eine Kommune nicht bzw. nicht ausschließlich am Online-Verfahren teilnimmt, ihre schriftliche Bewerbung direkt bei der Gemeinde, dem Gemeindeverband (Landkreis, Bezirk) oder der sonstigen Körperschaft, Anstalt oder Stiftung des öffentlichen Rechts, die die Stelle ausgeschrieben hat, einreichen.

Alle Bewerberinnen und Bewerber erhalten bis Mitte August eine **Bestätigung** über den Eingang ihrer Anmeldung zum Auswahlverfahren zur Überprüfung der darin aufgeführten Daten. Ende September werden die **Einladungen** für die Auswahlprüfung versandt, die den genauen Prüfungsort und alle wichtigen Informationen zur Prüfung enthalten.

Die **Bewerbungsfrist** für das Auswahlverfahren ist unbedingt einzuhalten. Nachträglich vorgelegte Bewerbungen können grundsätzlich in der Regel nicht mehr berücksichtigt werden.

## 1.3 Die Auswahlprüfung

### Termin und Orte

**Die Auswahlprüfung 2018 (für den Studienbeginn 2019) findet am 8. Oktober (vormittags) statt.** Der genaue Termin wird den Bewerbern mit dem Einladungsschreiben etwa zwei Wochen vorher zusammen mit dem Prüfungsort mitgeteilt.

Ein Verzeichnis der vorgesehenen **Prüfungsorte** (weit über 100 in allen Teilen Bayerns) ist jeweils in den Hinweisen zum Antrag auf Zulassung zum Auswahlverfahren enthalten (siehe auch Internetseite des Landespersonalausschusses).

Die Bewerber haben zwar keinen Anspruch auf Zuteilung zu einem bestimmten Prüfungsort, sie können aber einen **Wunsch** äußern. Dieser ist nicht an Landkreis- oder Regierungsbezirksgrenzen gebunden. Nach Möglichkeit sollte der mit den zur Verfügung stehenden Verkehrsmitteln am günstigsten erreichbare Ort ausgesucht werden. Kommen wegen zu geringer Beteiligung an einem Prüfungsort nicht genügend Teilnehmer zusammen, werden diese dem nächstgelegenen Prüfungsort zugewiesen. **Reisekosten** können **nicht** übernommen werden.

### Allgemeine Prüfungsordnung

Für die Auswahlprüfung gelten im Wesentlichen die Vorschriften der Allgemeinen Prüfungsordnung (APO). Von Interesse dürften u. a. folgende **Vorschriften** sein:

- Die Arbeitsplätze der Teilnehmer werden vor Beginn der Prüfung ausgelost.
- Die Teilnehmer dürfen auf die Prüfungsarbeiten nicht ihren Namen, sondern nur ihre Arbeitsplatznummer schreiben.
- Während der Anfertigung der Prüfungsarbeiten dürfen nicht mehrere Prüfungsteilnehmer gleichzeitig den Prüfungsraum verlassen.

- Versucht ein Prüfungsteilnehmer das Ergebnis einer Prüfung durch Unterschleif, Täuschung oder Benutzung nicht zugelassener Hilfsmittel (z. B. Smartwatch, Taschenrechner, DUDEN) zu eigenem oder fremdem Vorteil zu beeinflussen, muss die betreffende Arbeit mit „ungenügend" bewertet werden.
- Schwerbehinderten Menschen und ihnen Gleichgestellten kann auf Antrag entsprechend der nachgewiesenen Prüfungsbehinderung nach § 38 APO ein Nachteilsausgleich bei der Prüfung gewährt werden (z. B. Verlängerung der Arbeitszeit). Nachweise über Art und Grad der Behinderung sind mit dem Antrag auf Zulassung zum Auswahlverfahren vorzulegen.

## Dauer und Vorlagen

Die Prüfung dauert insgesamt **vier Stunden.** Sie erfolgt schriftlich und unter Aufsicht. Vorgelegt wird ein **Aufgabenheft,** die Lösungen müssen in einen separaten **Lösungsbogen** eingetragen werden.

(Zu den Prüfungsgebieten und den Aufgabentypen der Auswahlprüfung siehe Teil 2 und 3 dieses Buches. Die kompletten Prüfungsaufgaben der letzten beiden Jahre finden Sie in Teil 4 und 5.)

## Bewertung der Prüfungsleistung

Die Bewertung erfolgt nach Punkten. Es können **max. 300 Punkte** erreicht werden. Davon entfallen max. 60 Punkte auf einen kurzen Aufsatz („Abhandlung") zu einem aktuellen Thema. Die jeweiligen Punktwerte der Aufgaben sind den Randspalten im Lösungsbogen zu entnehmen.

Die Gesamtzahl der Punkte bildet die Grundlage für die Benotung. Die erreichte Gesamtpunktzahl wird in eine **Note** bis auf die zweite Stelle hinter dem Komma umgerechnet.

Die Prüfungsarbeiten werden von einem **Erst-** und **Zweitkorrektor** bewertet. Weichen deren Gesamtpunktzahlen voneinander ab, wird ein Mittelwert aus den Ergebnissen gebildet. Bruchteile sind dabei stets zugunsten der Prüflinge aufzurunden. Können sich Erst- und Zweitkorrektor bei einer Abweichung von mehr als 20 Punkten nicht einigen, entscheidet die Geschäftsstelle des Landespersonalausschusses.

## Versäumnis

Wird die Prüfung ganz oder teilweise versäumt, so besteht für sie nach § 11 AVfV **kein Anspruch auf Nachholung** der Prüfung. Jedoch ist eine Teilnahme an den Auswahlverfahren in den darauf folgenden Jahren möglich, solange die Zulassungsvoraussetzungen erfüllt werden.

## Zehn Hinweise, die Sie unbedingt beachten sollten

1. Überprüfen Sie gleich zu Beginn der Prüfung, ob Ihnen ein vollständiges Aufgabenheft und ein vollständiger Lösungsbogen vorliegen. **Unvollständige Exemplare** sind der Leiterin oder dem Leiter der Prüfung sofort zum Austausch zurückzugeben. Spätere Reklamationen sind zwecklos!
2. Achten Sie beim Ausfüllen des Lösungsbogens unbedingt auf eine ordentliche **äußere Form.** Dies macht nicht nur einen guten Eindruck; die Form kann auch bei der Bewertung von Bedeutung sein. Die grau hinterlegten **Randspalten des Lösungsbogens** sind den Korrektorinnen und Korrektoren der Auswahlprüfung vorbehalten.
3. Die erfolgreiche Bewältigung der Auswahlprüfung setzt ein **gezieltes Vorgehen** und ein überlegtes **Zeitmanagement** voraus. Bei der Prüfung steht hinreichend Zeit zur Verfügung, sich eingehend mit den Aufgaben zu befassen und sich Gedanken über die jeweiligen Lösungsmöglichkeiten zu machen. Die Erfahrung zeigt, dass häufig vorschnell mit dem Eintrag in den Lösungsbogen begonnen und dieser vor Ablauf der Arbeitszeit abgegeben wird.
4. **Lesen Sie die einzelnen Aufgaben sorgfältig.** Dies gilt auch für die **Frage** oder den **Arbeitsauftrag,** die es genau zu beachten gilt. Oft findet sich hier ein durch Fettdruck, Kursivierung oder Unterstreichung **hervorgehobenes Wort,** das Sie in die gewünschte Richtung lenkt, z. B. hinsichtlich der **Anzahl der erwarteten Lösungen** („Nennen Sie *zwei* Faktoren ..." / „*Vier* der nachfolgenden Lösungen treffen zu. Kreuzen Sie an.") oder hinsichtlich des jeweiligen **Auswahlprinzips** („Welcher Begriff gehört *nicht* in die Reihe?" / „Kreuzen Sie den *richtigen* Begriff an!"). Schwierig: „Welche Aussagen können *vollständig* der Grafik entnommen werden?". Hier müssen Sie jeden Bestandteil einer zwei- bzw. mehrteiligen Aussage sorgfältig am Material überprüfen! Stimmt nur ein Bestandteil nicht, scheidet die Aussage aus.

5. Achten Sie genau auf die **maximale Anzahl der Lösungen.** Wenn z. B. bei **Multiple-Choice-Aufgaben** nur eine, zwei oder etwa drei Antworten vorgesehen sind, führt jedes weitere Ankreuzen zu **Punktabzug!**
6. Die **jeweilige Punktezahl pro Aufgabe** finden Sie im Lösungsbogen im grau hinterlegten Korrekturrand. Für Aufgaben mit einer höheren Punktezahl sollten Sie sich demnach mehr Zeit nehmen. Bei zwei oder mehr Punkten je Einzelantwort ist seit 2016 neben der jeweiligen Punktezahl eine entsprechende Anzahl von Sternchen vermerkt, um die Gewichtung zu verdeutlichen.
7. Tragen Sie Ihre Lösungen erst dann in den **Lösungsbogen** ein, wenn Sie keinen Zweifel mehr haben, die richtige Antwort gefunden zu haben.
8. Um etwaige Aufzeichnungen während der Überlegungsphase machen zu können, ist es sinnvoll, **Notizpapier** bereitzuhalten.
9. **Markieren** Sie Ihre Antworten **eindeutig,** sodass die Korrektoren Ihre Absicht klar erkennen. Dies gilt insbesondere dann, wenn Sie sich verschrieben haben und eine **Korrektur** vornehmen.
10. **Reihenfolge:** Es ist nicht notwendig, die Aufgaben der Reihe nach zu bearbeiten. Es können also zunächst diejenigen Aufgaben gelöst werden, bei denen man sich sicher ist. **Vor Abgabe** der Arbeit sollte jedoch genau überprüft werden, ob auch alle Aufgaben bearbeitet worden sind. Es wäre schade, wenn durch Vergesslichkeit das Gesamtergebnis beeinträchtigt würde.

# 2 PRÜFUNGSGEBIETE DER AUSWAHLPRÜFUNG

„Die Prüfungsteilnehmer haben in der Auswahlprüfung nachzuweisen, dass sie

- über eine vertiefte Allgemeinbildung,
- über logisches, strukturelles, analytisches Denkvermögen und
- über Sprachfertigkeit in der deutschen Sprache verfügen,
- Konzentrationsfähigkeit besitzen und
- belastbar sind.

Dabei sind insbesondere Kenntnisse nachzuweisen

- in den Bereichen Erdkunde, Geschichte, Wirtschaft und Recht sowie
- über die staatlichen und politischen Grundlagen Bayerns, der Bundesrepublik Deutschland und der Europäischen Union und
- über zeitgeschichtliche Ereignisse in Kultur und Politik."

So die Bestimmung der „Verordnung zur Regelung der besonderen Auswahlverfahren für den Einstieg in der zweiten und dritten Qualifikationsebene im nichttechnischen Bereich der Leistungslaufbahn (Auswahlverfahrensordnung – AVfV)" in der Fassung vom 22. Juli 2014 , die die Inhalte und das Anforderungsniveau der Auswahlprüfung festlegt. Letzteres orientiert sich an den Leistungserwartungen der Oberstufe des Gymnasiums sowie der Beruflichen Oberschule (BOB) in Bayern.

Da die Fächer dieser Schularten nicht alle in der Prüfungsordnung genannten Gebiete abdecken, werden Sie sich bei der **Vorbereitung** auf die Auswahlprüfung mitunter auf Kenntnisse aus früher besuchten Schularten stützen müssen. Insbesondere in diesem Fall ist es wichtig, diese **selbständig** aufzufrischen, zu erweitern und zu vertiefen.

Dies kann vor allem dadurch geschehen, dass Sie regelmäßig die **mediale Berichterstattung** zum Zeitgeschehen verfolgen und die so erhaltenen Informationen bewusst verarbeiten. Die in den Medien verwendeten (Fach-)Begriffe gehören hier sicherlich dazu. Weitere Grundlagen für die Vorbereitung sind einschlägige **Schulbücher, Schülerlexika** und Bücher, die das **Grundwissen** der jeweiligen Fachgebiete kompakt und leicht verständlich zusammenfassen. Sie finden sie in jeder gut sortierten Buchhandlung oder in öffentlichen Bibliotheken. Auch das **Internet** kann Ihre Vorbereitung unterstützen, allerdings nur, sofern Sie es zielgenau befragen.

**Wichtig:** In der Auswahlprüfung gibt es **keine fachsystematische Trennung der Prüfungsgebiete.** Im Gegenteil. Bei zahlreichen Aufgaben finden sich mehrere Wissensgebiete in einer Aufgabe vereint, um Ihre geistige Wendigkeit und Ihre Bereitschaft und Fähigkeit zum **fächerübergreifenden Denken** zu testen.

Im Folgenden stellen wir Ihnen die in der Auswahlverfahrensordnung (AVfV) festgelegten Prüfungsgebiete gleichwohl getrennt vor, um eine effektive Vorbereitung zu ermöglichen. Hierzu dienen zahlreiche **Hinweise** und **Aufgabenbeispiele mit Lösungen** aus älteren Prüfungsjahrgängen, mit denen Sie Ihre Kenntnisse einer ersten Überprüfung unterziehen können. Am meisten profitieren Sie von diesen Beispielen, wenn Sie die Aufgaben zuerst selbst lösen und erst dann mit den Lösungen vergleichen.

## 2.1 Deutsche Sprache

Ihre Sprachfertigkeit in der deutschen Sprache wird in der Auswahlprüfung durch folgende Aufgaben überprüft:

- eine **Textanalyse,**
- **Zusatzfragen zur Textvorlage** und
- eine **Abhandlung,** d. h. einen kurzen Aufsatz.

### 2.1.1 Analyse eines Sachtextes

Der sichere Umgang mit Texten und gute Kenntnisse in der deutschen Sprache sind Grundvoraussetzungen für ein erfolgreiches Studium und die erfolgreiche Ausübung eines anspruchsvollen Berufs. Zumal Beamtinnen und Beamte der dritten Qualifikationsebene darin keine Schwierigkeiten haben sollten.

Vor diesem Hintergrund werden Sie gleich zu Beginn des Aufgabenbogens mit einem anspruchsvollen Sachtext zu einem aktuellen Thema konfrontiert, zu dem es Fragen zu folgenden **Aspekten** zu beantworten gilt:

- Textart
- Inhalt
- Aufbau und Argumentation
- Wortschatz und Satzbau
- Schreibabsicht/Einstellung/Meinung des Verfassers
- Kontext des Textes

Um diese Aufgaben bewältigen zu können, benötigen Sie einschlägige **Fähigkeiten** und **Kenntnisse:**

- Fähigkeiten zum Sinn erfassenden Lesen
- grammatische und orthographische Kenntnisse
- die Kenntnis gängiger Fremdwörter und Redewendungen
- die Kenntnis grundlegender rhetorischer Mittel
- Hintergrund- und Allgemeinwissen

Im Gegensatz zur Textanalyse im Deutschunterricht werden von Ihnen in der Auswahlprüfung kein Aufsatz und keine umfassende Textanalyse erwartet. Im Regelfall sind in Form von **Multiple-Choice-Aufgaben** bestimmte Aussagen vorgegeben, die Sie mit Blick auf die Textvorlage überprüfen müssen: *Aussage trifft zu/trifft nicht zu, Thema hauptsächlich/nebensächlich/überhaupt nicht angesprochen ...*

Als **Arbeitsschritte** für diesen Teil der Auswahlprüfung haben sich bewährt:

- Verschaffen Sie sich im Aufgabenbogen einen Überblick über die an den Text gestellten Fragen.
- Aktivieren Sie Ihr Vorwissen zum Thema des Textes und bilden Sie Hypothesen, worum es in ihm gehen könnte. Gehen Sie dabei zunächst vom Titel aus und berücksichtigen Sie Autor und Publikationsort.
- Überfliegen Sie den Text, um sich einen ersten Eindruck zu verschaffen.
- Gliedern Sie den Text nach Sinnabschnitten, z. B. durch die Einfügung von Zwischenüberschriften.
- Bestimmen Sie die Funktion der Sinnabschnitte im Textganzen.
- Markieren Sie wichtige Textstellen oder Schlüsselwörter. (Schlüsselwörter erkennen Sie daran, dass sie wiederholt im Text vorkommen und diesen wie ein „roter Faden" durchziehen.)
- Erschließen Sie Ihnen unbekannte Wörter aus dem Zusammenhang.
- Überprüfen und modifizieren Sie Ihr Vorverständnis in allen Phasen der Auseinandersetzung mit dem Text.

So vorbereitet, wird es Ihnen nicht schwer fallen, die textbezogenen Fragen der Auswahlprüfung zu beantworten. Oft werden Sie dabei Aussagen an einer ganz bestimmten Textstelle überprüfen müssen, die es natürlich erst einmal zu finden gilt.

> **Tipp:**
> - Achten Sie bei diesem Teil der Auswahlprüfung unbedingt auf die Zeit.
> - Gehen Sie pragmatisch vor. Hier können nur ca. 40 von insgesamt 300 Punkten erworben werden.
> - Weiterführende Hinweise und Übungsmaterial zur Durchführung einer Textanalyse finden Sie in jedem Arbeitsbuch für den Deutschunterricht der Oberstufe.

### 2.1.2 Zusatzfragen

Mitunter werden im Anschluss an die Textanalyse allgemeine Fragen zur **Sprache, Rhetorik** oder **Grammatik** gestellt. Beliebt ist hierbei die Bestimmung von Nebensätzen oder Wortarten. Auch gilt es **Fremdwörter** einzudeutschen. Wo es die Textvorlage anbietet, werden im direkten Anschluss **literaturgeschichtliche Zusatzfragen** gestellt, um Ihr Allgemeinwissen zu testen.

**Aufgabenbeispiele:**

#### Berühmte Rätselfrage

„Was geht am Morgen auf vier Füßen, am Mittag auf zweien und am Abend auf dreien?"

a) Wer stellte diese wohl berühmteste Rätselfrage des Abendlands, auf die der Text in Z. 72 anspielt?

b) Wie lautete die richtige Antwort?

c) Wer gab sie und befreite dadurch Theben von einem gefürchteten Ungeheuer?

d) Welcher **zwei** Verbrechen machte sich der Löser des Rätsels, der durch Sigmund Freud auch in die Wissenschaftsgeschichte einging, schuldig?

Lösung:

a) = Sphinx b) = Der Mensch c) = Ödipus d) = Vatermord / Inzest mit Mutter

#### Künstlerleben

Jens-Christian Rabe spricht in seinem Artikel davon, dass „das Lebensmodell Künstler zu allen Zeiten immer auch ein prekäres gewesen ist" (Zeile 36).
Kreuzen Sie im Lösungsbogen die Kennzahlen jener Künstler an, deren Lebensumstände, auch abzulesen an ihrem vergleichsweise frühen Tod, besonders prekär waren.

**1** Johann Wolfgang von Goethe
**2** Thomas Mann
**3** Gerhart Hauptmann
**4** Theodor Fontane
**5** Klaus Mann
**6** Marilyn Monroe

Lösung:

Richtig: Künstler 5 und 6

#### Utopie

Ergänzen Sie folgenden Lückentext:

Der Begründer der literarischen Gattung Utopie ist der englische Staatsmann Thomas **(a)**, der 1516 ein Buch mit dem Titel „Utopia" veröffentlichte. Auch zwei der bekanntesten Utopien der Literatur des 20. Jahrhunderts kommen aus England: „Brave New **(b)**" (1932) von Aldous **(c)** und „**(d)**" von George **(e)**.

Lösung:

(a) = Morus; (b) = World; (c) = Huxley; (d) = 1984; (e) = Orwell

## Deutschsprachige Autoren des 19. und 20. Jahrhunderts

Ergänzen Sie die im folgenden Text fehlenden Vor- oder Nachnamen.

1898 starb einer der größten Prosa-Schriftsteller des 19. Jahrhunderts, Theodor ___(a)___; einer seiner bekanntesten Romane ist „Effi Briest".

1918 veröffentlichten zwei Schriftsteller-Brüder jeweils ein kritisches Werk zur Gesellschaft und Politik der Zeit: Heinrich ___(b)___ schrieb „Der Untertan" und sein Bruder ___(c)___ *(Vorname)* „Betrachtungen eines Unpolitischen".

Im selben Jahr starb der Münchner Schriftsteller, Schauspieler, Dramaturg und Autor des Dramas „Frühlings Erwachen" Frank ___(d)___.

Lösung:

(a) = Fontane; (b) = Mann; (c) = Thomas; (d) = Wedekind

### 2.1.3 Abhandlung

Am Ende des Aufgabenbogens der Auswahlprüfung steht eine Abhandlung (**max. 60 Punkte** von insges. 300) zu einem **aktuellen Thema.** Hier müssen Sie einen **kurzen Aufsatz** schreiben, bei dem Sie Ihre Fähigkeiten im argumentativen Schreiben und Ihre Sicherheit in Sprache und Rechtschreibung unter Beweis stellen sollen. Benotet werden **Inhalt** und **Argumentation** (max. 45 Punkte) sowie **Sprache** und **Form** des Aufsatzes (max. 15 Punkte), für den eine Arbeitszeit von ca. **75 Minuten** vorgeschlagen wird.

Von der Beifügung einer Gliederung sowie von **Einleitung** und **Schluss** – wie sie bei Schulaufsätzen üblich sind – ist abzusehen. Nach jedem Argument sollten Sie eine **Leerzeile** setzen, um den Nachvollzug Ihrer Ausführungen zu erleichtern. Eine ansprechende **äußere Form** Ihres Aufsatzes trägt sicher dazu bei: Schreiben Sie so schön Sie können und nicht über den vorgegebenen Rand. Vergessen Sie die Leerzeilen nicht. Ihre Korrektoren werden es Ihnen danken!

Folgende **Themen** wurden in den vergangenen Jahren gestellt:

**Viele Abiturienten legen nach dem Ende ihrer Schulzeit erst einmal ein sogenanntes Orientierungsjahr (z. B. Freiwilliges Soziales Jahr, Auslandsaufenthalt) ein und wollen erst danach ein Studium oder eine Ausbildung beginnen.**

▶ Beurteilen Sie diese Entscheidung. Entfalten Sie hierzu **drei** Argumente. (2015)

**Wählen schon ab 16?**

▶ Nehmen Sie Stellung zu dieser Frage. Entfalten Sie hierzu drei Argumente. (2014)

**In den 80er-Jahren protestierten Zehntausende gegen die Erhebung privater Daten im Rahmen der von der Bundesregierung initiierten Volkszählungen. Heute geben viele Menschen in Sozialen Netzwerken persönliche Daten freiwillig preis.**

▶ Beurteilen Sie diese Entwicklung. Entfalten Sie hierzu drei Argumente. (2013)

**Halten Sie es für richtig, wenn große internationale Kultur- und Sportereignisse an Länder vergeben werden, in denen die Menschenrechte und rechtsstaatliche Grundsätze verletzt werden?**

▶ Begründen Sie Ihren Standpunkt. Entfalten Sie hierzu drei Argumente. (2012)

**Seit Langem bewegt sich die Zahl der Geburten in Deutschland auf einem konstant niedrigen Niveau. Zuletzt wurden in keinem anderen Staat der EU pro Einwohner weniger Kinder geboren.**

▶ Erläutern Sie drei wesentliche Ursachen für die niedrige Geburtenrate in unserem Land. (2011)

**Die Ölpest im Golf von Mexiko wirft Fragen auf, die über den Aspekt der Umweltverschmutzung weit hinausgehen!**

▶ Erläutern Sie diese Behauptung. Entfalten Sie hierzu drei Argumente. (2010)

**Der Vizepräsident des Bundesverfassungsgerichts, Andreas Voßkuhle, hat sich Mitte April 2009 für eine Senkung des Wahlalters ausgesprochen. „Eine Wahlentscheidung kann man bereits mit 16 Jahren treffen."**

▶ Beurteilen Sie diesen Vorschlag. Entwickeln Sie dazu drei Argumente. (2009)

**„Fußball ist mehr als ein Spiel!"**

▶ Erläutern Sie diese These mit Blick auf Großereignisse wie die EM 2008 oder WM 2006 sowie die Bundesliga. Entwickeln Sie hierzu drei Argumente. (2008)

**Bewertungskriterien** im Bereich **„Inhalt"** und **„Argumentation"** sind:

- Themarelevanz und Vielfalt der Bezüge
- Differenziertheit der Argumentation
- Anschaulichkeit der Beispiele
- Übersichtlichkeit des Aufbaus
- Stichhaltigkeit der Logik
- Adäquatheit des Abstraktionsniveaus
- Klarheit der Aussage

**Bewertungskriterien** im Bereich **„Sprache"** und **„Form"** sind:

- Angemessenheit der Wortwahl
- Korrektheit von Grammatik und Satzbau
- „Lesbarkeit"
- Korrektheit von Rechtschreibung und Zeichensetzung
- Schriftbild und äußere Form

Als **Arbeitsschritte** für die Abhandlung haben sich bewährt:

- Erschließen des Themas: Worum geht es genau?
- Sammeln von Stichpunkten zum Thema (spontan und/oder mit Hilfe von W-Fragen: Wer …? Was …? Wo …? Wie …? Warum …?). Hier hilft oft eine Mindmap.
- Auswahl der relevanten Stichworte und Zusammenführung zu drei Argumenten, wie von der Aufgabenstellung erwartet.
- Anordnen der Argumente nach dem Prinzip der **steigernden Darstellung:** Am Ende sollte das wichtigste Argument stehen und als solches am Ende auch sprachlich hervorgehoben werden („Der wichtigste Punkt meiner Argumentation ist …").

Nun müssen Sie nur noch schreiben und Ihren Text am Ende überarbeiten. Beachten Sie hierbei die **Regeln des argumentativen Schreibens:**

- Wählen Sie einen **sachlichen Sprachstil.**
- Argumentieren Sie **differenziert** und **logisch.** Sie können sich dabei auch mit möglichen Gegenargumenten auseinandersetzen. Ihre Ausführungen gewinnen dadurch an Überzeugungskraft.
- **Begründen** Sie Ihre Behauptungen.
- **Veranschaulichen** Sie Ihre Begründung mit überzeugenden **Beispielen.**
- Runden Sie Ihre Argumente mit einer **Folgerung** und **Rückführung** zur **Behauptung** ab.
- Am Ende der Ausführungen sollte ein kurzes **Fazit** stehen, das Ihre Argumentation zusammenfasst und noch einmal auf den Punkt bringt.

Hierdurch ergibt sich folgende **Grundstruktur** für ein Argument:

**Behauptung – Begründung – Veranschaulichung durch Beispiele – Folgerung – Rückführung zur Behauptung**

Hier ein **Beispiel** für ein Argument zum Thema „Fußball ist mehr als ein Spiel!“ (Auswahlprüfung 2008), das wir aus Gründen der Übersichtlichkeit nach den einzelnen Argumentationsschritten für Sie gegliedert haben. Im Original erscheint das Argument natürlich als ein zusammenhängender Block.

| | |
|---|---|
| *Fußball hat in unserer Zeit nicht nur mit Sport zu tun, sondern auch eine hohe wirtschaftliche Dimension.* | **Behauptung** |
| *Hier werden Jahr für Jahr Milliarden umgesetzt.* | **Begründung** |
| *Zunächst ist dabei an die Eintrittsgelder zu denken, die Woche für Woche in die Kassen der Vereine fließen. Bezeichnenderweise werden diese oft als Aktiengesellschaften geführt. Um ein Vielfaches höher als die Eintrittsgelder sind jedoch die Einnahmen durch den Handel mit Trikots und Fan-Artikeln aller Art im Rahmen des Merchandising, das die Vereine seit geraumer Zeit für sich entdeckt haben. Beim Poker um die TV-Übertragungsrechte in der Champions League müssen ca. 50 Millionen Euro auf den Tisch gelegt werden, bei der Bundesliga waren es zuletzt rund 500 Millionen Euro, wie einem Bericht der FAZ zum Thema zu entnehmen war. Bei Sportwetten werden weltweit hohe Milliardenbeträge umgesetzt, ein Großteil davon bei Fußballwetten. Auch der Spielerhandel ist ein großes Geschäft, bei dem hohe Umsätze erzielt werden. Der Marktwert von Mario Gomez zum Beispiel, so ist zu hören, beträgt dieser Tage über 40 Millionen Euro. Beneidenswert sind auch die Werbeeinnahmen bekannter Spieler und ihr Gehalt, das bei Mario Gomez rund 4,5 Millionen Euro im Jahr beträgt. Normalverdiener, aber auch Spitzenmanager oder Politiker können hiervon nur träumen.* | **Beispiele** |
| *Mit der Uridee des Fußballsports hat dies alles nichts mehr zu tun.* | **Folgerung** |
| *Im Fußballsport von heute dreht sich das meiste nur noch ums Geschäft.* | **Rückführung** |

Um Abwechslung in Ihrer Darstellung zu erreichen, können die genannten Argumentationsschritte auch **umgestellt** werden. Machen Sie bei unserem Beispiel die Probe: Beginnen Sie mit der **Ebene der Beispiele** („Woche für Woche fließen Eintrittsgelder in Millionenhöhe in die Kassen der Vereine …), gefolgt von der **Begründung** („Man sieht, hier werden Jahr für Jahr Millionen umgesetzt“) und der **Folgerung** („Mit der Uridee des Fußballsports hat dies alles nichts mehr zu tun“), die schließlich zur nachgestellten **Behauptung** führen („Fußball ist heute weit mehr als ein Spiel. Es ist zu einem Milliardengeschäft geworden“).

Vergessen Sie nicht, dass Ihre Abhandlung sprachlich flüssig und zusammenhängend ausfallen sollte. Hierzu helfen folgende **Satzbausteine:**

| | |
|---|---|
| Einleitungen und Überleitungen | • Zum Ersten – Erstens – Zunächst – Eine wichtige Rolle spielt – Es steht außer Frage, dass<br>• Zum Zweiten – Zweitens – Außerdem lässt sich anführen – Hinzu kommt noch – Mindestens ebenso wichtig wie – Noch wichtiger als<br>• Zum Dritten – Drittens – Besonders wichtig/Am wichtigsten ist – Vor allem/Insbesondere aber – Besonders schwerwiegend erscheint |
| Einleitungen für Beispiele | • Dies belegt/zeigt/unterstreicht/dokumentiert/betont – Wie das Beispiel zeigt – Beispielsweise – Aus eigener Erfahrung kann ich sagen – Wie ein Bericht aus … zeigt |
| Satzverknüpfung (Konjunktionen und Adverbien) | • deshalb, sodass, daher, infolgedessen, demzufolge, zudem, auch, außerdem, ebenso, ferner, sowie, deshalb, da, weil, daher, denn |
| Einleitungen bei Bezug auf Gegenargumente | • Dem kann man entgegenhalten, dass …<br>• Sicherlich ist richtig, wenn …, aber/dennoch<br>• obwohl, allerdings, trotzdem, dagegen, dennoch, zwar |

## 2.2 Erdkunde/Geographie

Erdkunde/Geographie ist ein breit gefächertes Fach, das in jeder Auswahlprüfung seine Spuren hinterlässt. Worum es dabei geht und was von den Teilnehmern der Auswahlprüfung auf diesem Feld erwartet werden kann, beschreibt das Fachprofil Geographie des bayerischen Gymnasiums:

> „Im Fach Geographie beschäftigen sich die Schüler mit **räumlichen Strukturen** und **Prozessen auf der Erde.** [...] An globalen, regionalen und lokalen Raumbeispielen zeigt das Fach Geographie sowohl die gestaltende Wirkung der **Naturkräfte** als auch die raumprägenden **Einflüsse des Menschen.** Die Schüler lernen somit natur- und gesellschaftswissenschaftliche Erkenntnisse, Sichtweisen und Methoden zu verbinden. Mit den Inhalten der **Physischen Geographie,** der **Kulturgeographie** und der **Regionalen Geographie** werden auch Kenntnisse aus anderen **Geowissenschaften,** wie zum Beispiel der Geologie, Meteorologie, Ozeanographie oder der Stadtplanung, vermittelt. Durch die Arbeit mit topographischen, physischen und thematischen **Karten** wird das räumliche Vorstellungsvermögen verbessert. [...] Dabei werden neben dem **Orientierungswissen** auch **geographische Ordnungsraster** aufgezeigt."

In den Auswahlprüfungen der letzten Jahre lassen sich vor diesem Hintergrund folgende **Aufgabenschwerpunkte** feststellen:

**Topographie**

Es wurden wiederholt Fragen zur naturräumlichen und politischen Gliederung Bayerns, Deutschlands, Europas und der Welt gestellt, z. B. zu Flüssen, Meeren, Gebirgen, Wüsten, Städten, Ländern, Regionen oder Kontinenten. Hierfür mussten u. a. Tabellen ergänzt, „stumme Karten" beschriftet oder Städte in die richtige Reihenfolge (z. B. von Ost nach West) gebracht werden. Auch die Zuordnung von Hauptstädten oder Flüssen zu Regionen oder Ländern gehörte zu diesem Aufgabenkreis, der am besten durch die Arbeit mit dem Schulatlas vorbereitet werden kann.

**Physische Geographie**

In diesem Bereich ging es vor allem um das Klima und seine Bestimmungsfaktoren, in allgemeiner Hinsicht oder mit Bezug zu bestimmten Klimazonen. 2011 z. B. wurde das Klima in Europa thematisiert, wobei auch ein Klimadiagramm für Südeuropa erkannt und ausgewertet werden musste. Der Klimawandel spielte bei diesen Aufgaben eine besondere Rolle. Anlässlich des Vulkanausbruchs auf Island 2010 wurde nach berühmten Vulkanen gefragt, anlässlich des Reaktorunfalls in Fukushima 2011 nach der Plattentektonik im pazifischen Raum, deren Verschiebung ein verheerendes Erdbeben auslöste. Im gleichen Jahr kam angesichts schwindender Ölreserven das Thema „Nachhaltigkeit" zur Sprache.

**Länderkunde – Humangeographie**

Ausgehend von der aktuellen Nachrichtenlage wurde landeskundliches Wissen abgefragt, z. B. über Island (2010), China und Libyen (2011), die Ukraine (2012), Syrien (2013) oder Brasilien (2014), dem Veranstalter der Fußball-WM in diesem Jahr. Mitunter gelten die Fragen aber auch Ländergruppen, wie z. B. den Entwicklungsländern und ihren gemeinsamen Merkmalen und Problemen. Ein beliebter Fragetyp ist die Vorgabe statistischer Kenndaten (Fläche, Einwohnerzahl, Wirtschaftsleistung etc.), denen die Länder einer Auswahlliste zugeordnet werden sollen.

Voraussetzung für eine erfolgreiche Lösung so mancher geographischen Aufgabe der Auswahlprüfung ist:

- die Kenntnis geographischer **Grundbegriffe** (wie z. B. Äquator, Aridität, Bodenerosion, Desertifikation, Humidität, Tropen, Tundra, Watt),
- die Kenntnis geographischer **Ordnungsraster** (z. B. Breiten- oder Längengrade) und
- die Fähigkeit zur Auswertung physikalischer und thematischer **Karten** sowie von **Statistiken** und **Diagrammen.**

**Aufgabenbeispiele:**

## Städte und Flüsse

Kreuzen Sie im Lösungsbogen an, welche der nachfolgenden Aussagen falsch ist/sind.

**1** Durch München fließt die Isar.

**2** Die Elbe fließt durch Dresden und Magdeburg.

**3** Bremen liegt an der Spree.

**4** Der Main fließt durch Würzburg, Frankfurt und Wiesbaden.

**5** In Koblenz mündet die Mosel in den Rhein.

**6** In Passau fließen Donau, Ilz und Isar zusammen.

Lösung:

Falsch sind die Aussagen 3 und 6.

## Geographie

### Deutschland

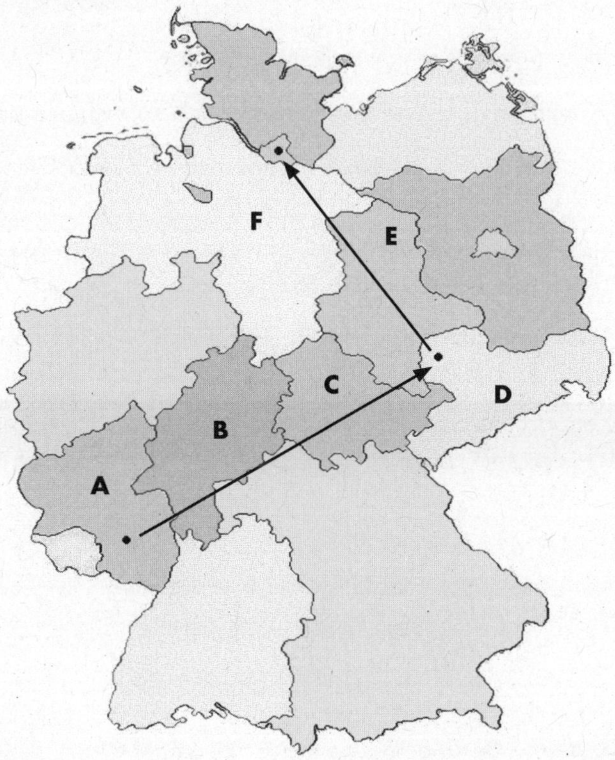


Anlässlich der Fußball-WM 2006 schaute sich ein Fan zunächst ein Vorrundenspiel in Kaiserslautern an, flog daraufhin nach Leipzig zu einem Achtelfinalspiel und schließlich zu einem Viertelfinalspiel nach Hamburg. Mit dem Flugzeug legte er die in der Karte eingezeichnete Route zurück.

Tragen Sie in die folgende Tabelle die Bundesländer (A–F) ein, die er dabei unter anderem überflog.

| | Bundesland |
|---|---|
| A | |
| B | |
| C | |
| D | |
| E | |
| F | |

Lösung:

A = Rheinland-Pfalz

B = Hessen

C = Thüringen

D = Sachsen

E = Sachsen-Anhalt

F = Niedersachsen

## Klimawandel

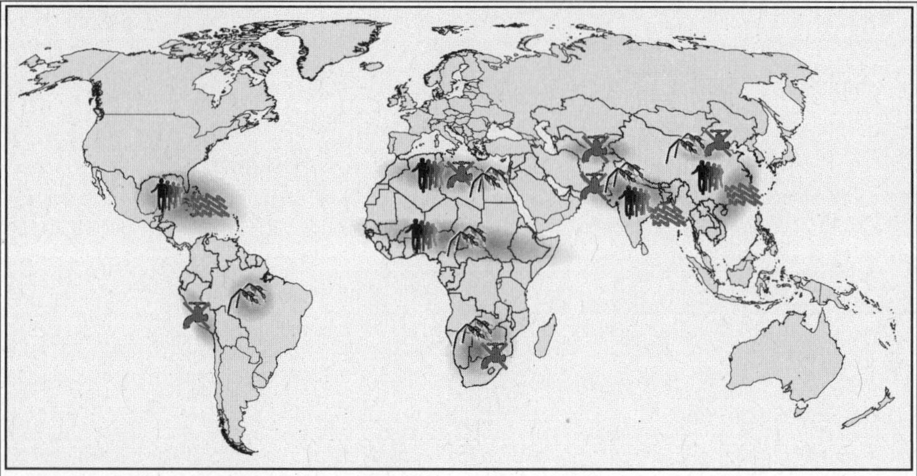

**Konfliktkonstellationen in ausgewählten Brennpunkten:**

- Klimabedingte Degradation von Süßwasserressourcen
- Klimabedingter Rückgang der Nahrungsmittelproduktion
- Brennpunkt
- Klimabedingte Zunahme von Sturm- und Flutkatastrophen
- Umweltbedingte Migration

*Quelle: WBGU – Wissenschaftlicher Beirat der Bundesregierung Globale Umweltveränderungen (2007): Welt im Wandel: Sicherheitsrisiko Klimawandel. Zusammenfassung für Entscheidungsträger. Berlin: WBGU.*

a) Die vorstehende Weltkarte „Sicherheitsrisiken durch Klimawandel" veranschaulicht zentrale und regionale Brennpunkte aus der Sicht des Wissenschaftlichen Beirats der Bundesregierung Globale Umweltveränderungen (WBGU). Welche der folgenden Aussagen zur Karte sind richtig?

Geben Sie im Lösungsbogen den Kennbuchstaben der zutreffenden Antwortkombination an.

**1** Die Karte zeigt, dass auf allen Kontinenten mit Konflikten aufgrund des Klimawandels zu rechnen ist.

**2** Mit den Problemen umweltbedingter Migration werden unter anderem die Länder Indien, China, Elfenbeinküste und Algerien zu kämpfen haben.

**3** Für die karibischen Länder bringt der Klimawandel eine höhere Gefahr von Sturm- und Flutkatastrophen mit sich, dabei handelt es sich zumeist um Hurrikans, die sich über dem Pazifik bilden.

**4** Peru, Südafrika, Libyen, Namibia, Jemen und Botswana zählen zu den Ländern, die mit Wasserknappheit aufgrund des Klimawandels rechnen müssen.

**5** Auf der Karte sind für Grönland, Argentinien, Kanada und Skandinavien keine Brennpunkte ausgewiesen.

Antwortkombinationen:

| | | | | | |
|---|---|---|---|---|---|
| **A** | alle | **C** | alle außer (1) | **E** | (2) und (5) |
| **B** | (2) und (3) | **D** | nur (4) | **F** | keine |

b) Ergänzen Sie den nachstehenden Lückentext zur Krisenregion in Indien und den angrenzenden Staaten mit den passenden Wörtern aus folgender Auswahlliste:

*Afghanistan – Aden – des Zinsniveaus – in den Anden – des Meeresspiegels – Pakistan – Kalkutta – Ölreserven – des Monsuns – im Himalaya – Wasserversorgung – Passats – der Grundstückspreise – Bengalen – der Terrorismusgefahr – Myanmar – im indischen Hochland*

Die Auswirkungen des Klimawandels sind in dieser Weltregion besonders stark: Die Gletscherschmelze **(a)** gefährdet die **(b)** für Millionen von Menschen, Veränderungen **(c)** beeinflussen die Landwirtschaft, der Anstieg **(d)** und Wirbelstürme bedrohen Lebensräume am bevölkerungsreichen Golf von **(e)**. Diese Dynamiken erhöhen das gesellschaftliche Krisenpotenzial in einer Region, die auch durch grenzüberschreitende Konflikte zwischen Indien und **(f)** belastet ist.

Lösung:

a) Die richtige Antwortkombination ist E.

b) (a) = im Himalaya; (b) = Wasserversorgung; (c) = des Monsuns; (d) = des Meeresspiegels; (e) = Bengalen; (f) = Pakistan

## Klimazonen und Breitenkreise

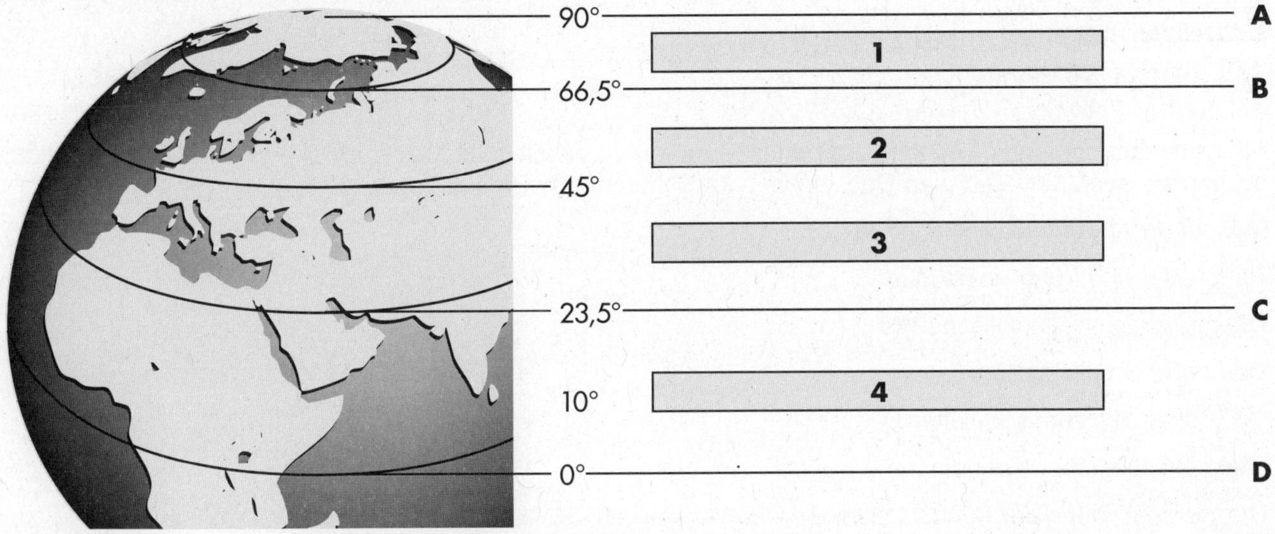


*Quelle: Kopiervorlagen, Seydlitz Geographie Bayern 8, Schroedel Verlag, 2007, S. 1*

Benennen Sie die in der vorstehenden Grafik gekennzeichneten Klimazonen (1 bis 4) und Breitenkreise (A bis D) der Nordhalbkugel.

Lösung:

Klimazonen: 1 = Polargebiete; 2 = (hohe) Mittelbreiten/gemäßigte Zone; 3 = Subtropen; 4 = Tropen

Breitenkreise: A = Nordpol; B = nördlicher Polarkreis; C = nördlicher Wendekreis; D = Äquator

## Israel

a) Nennen Sie die vier Nachbarstaaten Israels, die in der Karte mit den Ziffern 1–4 gekennzeichnet sind.

b) Wie heißt die Wüste, die den Süden des Landes prägt? Wie die Stadt am Golf von Akaba?

c) Nennen Sie das größte Binnengewässer. Wofür ist es bekannt?

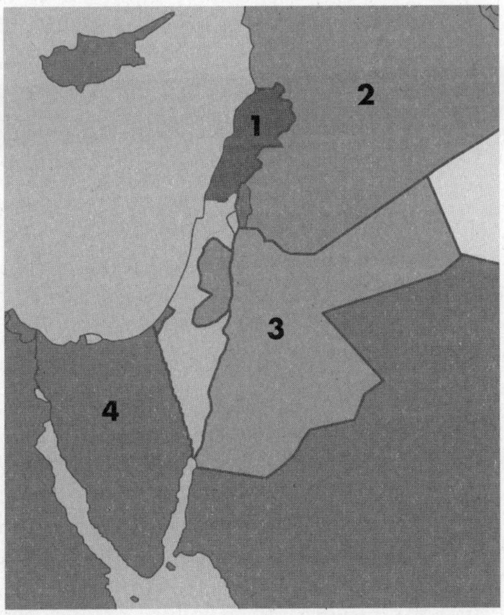


Lösung:

a) 1 = Libanon; 2 = Syrien; 3 = Jordanien; 4 = Ägypten

b) Wüste = Negev; Stadt = Eilat

c) Totes Meer; hoher Salzgehalt

## 2.3 Geschichte

Im Geschichtsunterricht haben Sie die Vergangenheit der Menschen von ihren Anfängen in der Steinzeit bis in unsere Tage durchgenommen und dabei folgende **Grobgliederung** kennengelernt:

- Vor- und Frühgeschichte
- Antike (500 v. Chr. bis 500 n. Chr.)
- Mittelalter (500 bis 1500)
- Neuzeit (ab 1500)
- Neueste Zeit (ab 1900)

Bei Ihrem ersten, chronologisch angeordneten Gang durch die Geschichte ergab sich in etwa eine **Feingliederung,** wie sie auch dem Lehrplan Geschichte aller Schularten in Bayern zugrunde liegt:

- Menschen in vorgeschichtlicher Zeit
- Ägypten – eine frühe Hochkultur
- Die griechisch-hellenistische Welt
- Das Imperium Romanum
- Von der Antike zum Mittelalter
- Die mittelalterlichen Grundlagen Europas
- Die Herausbildung der frühneuzeitlichen Staatenwelt (13.–16. Jahrhundert)
- Neue geistige und räumliche Horizonte (1350–1650)
- Die Zeit des Absolutismus
- Europa im Zeitalter der Revolutionen (18. bis Mitte 19. Jahrhundert)
- Politik, Gesellschaft und Wirtschaft in Deutschland 1850–1914
- Imperialismus und Erster Weltkrieg
- Weimarer Republik
- Nationalsozialismus und Zweiter Weltkrieg
- Blockbildung, deutsche Teilung und Ost-West-Konflikt bis in die 1960er Jahre
- Weltpolitische Veränderungen im Schatten des Kalten Krieges
- Weltpolitische Veränderungen und Wandlungen in Deutschland von den 1960er bis zu den 1980er Jahren
- Die Auflösung des Ostblocks und die deutsche Einheit
- Europa und die Welt nach dem Ende des Ost-West-Konflikts

In der Oberstufe des Gymnasiums und an FOS/BOS wurden in einem **zweiten Durchgang** zentrale Themen der Geschichte (z. B. Demokratie und Diktatur, Gesellschaft im Wandel) exemplarisch und methodenbewusst vertieft. Die Geschichte des 20. Jahrhunderts stand dabei im Mittelpunkt.

**Keine Angst:** Die Auswahlprüfung des Landespersonalausschusses ist kein Staatsexamen für angehende Geschichtslehrer oder Historiker. Niemand erwartet, dass Sie 5000 Jahre Menschheitsgeschichte bis ins Detail überblicken. Der Schwerpunkt der Aufgaben liegt vielmehr auf den **Grundlinien** der historischen Entwicklung und den politischen, verfassungsrechtlichen, gesellschaftlichen, kulturellen sowie geistesgeschichtlichen **Meilensteinen der Vergangenheit.** Dem allerdings müssen Sie sich in der Auswahlprüfung stellen.

Zu dem erwarteten Wissen zählen **herausragende Ereignisse** und **Persönlichkeiten** insbesondere der **neueren Geschichte** ab der Französischen Revolution. Die jüngere **deutsche Geschichte** und das **19.** und **20. Jahrhundert** werden dabei besonders beachtet. Oft gehen die Aufgabensteller auch von aktuellen **Großereignissen, Jubiläen, Kontroversen, Ausstellungen** oder **historischen Filmen** aus, über die in allen Medien breit berichtet wurde. Dies in der Vorbereitungsphase auf die Prüfung genau zu verfolgen, lohnt sich sicher. Markante **Jahreszahlen** sollte man parat haben.

**Aufgabenbeispiele:**

## Geschichtliches

a) Im 100-jährigen Krieg zwischen Frankreich und England verdankt Karl VII. 1429 die Königskrone dem nationalen Widerstand, der von einer lothringischen Bauerntochter angeleitet wurde.

Nennen Sie den Namen der Bauerntochter.

Welcher deutsche Schriftsteller veröffentlichte 1801 zu dieser Thematik ein Drama, das bis heute oft im Deutschunterricht gelesen wird?

b) Erfahrungen aus Kriegen zwischen Dynastien, Erbfolge-, Sezessions- und Revolutionskriegen begründeten in der zweiten Hälfte des 18. Jahrhunderts die Vision vom „Ewigen Frieden".

Nennen Sie den Ideengeber dieses „Weltprogramms" aus Königsberg und den Titel seines berühmten Werks, das die Erkenntnistheorie auf eine neue Grundlage stellte.

c) Der Wiener Kongress 1815 ordnete Europa neu.

Nennen Sie die **drei** Prinzipien dieser Neuordnung.

d) Welches Gremium wurde nach dem Ende des Zweiten Weltkriegs als höchste Regierungsgewalt in Deutschland eingesetzt?

Durch welchen Vertrag wurde dieses Gremium formal erst 1990/1991 aufgelöst?

Lösung:

a) Jeanne d'Arc; Schiller

b) Kant; Kritik der reinen Vernunft

c) Restauration – Legitimität – Solidarität

d) Alliierter Kontrollrat; Zwei-plus-Vier-Vertrag

## Erstes gesamtdeutsches Parlament

a) Am 18. Mai 1848 trat das erste gesamtdeutsche Parlament zusammen.

In welcher Stadt und an welchem Ort geschah dies?

b) Welcher Vorgang führte zu diesem Ereignis?

Aus welchem Land sprang hier der Funke über?

c) Beschreiben Sie stichpunktartig die soziale Zusammensetzung dieses Parlaments.

Welche Schicht gab den Ton an, welche Schichten waren unter- oder gar nicht repräsentiert?

d) Nennen Sie die bedeutendste Leistung dieses Parlaments.

e) Welcher Staat wurde durch die Entscheidung dieses Parlaments aus dem Deutschen Bund ausgeschlossen?

Welchem Staat kam hinfort die Führungsrolle zu?

Lösung:

a) Stadt: Frankfurt am Main; Ort: Paulskirche

b) Vorgang: (März-)Revolution; Land: Frankreich

c) Dominanz des Bildungsbürgertums; kaum Handwerker; keine Arbeiter,

d) Proklamation der Grundrechte des deutschen Volkes

e) Ausschluss von: Österreich-Ungarn; Führungsrolle: Preußen

## Weimarer Republik

Die im Versailler Vertrag beschlossenen und erst 1921 hinsichtlich Höhe und Laufzeit präzisierten Wiedergutmachungsleistungen stellten für die Weimarer Republik eine schwere Belastung dar.

a) Nennen Sie den Fachbegriff für diese Zahlungen.

b) Welche Annahme liegt ihnen zugrunde?

c) 1924 und 1929 wurde die Frage der Wiedergutmachung neu geregelt.
Nennen Sie die Namen der beiden Pläne.

d) Welcher Kurswechsel der US-Außenpolitik wird durch beide Pläne signalisiert?

e) Nennen Sie die Nachnamen der beiden Außenminister, die auf deutscher und französischer Seite wesentlichen Anteil an der internationalen Entspannung in jenen Jahren hatten und dafür später ausgezeichnet wurden?

f) Prominentestes Opfer der Hetze von rechts wurde 1922 der deutsche Außenminister, der den Vertrag von Rapallo unterzeichnet hatte.
Nennen Sie seinen Nachnamen.

Lösung:

a) Reparationen

b) Kriegsschuld Deutschlands

c) Dawesplan/Youngplan

d) Aufgabe der Politik der freiwilligen Isolation oder Wiedereinmischung in Europa

e) Stresemann/Briand

f) Rathenau

## Zeitgeschichte

a) Auf welche Verhandlungen reagiert die nebenstehende Karikatur?

b) In welchem Jahr fanden sie statt?

c) Nennen Sie die Nachnamen der **beiden** deutschen Politiker, die die Verhandlungen für Deutschland führten?

d) Nennen Sie das völkerrechtliche Ziel der deutschen Verhandlungsführer.

e) Welches historische Ereignis wurde durch den erfolgreichen Abschluss der Verhandlungen ermöglicht?
Datieren Sie es genau.

*Quelle: Karikatur von Brigitte Schneider, SZ*

Lösung:

a) Zwei-plus-Vier-Gespräche

b) Jahr: 1990

c) Kohl/Genscher

d) Hauptziel: Wiederherstellung der staatlichen Souveränität Deutschlands

e) Ereignis: Vereinigung Deutschlands; Datum: 3. Oktober 1990

## 2.4 Wirtschaft und Recht

Die Gebiete Wirtschaft und Recht sind an den bayerischen Schulen nicht gleichermaßen als Unterrichtsfach vertreten. Vor allem diejenigen Teilnehmer der Auswahlprüfung, die aus diesem Grund nur über geringe und oberflächliche Kenntnisse in diesen Bereichen verfügen, müssen sich demnach bei der Vorbereitung auf die Prüfung besonders anstrengen, um ihre Lücken zu schließen. Schulbücher, Wirtschafts- und Rechtslexika, die das einschlägige Grundlagenwissen kompakt zusammenfassen, sind hierfür ebenso eine gute Hilfe wie die aktuelle Berichterstattung in den Medien. Die zum Verständnis nötigen Fachtermini und Konzepte finden sich natürlich auch im Internet.

Mit Blick auf das Fachprofil „Wirtschaft und Recht" des Gymnasiums in Bayern können u. a. folgende **Themen** aus der Mittelstufe bei der **Aufgabestellung der Auswahlprüfung** berücksichtigt werden:

- **Wirtschaftliches Handeln der privaten Haushalte**
  - Entscheidungen beim Konsum und beim Umgang mit Geld
  - Entscheidungen im Zusammenhang mit Ausbildung und Berufswahl
- **Rechtliches Handeln der privaten Haushalte**
  - Bedeutung und Abschluss von Verträgen am Beispiel der Kaufhandlung
  - Rechte des Verbrauchers bei Pflichtverletzungen
  - Die rechtliche Stellung Minderjähriger
- **Wirtschaftliches und rechtliches Handeln in Unternehmen**
  - Entscheidungen bei der Gründung eines Unternehmens
  - Typische Geschäftsprozesse in Unternehmen
  - Das Rechnungswesen als Grundlage unternehmerischen Handelns
- **Denken in gesamtwirtschaftlichen Zusammenhängen**
  - Unternehmen und Haushalte auf dem Markt
  - Unternehmen und Haushalte in der Gesamtwirtschaft
- **Zentrale Aspekte der deutschen Wirtschafts- und Rechtsordnung**
  - Soziale Marktwirtschaft als Wirtschaftsordnung
  - Steuern und soziale Sicherung in der sozialen Marktwirtschaft
  - Öffentliches Recht als Handlungsrahmen
- **Europäische Einigung und weltwirtschaftliche Verflechtung**
  - Chancen und Risiken internationaler Arbeitsteilung
  - Währungen und Europäische Währungsunion
  - Europäisches Recht als Quelle nationalen Rechts

In den Jahrgangsstufen 11 und 12 wird das in der Mittelstufe erworbene Wissen anhand folgender Themenbereiche auf einem höheren Abstraktionsniveau erweitert und vertieft:

- **Wirtschaft ...**
  - Wirtschaftliche Zielsetzungen in der sozialen Marktwirtschaft
  - Volkswirtschaftliche Schwankungen und Konzepte der Wirtschaftspolitik
  - Wirtschaftspolitische Entscheidungsfelder: Beschäftigung und Einkommen, Geld und Währung, Außenwirtschaft
- **... und Recht**
  - Grundlagen unserer Rechtsordnung
  - Grundfragen und juristische Arbeitstechnik
  - Prinzipien des Strafrechts
  - Aufbau des Bürgerlichen Gesetzbuches; Analyse und Anwendung von Rechtsnormen: Recht der Leistungsstörungen, Eigentumsordnung

Die Aufgaben der Auswahlprüfungen in den vergangenen Jahren im Bereich **Wirtschaft** zeigen, dass hier vor allem wirtschafts- und währungspolitische Fragen dominierten – angesichts der Wirtschafts-, Finanz- und Währungskrisen unserer Tage kein Wunder. Dem Euro und den öffentlichen Haushalten (Staatseinnahmen und Staatsausgaben) kam dabei ein besonderer Stellenwert zu.

Im Bereich **Recht** musste immer wieder Grundlagenwissen zum deutschen Rechtssystem unter Beweis gestellt werden (Rechtsgebiete, Rechtsquellen, Rechtsgeschäfte, Rechtsformen von Unternehmen etc.). Daneben wurden Aufgaben aus dem Vertragswesen (Miet- und Kaufvertrag) und aus den Gebieten des Verwaltungs-, Tarif- und Strafrechts gestellt. Fragen zur Rechtsstellung Jugendlicher und zum Jugendschutz erfreuten sich großer Beliebtheit. Wiederholt wurden Gesetzestexte zur Entscheidung eines Sachverhalts vorgelegt.

### Aufgabenbeispiele Wirtschaft:

## Konjunkturzyklus

a) In der nachstehenden Abbildung ist ein Konjunkturzyklus dargestellt.
Benennen Sie die einzelnen Phasen a bis d und die beiden Achsen e und f.

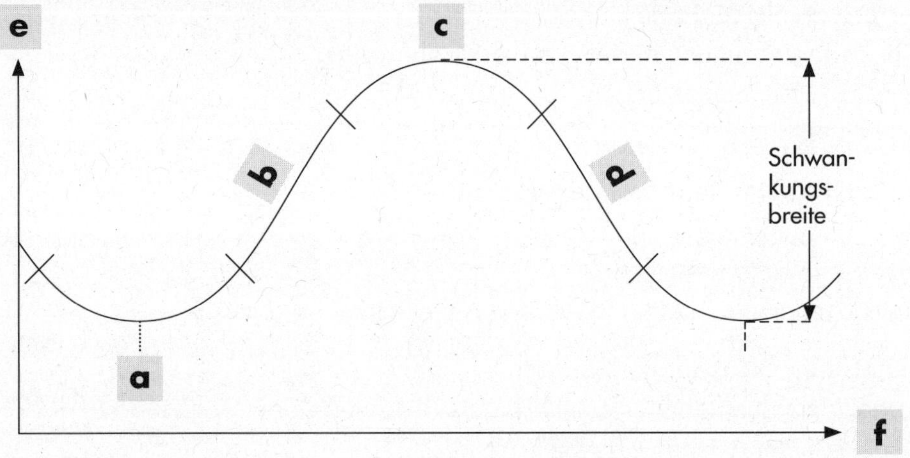


b) Um den jeweiligen Standort in einem Konjunkturzyklus zu messen, bedient man sich Konjunkturindikatoren.
Geben Sie für die folgenden Indikatoren im Lösungsbogen an, ob es sich dabei jeweils um einen Früh-, Präsens- oder Spätindikator handelt.

**1** Kapazitätsauslastung der Betriebe
**2** Arbeitslosenquote
**3** Geschäftsklimaindex
**4** Auftragseingänge
**5** Index der Produktion
**6** Preisindex der Lebenshaltung

Lösung:

a) a = Depression; b = Aufschwung; c = Boom; d = Rezession;
e = Wachstumsraten des BSP/BIP; f = Zeit

b) Frühindikator = 3 und 4; Präsensindikator = 1 und 5; Spätindikator = 2 und 6

## Wirtschaftskrise 2008

Geben Sie im Lösungsbogen die fehlenden Wörter für den folgenden Lückentext an.

Am Anfang der aktuellen Wirtschafts- und Finanzkrise stand der Verfall der Preise der ___(a)___ in den USA. Betroffen waren zunächst vor allem ___(b)___-Kredite, die überwiegend an Kreditnehmer mit geringer Bonität vergeben worden waren. In der Folge kamen viele ___(c)___ in existenzielle Bedrohung. Einige gingen in Konkurs oder wurden durch Milliardenhilfen der Regierung am Leben erhalten. Ausgehend vom Finanzsektor erreichte die Krise bald die sogenannte ___(d)___ und weitete sich global aus. Die weltweite Hochkonjunktur der letzten Jahre mündete dadurch in eine Phase der __(e)__. Seither bemühen sich alle Industriestaaten um eine Eindämmung der Krise. Hierbei lässt sich eine Abkehr von den Prinzipien der __(f)__ beobachten. Die Gefahr der __(g)__-verschuldung wächst.

Lösung:

(a) = Immobilien; (b) = Subprime-; (c) = Banken; (d) = Realwirtschaft;
(e) = Rezession; (f) = Marktwirtschaft; (g) = Staats-

## EU und asiatischer Wirtschaftsraum

Entscheiden Sie, welche der folgenden Aussagen sich aus dem nachstehenden Schaubild ableiten lassen und ermitteln Sie den Kennbuchstaben der zutreffenden Antwortkombination.

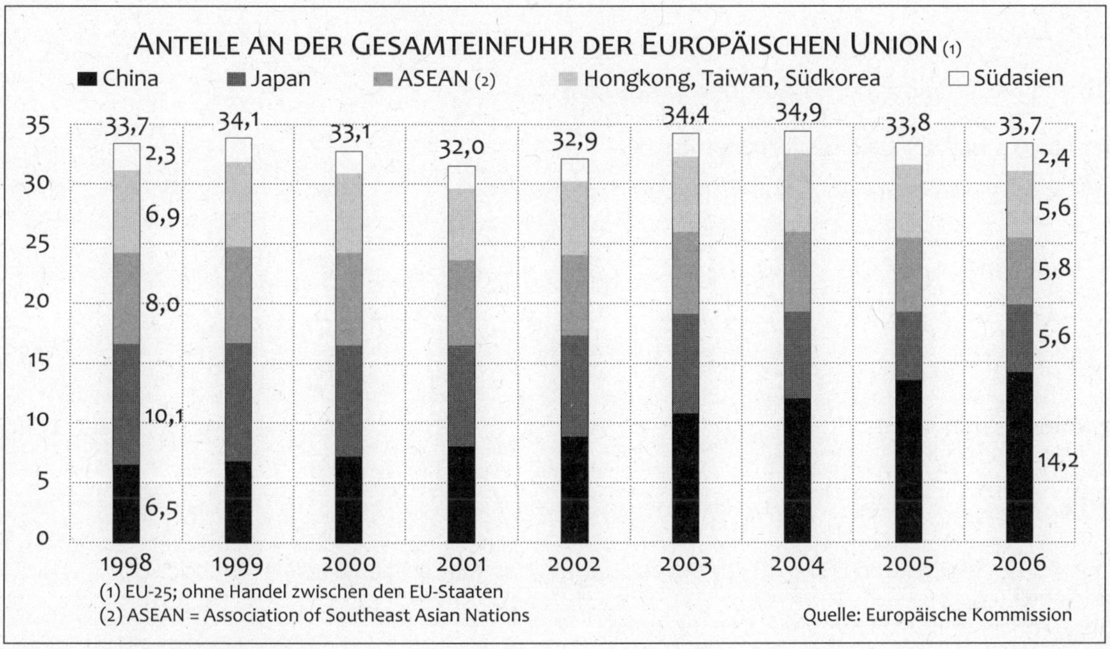


*Quelle: Schul;Bank, 08/07*

**1** Der Anteil südost- und ostasiatischer Importe an der Gesamteinfuhr der Europäischen Union ist über den betrachteten Zeitraum hinweg nahezu konstant geblieben.

**2** China hat den an den Gesamtimporten der EU gemessenen Anteil seiner direkt in die EU exportierten Güter von 1998 bis 2006 deutlich erhöht.

**3** Mehr als 40 Prozent der Einfuhren der EU aus dem südost- und ostasiatischen Raum haben 2006 ihren Ursprung in China.

**4** Die absolute Höhe der in die EU eingeführten japanischen Exporte hat sich im Zeitablauf verringert.

**5** Der Anteil Japans an den für die EU bestimmten ost- und südostasiatischen Exporten hat sich im Beobachtungszeitraum deutlich verringert.

Antwortkombinationen:

**A** keine
**B** nur (1), (2) und (5)
**C** alle bis auf (4)
**D** alle
**E** alle bis auf (5)

Lösung:

Zutreffender Kennbuchstabe: C

## Volkswirtschaftliche Lehrmeinungen

Durch die jüngsten Turbulenzen an den Finanzmärkten bzw. Unsicherheiten der Weltwirtschaftslage ist die Diskussion um die richtige volkswirtschaftliche Lehrmeinung wieder entfacht.

Zwei wesentliche, konträre, volkswirtschaftliche Lehrmeinungen sind die **nachfrageorientierte** Wirtschaftspolitik und die **angebotsorientierte** Wirtschaftspolitik.

Kreuzen Sie für die nachfolgenden Personen und Begriffe im Lösungsbogen an, welcher dieser beiden wirtschaftspolitischen Strömungen sie zuzuordnen sind.

**1** Margaret Thatcher

**2** Ronald Reagan

**3** John Maynard Keynes

**4** staatliches, durch Steuern finanziertes Ausgabenprogramm

**5** Rückzug des Staates aus der Ökonomie/vom Markt

Lösung:

Nachfrageorientiert = 3 und 4

Angebotsorientiert = 1, 2 und 5

**Aufgabenbeispiele Recht:**

## Jugendschutz

Entscheiden Sie für die nachfolgenden Fälle, ob ein Verstoß gegen das Jugendschutzgesetz vorliegt.

**1** Rudi (15 Jahre) raucht in Begleitung eines Erwachsenen.

**2** Martina (14 Jahre) nimmt auf einem Gemeindefest an einer Tombola teil.

**3** Hans (16 Jahre) trinkt in einer Gaststätte mit Freunden (keine Erwachsenen) um 12.00 Uhr ein Bier.

**4** Maria (15 Jahre) trinkt um 12.00 Uhr mittags in Begleitung ihrer Eltern ein Bier.

**5** Robert (17 Jahre) kauft im Supermarkt eine Flasche Schnaps. Seine Eltern sind dabei.

Lösung:

Verstoß = Aussage 1 und 5; Kein Verstoß = Aussagen 2, 3 und 4

## Schadensersatz

Die 5-jährige Anna fährt in Begleitung ihrer Mutter mit ihrem Fahrrad. Dabei beschädigt sie ein parkendes Auto.

a) Muss Anna den Schaden bezahlen? Begründen Sie Ihre Entscheidung!
(Auf eine eventuelle Schadensersatzpflicht der Mutter ist nicht einzugehen.)

b) In welcher Rechtsquelle ist dies geregelt?

Lösung:

a) Nein, Anna muss nicht zahlen, da sie das 7. Lebensjahr noch nicht vollendet hat.

b) Rechtsquelle: Bürgerliches Gesetzbuch (BGB)

## Tarifrecht und Kündigung

a) Erläutern Sie den Grundsatz der Tarifautonomie.

b) Nennen Sie allgemein die Vertragsparteien beim Tarifvertrag.

c) Geben Sie die korrekte Kündigungsfrist (bzw. den letzten Arbeitstag) an, die nach dem Wortlaut des § 622 BGB in den nachfolgenden Fällen eines Großunternehmens jeweils einzuhalten ist.
Tragen Sie hierzu den Kennbuchstaben der zutreffenden Antwortmöglichkeit in den Lösungsbogen ein.

***§ 622 BGB Kündigungsfristen bei Arbeitsverhältnissen***

*(1) Das Arbeitsverhältnis eines Arbeiters oder eines Angestellten (Arbeitnehmers) kann mit einer Frist von vier Wochen zum Fünfzehnten oder zum Ende eines Kalendermonats gekündigt werden.*

*(2) Für eine Kündigung durch den Arbeitgeber beträgt die Kündigungsfrist, wenn das Arbeitsverhältnis in dem Betrieb oder Unternehmen*

1. *zwei Jahre bestanden hat, einen Monat zum Ende eines Kalendermonats,*
2. *fünf Jahre bestanden hat, zwei Monate zum Ende eines Kalendermonats,*
3. *acht Jahre bestanden hat, drei Monate zum Ende eines Kalendermonats,*
4. *zehn Jahre bestanden hat, vier Monate zum Ende eines Kalendermonats,*
5. *zwölf Jahre bestanden hat, fünf Monate zum Ende eines Kalendermonats,*
6. *15 Jahre bestanden hat, sechs Monate zum Ende eines Kalendermonats,*
7. *20 Jahre bestanden hat, sieben Monate zum Ende eines Kalendermonats.*

*Bei der Berechnung der Beschäftigungsdauer werden Zeiten, die vor der Vollendung des 25. Lebensjahrs des Arbeitnehmers liegen, nicht berücksichtigt.*

*(3) Während einer vereinbarten Probezeit, längstens für die Dauer von sechs Monaten, kann das Arbeitsverhältnis mit einer Frist von zwei Wochen gekündigt werden. [...]*

1. Ein 53-jähriger Facharbeiter ist seit 9 Jahren im Unternehmen beschäftigt und erhält die Kündigung.

**A** 3 Monate zum Monatsende

**B** 3,5 Monate zum Monatsende

**C** Ende des darauf folgenden Monats

**D** 4 Wochen zum 15. oder Ende des Kalendermonats

2. Ein 24-jähriger ungelernter Arbeiter gehört seit 7 Jahren dem Betrieb an und wird gekündigt.

**A** keine Kündigungsfrist

**B** 4 Wochen zum 15. eines Monats oder zum Ende des Kalendermonats

**C** 2 Monate zum Ende des Kalendermonats

**D** 2 2/3 Monate zum Monatsende

3. Ein Arbeitnehmer, der seit 11 Monaten beim selben Arbeitgeber beschäftigt ist, erhält am 20. Februar die Kündigung.

**A** Ende des laufenden Monats

**B** 15. März

**C** keine Kündigungsfrist

**D** 31. März

4. Ein Mitarbeiter, der seit 5 Jahren im Unternehmen ist, kündigt am 1. Mai.

**A** 31. Mai

**B** 30. Juni

**C** keine Kündigungsfrist

**D** 15. Juni

Lösung:

a) Tarifparteien sind unabhängig vom Staat und haben das Recht, Tarifverträge selbstständig auszuhandeln und abzuschließen.

b) Arbeitgeber (auch: Arbeitgeberverbände); Gewerkschaften (nicht: Arbeitnehmer)

c) 1 = A; 2 = B; 3 = D; 4 = A

### Rechtsquellen

Nennen Sie **vier** verschiedene Rechtsquellen in Deutschland, die im Rahmen von staatlicher und kommunaler Rechtssetzung zustande kommen bzw. zustande gekommen sind.

Lösung:

Verfassung/Grundgesetz; Verordnungen; Gesetze; Satzungen

### Verwaltungsakt

Entscheiden Sie unter Zuhilfenahme des nachstehenden Paragrafen, bei welchen der Fälle 1–6 ein Verwaltungsakt vorliegt.

Kreuzen Sie hierzu im Lösungsbogen das oder die entsprechenden Antwortfelder an.

> ***§ 35 Bayerisches Verwaltungsverfahrensgesetz***
>
> *Verwaltungsakt ist jede Verfügung, Entscheidung oder andere hoheitliche Maßnahme, die eine Behörde zur Regelung eines Einzelfalls auf dem Gebiet des öffentlichen Rechts trifft und die auf unmittelbare Rechtswirkung nach außen gerichtet ist. Allgemeinverfügung ist ein Verwaltungsakt, der sich an einen nach allgemeinen Merkmalen bestimmten oder bestimmbaren Personenkreis richtet oder die öffentlich-rechtliche Eigenschaft einer Sache oder ihre Benutzung durch die Allgemeinheit betrifft.*

**1** Rundschreiben einer Gemeinde an alle Haushalte zur Beantragung eines Personalausweises.

**2** Das Kultusministerium regelt die Aufgaben/Zuständigkeiten in seiner Behörde neu.

**3** Die Schülerin Simone erhält im Jahresendzeugnis in Deutsch die Note 2.

**4** Das Kultusministerium beauftragt eine private Agentur, die Neuerungen des G8 bei den Schülerinnen und Schülern sowie Eltern bekannt zu machen.

**5** Der Schulleiter verweist eine Schülerin von der Schule.

**6** Dem Schüler Hans wird der Zugang zum Computerraum der Schule verweigert.

Lösung:

Ein Verwaltungsakt liegt vor im Fall 3 und 5.

## 2.5 Staat und Politik

In diesem Prüfungsbereich geht es um die staatlichen und politischen Grundlagen **Bayerns,** der **Bundesrepublik Deutschland** und der **Europäischen Union,** die aus dem Sozialkunde- und auch Geschichtsunterricht hinreichend bekannt sein sollten. Aufgaben zur **Bayerischen Verfassung** und dem **Grundgesetz** finden sich hier ebenso wie Aufgaben zu aktuellen Handlungsfeldern der Politik. Fragen zur Entwicklung der **Gesellschaft** stehen neben Fragen zur **internationalen Politik.** Aktuelle Ereignisse wie Wahlen oder Debatten um zentrale politische und rechtliche Themen bieten vielfältige Anlässe für Fragestellungen, die insbesondere mit Hilfe der Berichterstattung in den Medien zu beantworten sind.

Im Einzelnen sollten Sie bei Ihrer Vorbereitung auf die Auswahlprüfung vor allem folgenden **Themen** Ihre Aufmerksamkeit schenken:

- Menschen- und Grundrechte (einschl. ihrer Geschichte)
- Staatsorgane und Funktionsweise der parlamentarischen Demokratie
- Grundlagen und Probleme des Föderalismus sowie des Rechts- und Sozialstaats
- Parteien und Wahlen
- Bevölkerungsentwicklung und -struktur
- Europäische Union: Geschichte, Politische Strukturen, Probleme der Integration und Erweiterung
- Internationale Politik: Organisationen, Sicherheitspolitik, globale Krisenherde

**Aufgabenbeispiele:**

## Parteien und Wahlen

**„Seine Majestät, der Wähler"**

**„Ist ja Gottseidank nur einmal in vier Jahren!"**

*Quelle: Schwäbisches Tagblatt Tübingen, 4. Oktober 1998*

a) Fassen Sie die Aussage der vorliegenden Karikatur mit einem Satz zusammen.

b) Welches verfassungsrechtliche Prinzip wird durch die vorliegende Karikatur thematisiert?

c) Wodurch wird dieses Prinzip in der Karikatur in erster Linie sinnfällig gemacht bzw. symbolisiert?

d) Die Vertreter der Parteien sprechen von einem Wahlturnus von vier Jahren. Auf welche Wahl beziehen Sie sich dabei?

e) Welcher Wahlturnus gilt für die bayerischen Kommunalwahlen?

Lösung:

a) Aussage: Die Parteien hofieren den Wählbürger besonders vor der Wahl, weil er am Wahltag über ihren Erfolg oder Misserfolg entscheidet.

b) Prinzip: Volkssouveränität (auch: Demokratie)

c) Der Wähler/das Volk als König/Majestät bzw. Souverän

d) Bundestagswahlen (auch: Bürgerschaftswahlen in Bremen/Hamburg)

e) Wahlturnus: 6 Jahre

### Grundgesetz

Geben Sie im Lösungsbogen die fehlenden Wörter für den folgenden Lückentext an.

Das Grundgesetz der Bundesrepublik hat sich als eine Erfolgsgeschichte erwiesen und feierte am ___(a)___ 2009 seinen ___(b)___ Geburtstag. Besondere Bedeutung im Grundgesetz haben aufgrund der Erfahrungen mit dem Nationalsozialismus die ___(c)___. Sie binden die Staatsgewalt als ___(d)___ Recht. Wegweisend für die Beratungen zum Grundgesetz waren die von den westlichen Siegermächten überreichten ___(e)___ Dokumente sowie der Verfassungskonvent auf der Insel ___(f)___. Wesentliche Änderungen erfuhr das Grundgesetz durch die Wiedereinführung der ___(g)___ 1956 und die ebenso umstrittenen ___(h)___ 1968.

Lösung:

(a) = 23. Mai; (b) = 60.; (c) = Grundrechte; (d) = unmittelbar geltendes; (e) = Frankfurter; (f) = Herrenchiemsee; (g) = Wehrpflicht; (h) = Notstandsgesetze

### Bundestagswahl

Geben Sie im Lösungsbogen die fehlenden Wörter für den folgenden Lückentext an.

Am 27. September 2009 wurde der 17. Deutsche Bundestag gewählt.

Der Deutsche Bundestag wird nach dem ___(a)___-wahlsystem, gemischt mit Elementen des ___(b)___-wahlsystems gewählt. Für die Mehrheitsverhältnisse im Bundestag sind zum einen die prozentualen Anteile der von den Parteien gewonnenen ___(c)___-stimmen maßgeblich. Die Hälfte der Abgeordneten zieht über die ___(d)___-listen der Parteien in das Parlament ein. Dabei kann die Wählerschaft die Rangfolge nicht verändern. Die zweite Hälfte der Abgeordneten hat in ihrem ___(e)___ die Stimmenmehrheit gewonnen. Erringt eine Partei mehr dieser Direktmandate, als ihr gemäß der Verteilung der Zweitstimmen zustehen, bleiben sie ihr als ___(f)___ erhalten.

*(Nach: http://www.bpb.de)*

Lösung:

(a) = Verhältnis-; (b) = Mehrheits-; (c) = Zweit-; (d) = Landes-; (e) = Wahlkreis; (f) = Überhangmandate

## 2.6 Zeitgeschichtliche Ereignisse in Kultur und Politik

Dieser Bereich der Auswahlprüfung ist ganz der **Aktualität** verpflichtet und stellt Aufgaben zu bedeutenden Ereignissen der letzten 12 Monate. Er erweitert den bislang abgesteckten Fragehorizont der Prüfung um die Kultur der Gegenwart. Die inhaltliche Bandbreite reicht von den **internationalen Krisenherden** des vergangenen Jahres über **Gedenktage** und **Jubiläen** aller Art bis hin zur Verleihung bedeutender **Auszeichnungen** in **Wissenschaft und Kunst.** Die bildenden Künste und die Architektur gehören hier ebenso dazu wie Literatur, Film, Musik oder Theater. Auf diesem Feld kann nur bestehen, wer das Zeitgeschehen in Bayern, Deutschland und Europa sowie in aller Welt bewusst und ganz genau verfolgt. Die Berichterstattung in den Medien ist hierzu die wohl beste Grundlage.

Die hier beschriebene Dimension der Aufgabenstellung steht in engem Zusammenhang mit allen bisher genannten Bereichen der Auswahlprüfung. Soweit wie möglich werden dabei durchgehend aktuelle Fragestellungen aufgegriffen, um die **Allgemeinbildung** der Prüfungsteilnehmer festzustellen. Zeitgeschichtliche Ereignisse bilden hierfür einen beliebten Aufhänger, bevor es dann in die Tiefe geht. Im Folgenden zeigen wir Ihnen einige Aufgabenbeispiele aus dem Bereich Kultur. Aktuelle Aufgabenbeispiele aus der Politik (national wie international) finden Sie in den Aufgabenbögen der beiden letzten Auswahlprüfungen in Teil 4 und 5 dieses Buches.

**Aufgabenbeispiele:**

## Darwin

Geben Sie im Lösungsbogen die fehlenden Wörter für den folgenden Lückentext an.

Charles Robert Darwin wurde vor 200 Jahren geboren. Eine 1831 begonnene Schiffsreise führte ihn zunächst über die Kanarischen Inseln nach Südamerika und zu den ___**(a)**___ Inseln. Darwin hat diese Schiffsreise später als das bedeutendste Ereignis in seinem Leben bezeichnet. 1859 veröffentlichte er sein Hauptwerk ___**(b)**___, in dem er seine ___**(c)**___ entwickelte. Stieß bereits dieses Werk keineswegs auf allgemeine Zustimmung, so gab er mit seinem 1871 erschienenen Werk von der Abstammung des Menschen den Anstoß zu erbitterten Diskussionen, da damit scheinbar die ___**(d)**___ der Bibel widerlegt wurde. Gegenbewegung gegen die Theorie Darwins ist heute der ___**(e)**___, der vor allem in den USA viele Anhänger findet. Eine missbräuchliche Umdeutung erfuhr die Theorie Darwins gegen Ende des 19. Jahrhunderts mit der Ideologie des ___**(f)**___.

Lösung:

(a) = Galapagos; (b) = Die Entstehung der Arten; (c) = Evolutionstheorie;
(d) = Schöpfungsgeschichte/-lehre; (e) = Kreationismus; (f) = Sozialdarwinismus

## Heinrich Heine

Am 17. Februar 2006 jährte sich der Todestag Heinrich Heines zum 150. Mal.
Welche der unten stehenden Aussagen über diesen Dichter sind **falsch?** Kreuzen Sie die zutreffende Antwortkombination an.

**(A)** Heinrich Heine, der ursprünglich Harry Heine hieß, studierte zunächst Jura und wandte sich erst später der Dichtung zu.

**(B)** Als sehr religiöser Mensch trat er 1820 vom Katholizismus zum Protestantismus über.

**(C)** Er war lange Zeit Korrespondent der Augsburger Allgemeinen Zeitung und einer der Begründer des modernen Journalismus.

**(D)** Heines Schriften wurden in Deutschland 1835 durch Bundestagsbeschluss verboten.

**(E)** In den Schriften „Deutschland. Ein Wintermärchen" und „Fragen eines lesenden Arbeiters" übte er scharfe Kritik an den politischen und gesellschaftlichen Zuständen in Deutschland.

**(F)** Heinrich Heine war eng mit Goethe und Schiller befreundet und wurde in seinem literarischen Schaffen stark durch sie beeinflusst.

**(G)** Heinrich Heine starb 1856 in Berlin und erhielt ein Staatsbegräbnis.

Antwortkombinationen:

- ☐ A, B, F, G
- ☐ B, C, G
- ☐ B, E, F, G
- ☐ A, C, E, F
- ☐ B, D, F

Lösung:

Richtig sind die Aussagen: B, E, F, G

## Eine Parallele zu „Schindlers Liste"

Der folgende Text ist ein Auszug aus einem Tagebuch von 1937 und erschien im Juli 1938 im Ostasiatischen Beobachter. 70 Jahre später wurde das Tagebuch zur Grundlage für einen Film von Florian Gallenberger, der im April 2009 in die Kinos kam und umgehend den Bayerischen und Deutschen Filmpreis erhielt.

*„11. Dezember:*

*Wasserleitung und elektrisch Licht versagt. Die Beschießung dauert immer noch an. Mein Kanarienvogel ‚Peter' scheint das zu lieben, – er singt dazu, was die Kehle hergeben will. Solch Kanarienvogel scheint bessere Nerven zu haben als ein Rabe – nach Singen ist mir nicht gerade zu Mute …*

*Um acht Uhr abends beginnt der letzte Akt des Dramas – die große Kanonade! Im Süden steht der ganze Himmel in Flammen. Die beiden Unterstände bei mir im Garten sind bis zum Rand mit Flüchtlingen gefüllt. Es pocht an beiden Haustoren – Frauen und Kinder bitten flehentlich um Einlass. Einige beherzte Männer steigen hinter der Schule über die Gartenmauer, um Einlass und Schutz zu bekommen. Da ich das Jammern nicht mehr mit anhören kann, öffne ich beide Tore und lasse alles hinein, was hinein will. Da in den Unterständen kein Platz mehr ist, verteile ich die Leute zwischen den Gebäuden und in den Ecken der Häuser. Die meisten haben ihr Bettzeug mitgebracht und legen sich im Freien schlafen. Einige ganz Schlaue breiten ihre Betten unter der horizontalen großen deutschen Flagge aus. Die Granaten heulen und die Bomben fallen …"*

*Quelle: Ostasiatischer Beobachter, Folge 57, 7/1938, S. 50–52*

a) Wie heißt der Autor des Tagebuchs und gleichzeitig Titelheld des Films? Nennen Sie Vor- und Nachnamen.

b) Für welche deutsche Weltfirma war er dort tätig?

c) Welches Ereignis in China im Jahr 1937 ist der Anlass des Textes?

d) Was war in diesem Zusammenhang die besondere Leistung der gesuchten Person?

Lösung:

a) Autor: John Rabe

b) Firma: Siemens

c) Anlass: Eroberung von Nanking durch japanische Truppen

d) Rettung von 200.000 Chinesen (durch Errichtung einer Sicherheitszone)

## Geburtstage

Geben Sie die fehlenden Namen und Titel **(a)** bis **(e)** des folgenden Lückentextes an (bei Personen genügen die Nachnamen).

Anlässlich seines 125. Geburtstags am 4. Juni 2007 erinnerte das Feuilleton der Süddeutschen Zeitung an eine der kauzigsten Figuren der Münchner Künstlerszene, ______**(a)**______. Mit seiner Partnerin, ______**(b)**______, bildete er eines der namhaftesten deutschen Komikerduos des 20. Jahrhunderts. Szenen wie „Der Firmling" oder „Buchbinder ______**(c)**______" bleiben unvergesslich. Den Höhepunkt des Literaturjahres 2007 markierte Mitte Oktober der 80. Geburtstag von Günter Grass. Der Autor der „______**(d)**______" (1959) gilt neben Martin ______**(e)**______ als bekanntester Vertreter der deutschsprachigen Gegenwartsliteratur.

Lösung:

(a) = (Karl) Valentin; (b) = (Liesl) Karlstadt; (c) = Wanninger; (d) = Blechtrommel; (e) = Walser

# 3 AUFGABENTYPEN DER AUSWAHLPRÜFUNG

Bei der Auseinandersetzung mit den Aufgabenbeispielen in Teil 2 haben Sie sicher schon bemerkt, dass Sie in der Auswahlprüfung eine Vielzahl ungewohnter Aufgabentypen bewältigen müssen: Lückentexte, Multiple-Choice-Aufgaben mit und ohne Vorgabe, Aufgaben in Tabellenform und andere. Der Unterschied zu schulischen Prüfungen ist groß. Hier möglichst früh Bescheid zu wissen, ist auf alle Fälle eine große Hilfe. Umso mehr, als am Prüfungstag sicherlich die Zeit drängt.

Im Folgenden stellen wir Ihnen deshalb die wichtigsten Aufgabentypen anhand von Beispielen aus früheren Prüfungen vor. Gleichzeitig geben wir Ihnen Hinweise, wie Sie am besten und am schnellsten mit ihnen umgehen. Sie profitieren maximal von diesem Übungsteil, wenn Sie zunächst selbst versuchen, die Aufgaben zu lösen. Überdenken Sie dabei Ihre Lösungsstrategie und lassen Sie sich danach von unseren Vorschlägen anregen. Die jeweiligen Lösungen finden Sie am Ende der Hinweise.

## 3.1 Aufgaben – mit frei formulierten Kurzantworten

### Rechtsformen von Unternehmen

Nennen Sie **zwei** Rechtsformen der Unternehmung, bei denen es keine persönliche Haftung der Gesellschafter gibt!

Dieser Aufgabentyp ist der einfachste der Auswahlprüfung. Das jeweilige Wissen, hier aus den Bereichen Wirtschaft und Recht, kann im Schulunterricht erworben werden.

Lösung:

GmbH und AG, auch: GmbH & Co. KG oder KGaA

### Die Hymne der Bundesrepublik Deutschland

„Deutschland könnte sich zum (...) Geburtstag eine zweite Strophe zur Nationalhymne schenken. Es böte sich die erste Strophe der frühen DDR-Hymne an" (Heribert Prantl in SZ am 21. 04. 2009)

**A** Nennen Sie den Dichter der deutschen Nationalhymne (Lied der Deutschen).

**B** Von welchem Komponisten stammt die Melodie?

**C** Wie heißt der Beginn der ersten Strophe der alten DDR-Hymne?

**D** Von welchem Schriftsteller der DDR wurde sie verfasst?

**E** Welcher Passus der alten DDR-Hymne missfiel den DDR-Machthabern, sodass diese seit 1973 nicht mehr gesungen werden durfte?

**F** Wie hieß der letzte, demokratisch gewählte DDR-Ministerpräsident, der bei den Verhandlungen zum Einigungsvertrag von 1990 bereits an eine Verknüpfung beider Hymnen gedacht hatte?

Auch dieser Aufgabentyp ist leicht verständlich. Vorangestellt ist ein Zitat, das die Aktualität der Fragestellung unterstreicht. Das zur Beantwortung nötige Sachwissen vermittelt der Geschichts- und Sozialkunde- bzw. der Musikunterricht.

Lösung:

A = (August Heinrich Hoffmann von) Fallersleben; B = (Joseph) Haydn; C = „Auferstanden aus Ruinen"; D = (Johannes R.) Becher; E = „Deutschland einig Vaterland"; F = (Lothar) de Maizière

### Novemberrevolution 1918/19

1918/19 wurde in Deutschland um zwei gänzlich unterschiedliche Formen der Demokratie gekämpft.

Nennen Sie die beiden Formen, ordnen Sie den jeweils bekanntesten Politiker auf der Reichsebene zu und geben Sie die jeweilige Partei an.

Nennen, zuordnen, angeben – diese Aufgabe ist **dreiteilig.** Im Lösungsbogen sind die hierfür erforderlichen Felder auszufüllen. Das zur Beantwortung der Aufgabe nötige Wissen wird im Geschichtsunterricht vermittelt.

Lösung:

| Form | Politiker | Partei |
|---|---|---|
| Parlamentarische Republik | (Friedrich) Ebert | SPD |
| Räterepublik | (Karl) Liebknecht<br>auch: (Rosa) Luxemburg | KPD |

## 3.2 Aufgaben mit Auswahlantworten

**... richtig?**

### Euro

Wie viele Staaten umfasst die Euro-Zone am 1. Januar 2011?

Tragen Sie in den Lösungsbogen den richtigen Kennbuchstaben ein.

**A** 10 Staaten

**B** 17 Staaten

**C** 23 Staaten

**D** 27 Staaten

Im Gegensatz zu den eben beschriebenen Aufgaben mit frei formulierten Kurzantworten müssen Sie hier die Antwort nicht wissen, sondern können aus vier Möglichkeiten auswählen. Sicher hilft bei der Auswahl, wenn Sie aus dem Sozialkunde- oder Geschichtsunterricht in Erinnerung behalten haben, dass die Europäische Union (EU) seit 2007 aus 27 Mitgliedstaaten besteht. Und einige EU-Staaten haben sich ja, wie z. B. England, gegen die Einführung des Euro ausgesprochen. Kommen Sie bei dieser Aufgabe trotzdem nicht zu einer plausiblen Erklärung, haben Sie eine Ratechance von 25 %! Bei einer Wissensabfrage ohne Vorgaben wäre es bei derlei Themen deutlich schwieriger, einen Punkt zu erhalten!

Lösung:

B

### Hauptstädte

**Zwei** der nachfolgend genannten Städte sind die **Hauptstädte** des jeweiligen Landes.

Tragen Sie die jeweiligen Kennbuchstaben in den Lösungsbogen ein.

**A** Caracas

**B** Bonn

**C** Pisa

**D** Bratislava

**E** St. Petersburg

**F** Porto

Hier gilt es nicht nur eine, sondern zwei **richtige** Antworten auszuwählen. Ein relativ einfacher Aufgabentyp, wie auch die Aufgabe falsche Angaben zu finden (siehe S. 41). Hier wie dort wird Wissen abgefragt, im vorliegenden Fall aus dem Bereich der Länderkunde. Wenn Sie Glück haben, finden sich die zutreffenden Aussagen relativ weit oben in der Liste. Haben Sie dann bereits zwei (Aufgabe genau lesen!) Hauptstädte gefunden, können Sie sich die Überprüfung der folgenden Städtenamen sparen und gewinnen dadurch Zeit.

Lösung:

A und D. Caracas ist die Hauptstadt von Venezuela, Bratislava, deutsch Pressburg, die Hauptstadt der Slowakei.

### ... falsch?

## Schriftsteller

**Zwei** der nachfolgend genannten Künstler sind **keine** Schriftsteller.

Tragen Sie die jeweiligen Kennbuchstaben in den Lösungsbogen ein.

| | | | |
|---|---|---|---|
| **A** | Georg Büchner | **D** | Dante |
| **B** | Paul Klee | **E** | Victor Hugo |
| **C** | Boccaccio | **F** | Giuseppe Verdi |

Achten Sie auch hier genau auf die Fragestellung. Es ist nur nach den **falschen** Namen gefragt.

Lösung:

B und F müssen in den Lösungsbogen übertragen werden. Paul Klee ist ein bekannter Maler, Giuseppe Verdi ein bekannter Komponist aus dem 19. Jahrhundert.

### ... richtig oder falsch?

## Bundespräsidenten der Bundesrepublik Deutschland

Überprüfen Sie jeweils die folgenden Aussagen zum Amt und den Aufgaben bzw. Kompetenzen des Bundespräsidenten nach ihrer Richtigkeit. Kreuzen Sie die zutreffenden Aussagen an.

Kreuzen Sie die zutreffenden Aussagen an.

**A** Der Amtssitz des Bundespräsidenten ist das Schloss Bellevue in Berlin sowie die Villa Hammerschmidt in Bonn.

**B** Der Bundespräsident ist Teil der Legislative, indem er ein beschlossenes Gesetz vor seiner Verkündigung ausfertigt bzw. unterzeichnet.

**C** Der dem Bundespräsidenten obliegende Vollzugsakt der Ausfertigung kann sowohl aus politischen als auch aus Rechtsgründen verweigert werden.

**D** Der Bundespräsident gilt als Staatsoberhaupt der BR Deutschland, das nur einmal wiedergewählt werden darf.

**E** Die Wahl von Bundestag und Bundespräsident 2009 zeigt, dass die Amtszeit des Bundespräsidenten im Regelfall mit der Dauer einer Legislaturperiode des Bundestags übereinstimmt.

**F** Die Mehrheitsverhältnisse in der Bundesversammlung sind in der Regel ein Spiegelbild der Mehrheitsverhältnisse im Bundestag.

| Kreuzen Sie an: | **A** | **B** | **C** | **D** | **E** | **F** |
|---|---|---|---|---|---|---|
| richtig | ☐ | ☐ | ☐ | ☐ | ☐ | ☐ |
| falsch | ☐ | ☐ | ☐ | ☐ | ☐ | ☐ |

Hier müssen Sie **jede** Aussage überprüfen. Das hierfür erforderliche Wissen vermittelt der Sozialkundeunterricht. Wenn Sie die Antworten nicht sicher wissen, haben Sie hier immerhin eine Ratechance von 50 %! Tragen Sie aber **nie zwei Kreuze in einer Spalte** ein! In diesem Fall würden die jeweiligen Zeilen nicht gewertet werden.

Lösung:

richtig = A und D; falsch = B, C, E und F

### … richtig, falsch, nicht enthalten?

## Chatrooms

Chatrooms im Internet erfreuen sich immer größerer Beliebtheit bei Jugendlichen. Überprüfen Sie folgende Aussagen anhand der unten abgebildeten Statistik aus der JIM-Studie 2007 des Medienpädagogischen Forschungsverbunds Südwest.

Kreuzen Sie im Lösungsbogen das jeweils richtige Antwortfeld an.

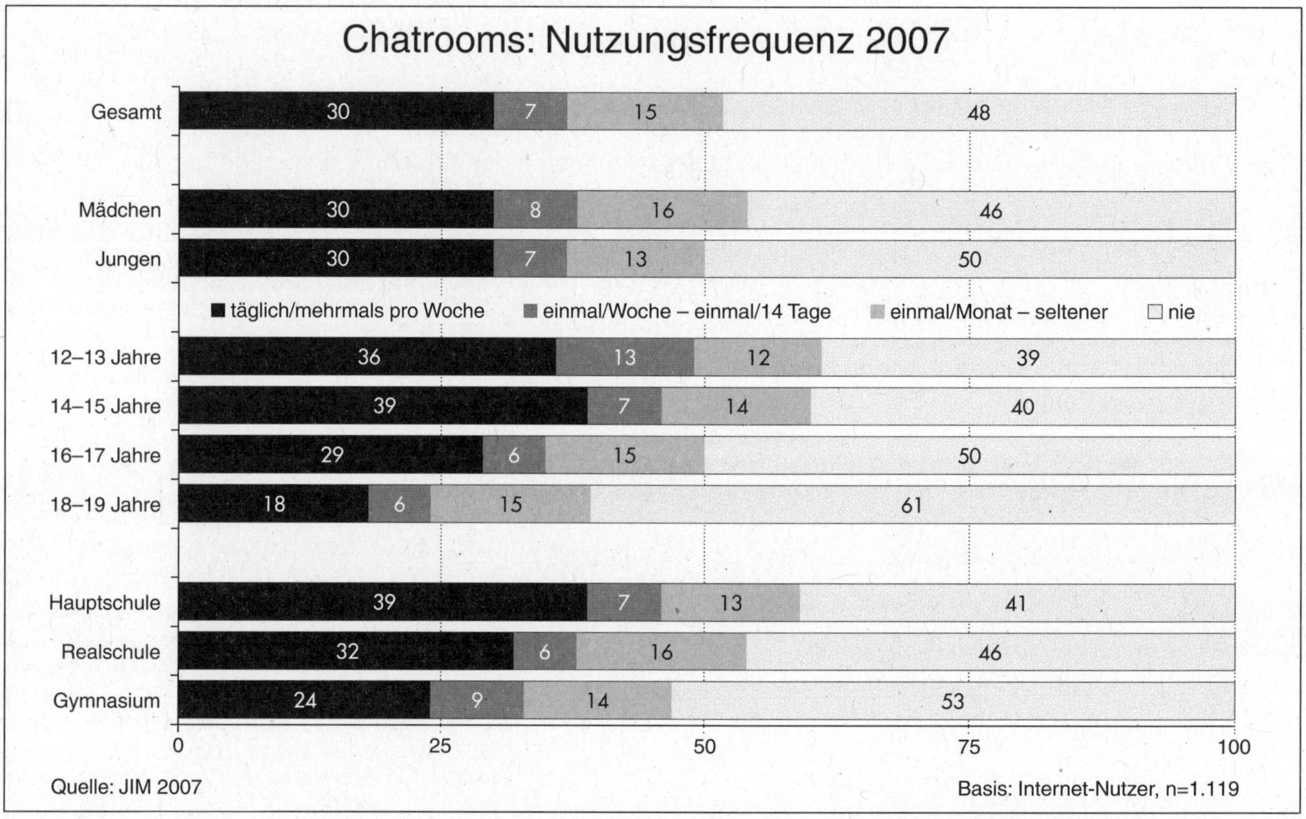


**1** Mehr als zwei Drittel der befragten Jugendlichen haben Erfahrung im Umgang mit Chats.

**2** Jungen chatten deutlich öfter als Mädchen.

**3** Je jünger die Jugendlichen sind und je geringer ihre formale Bildung ist, desto größer ist die Wahrscheinlichkeit, dass sie einen Chatroom besuchen.

**4** Jungen benützen den Computer länger als Mädchen.

**5** Im Vergleich zum Vorjahr ist die intensive Chatnutzung um vier Prozent gestiegen.

**6** Gymnasiasten bedeuten Chatrooms eher wenig.

**7** Die eifrigsten Chatter sind Jungen im Alter von 14–15 Jahren.

**8** Zwei Drittel der Chatroom-Nutzer suchen meistens die gleiche Community auf.

Hier müssen alle Aussagen genau anhand des Schaubilds überprüft werden. Zunächst einmal sollte man sich die Kategorien und die Darstellungsweise des Schaubilds genau ansehen, um sich schnell orientieren zu können. Dieser Aufgabentyp, der Ihnen im Zweifelsfall eine Ratechance von 33,3 % einräumt, kommt oft auch in der Formulierung „entspricht", „entspricht nicht" und „nicht enthalten" vor.

Lösung:

richtig = 3 und 6; falsch = 1 und 2; nicht im Schaubild enthalten = 4, 5, 7 und 8

### ... mit Antwortkombinationen

### Wahlen zum Europäischen Parlament

Entscheiden Sie, welche der folgenden Aussagen **zutreffend** sind.

Tragen Sie den Kennbuchstaben der zutreffenden **Antwortkombination** in den Lösungsbogen ein.

**1** Zum siebten Mal fanden im Juni 2009 Direktwahlen zum Europaparlament statt.

**2** In das örtliche Wählerverzeichnis können auch Bürgerinnen und Bürger anderer EU-Staaten eingetragen werden, wenn sie ihren Wohnsitz im betreffenden Ort haben.

**3** Die Sperrklausel beträgt jedoch überall maximal 5 %.

**4** Trotz der Ratifizierungskrise des Vertrages von Lissabon fanden die Europawahlen bereits nach dem neuen, dort festgelegten Modus statt (z. B. Anzahl der Sitze für Deutschland 96 statt bisher 99).

**5** Auf EU-Ebene finden sich die Parteien mit ähnlichen politischen Ausrichtungen zu europaweiten Bündnissen zusammen, die die Grundlage der Fraktionen im Europaparlament bilden.

Antwortkombinationen:

| | | | | | | | |
|---|---|---|---|---|---|---|---|
| **A** | alle außer (4) | **C** | (1), (4) und (5) | **E** | (4) und (5) | **G** | nur (3) |
| **B** | (1) und (3) | **D** | alle außer (2) | **F** | (1), (3) und (5) | **H** | alle |

Die Aufgabe nimmt Bezug auf ein aktuelles politisches Ereignis, an dem alle EU-Bürger ab dem 18. Lebensjahr teilnehmen konnten. In allen Medien wurde breit über die Wahlen zum Europäischen Parlament berichtet, sicher waren sie auch Gegenstand des Sozialkundeunterrichts. Insofern dürfte es nicht allzu schwierig sein, die vorgegebenen Aussagen und Antwortkombinationen zu überprüfen. Nach und nach werden Sie dabei immer mehr Antwortkombinationen ausschließen können, beginnend mit B und G. Nachdem Sie festgestellt haben, dass Aussage (4) nicht stimmt, fallen auch C, E und H weg.

Lösung:

A

## 3.3 Lückentexte

### ... ohne Vorgabe einer Antwortliste

### Hydra

Ergänzen Sie folgenden Lückentext. Tragen Sie in den Lösungsbogen den jeweils fehlenden Begriff ein:

Die Hydra ist eine Figur aus der griechischen ____**(a)**____. Die übergroße ____**(b)**____ lebte überwiegend im ____**(c)**____ und hatte neun Köpfe, von denen der mittlere unsterblich war. Der berühmte Bezwinger der Hydra war ____**(d)**____, ein Sohn des Göttervaters ____**(e)**____. Auf künstlerischen Darstellungen erkennen wir den Helden an den für ihn typischen Attributen: Bogen und Köcher sowie einer großen Keule. Oft wird er auch mit dem Fell eines ____**(f)**____ dargestellt.

Hier geht es um Faktenwissen, das Ihr Allgemeinwissen überprüft. Auch raten hilft hier im Regelfall nicht weiter. Entweder Sie wissen die Antwort – oder eben nicht, dann schnell weiter zu den nächsten Fragen.

Lösung:

(a) = Mythologie (auch: Sage); (b) = Schlange; (c) = Wasser (deshalb auch Hydrant!);
(d) = Herakles (auch: Herkules); (e) = Zeus (auch: Jupiter); (f) = Löwen

### ... mit Vorgabe einer Antwortliste

## Kalte Progression

Ergänzen Sie den nachstehenden Lückentext zur kalten Progression mit den passenden Wörtern aus folgender Auswahlliste:

*französische – realen – Grenzsteuersatz – überproportional – berücksichtigt – steigendem Wohlstand – stabil – steigenden Zinsen – nominalen – deutsche – geringem – hohem – nicht berücksichtigt – Preise – Zinsen – Durchschnittssteuersatz – sinkender Kaufkraft – fiktiven – Höchststeuersatz*

Da das **(a)** Steuersystem die Inflation **(b)**, steigt mit jeder **(c)** Erhöhung des Bruttolohns auch die Einkommensteuer. In Zeiten stark steigender **(d)** kann dies zu **(e)** Einkommensverlusten und damit zu **(f)** führen. Steuerzahler mit relativ **(g)** Einkommen sind hiervon am stärksten betroffen. Grund hierfür ist der Einkommensteuertarif, da der **(h)** hier besonders rasch steigt.

Hier helfen Ihnen die vorgegebenen Schlüsselwörter, die richtige Lösung zu finden. Übertragen Sie zunächst diejenigen Begriffe in den Lösungsbogen, von denen Sie sicher sind, dass sie passen. Streichen Sie sie aus der Liste, wodurch sich die Auswahl verringert. Achten Sie bei Ihrer Auswahl auch auf die Stellung des jeweiligen Begriffs im Satz. Eigenschaftswörter z. B. passen zu Hauptwörtern und umgekehrt.

Wer die Schlüsselwörter genau betrachtet, wird erkennen, dass sie im vorliegenden Fall (leider ist dies nicht immer so!) paarweise angeordnet sind (deutsche – französische; Durchschnittssteuersatz – Grenzsteuersatz), wodurch sich die Auswahlmöglichkeit erneut einschränkt. Beachten Sie, dass die Schlüsselwörter in ihrer vorliegenden grammatischen Form in den vorgegebenen Text passen müssen. Auch hieraus wird sich das eine oder andere Mal eine richtige Lösung ergeben.

Lösung:

(a) = deutsche; (b) = nicht berücksichtigt; (c) = nominalen; (d) = Preise; (e) = realen;
(f) = sinkender Kaufkraft; (g) = geringem; (h) = Grenzsteuersatz

### ... in Form einer Tabelle ohne Auswahlliste

## Bayern

Ergänzen Sie die folgende Tabelle.

Nennen Sie die fehlenden Städte und Regierungsbezirke A bis H.

| | |
|---|---|
| **A** | Schwaben |
| **B** | **E** |
| Bayreuth | **F** |
| **C** | Niederbayern |
| **D** | Oberbayern |
| Regensburg | **G** |
| Würzburg | **H** |

Die zweispaltige Tabelle ist unvollständig, die Spalten haben keine Überschrift. Leicht ist jedoch zu erkennen, dass in der rechten Spalte die bayerischen Regierungsbezirke (siehe auch Überschrift der Aufgabe bzw. den Arbeitsauftrag!) gelistet werden, denen in der linken Spalte die jeweiligen Regierungssitze zugeordnet werden sollen. Schwierig erscheint zunächst Zeile 2, da hier überhaupt kein Eintrag vorgegeben ist. Die Lösung findet sich erst am Ende Ihres Arbeitsprozesses.

**Vorgehensweise:**

- Verschaffen Sie sich einen Überblick über die Tabelle und erkennen Sie ihre Logik.
- Ergänzen Sie die leeren Zellen auf der Grundlage Ihres landeskundlichen Wissens. Gehen Sie dabei vom jeweiligen in der Zeile vorgegebenen Begriff aus.
- Am Ende erschließt sich auch die leere Zeile 2, da nun sechs der sieben bayerischen Regierungsbezirke genannt sind. Den siebten müssen Sie allerdings wissen: Mittelfranken mit dem Regierungssitz Ansbach. Für Franken kein Problem. Und Oberbayern sollten ja auch mal über ihren Tellerrand schauen!

Lösung:

A = Augsburg; B = Ansbach; C = Landshut; D = München; E = Mittelfranken;
F = Oberfranken; G = Oberpfalz; H = Unterfranken

### … in Form einer Tabelle mit Auswahlliste

## Länderfinanzausgleich

Die nachfolgende Tabelle zeigt ausgewählte statistische Kennziffern verschiedener Länder.

Geben Sie für die Ziffern I–IV an, um welches Land aus der Auswahlliste es sich jeweils handelt.

Zur Auswahl stehen:
*Berlin – Hessen – Thüringen – Hamburg – Mecklenburg-Vorpommern – Bayern*

| Land | Länderfinanzausgleich | | Einwohner/km² | Pro-Kopf-Verschuldung in € |
|---|---|---|---|---|
| | Zahler (in Mio. €) | Empfänger (in Mio. €) | | |
| I | 2.890 | – | 288 | 4.950 |
| II | 2.280 | – | 177 | 1.817 |
| III | – | 510 | 73 | 6.312 |
| IV | – | 630 | 143 | 6.803 |

*(Quelle: Statistische Ämter des Bundes und der Länder, Finanzministerien 2007/2008)*

Auswendig werden Sie das Ergebnis nicht wissen. Wir auch nicht. Doch mit Allgemeinwissen, einem systematischen Vorgehen und Logik wird auch hier die Lösung gelingen:

- Machen Sie sich zunächst das Thema der Tabelle bewusst und rekapitulieren Sie Ihr Vorwissen, hier zum Länderfinanzausgleich. Sicher haben Sie in Medienberichten das eine oder andere darüber gehört.
- Verschaffen Sie sich einen Überblick über den Aufbau der Tabelle und die von ihr dargestellten Aspekte bzw. Kategorien.
- Bestimmen Sie die **auffälligen,** d. h. **kleinsten** und **höchsten** Zahlenangaben und ordnen Sie die hierfür in Frage kommenden Länder aus der Auswahlliste zu. In diesem Fall das Land mit der deutlich niedrigsten Einwohnerdichte (73 = Mecklenburg-Vorpommern) bzw. das Land mit der deutlich niedrigsten Pro-Kopf-Verschuldung (1.817 = Bayern). Zeile II und III sind somit bestimmt.
- Hinsichtlich Zeile I ist nun ein Land gesucht, das eine hohe Einwohnerdichte hat und auch zu den großen Geberländern im Länderfinanzausgleich gehört. Die erste Bedingung lässt zunächst an die Stadtstaaten Berlin und Hamburg denken, die jedoch durch die zweite Bedingung ausscheiden. Thüringen, als neues Bundesland und „grünes Herz" Deutschlands, kommt auch nicht in Frage. Verbleibt Hessen, das die Bedingungen „hohe Einwohnerdichte" (Rhein-Main-Region, Frankfurt!) und „wirtschaftlicher Erfolg" erfüllt.
- Zeile IV: Hier ist ein Land gesucht, das eine relativ niedrige Einwohnerdichte (143) hat und unter den genannten Ländern am meisten vom Länderfinanzausgleich profitiert. Letzteres trifft sicher auf Berlin zu, wie man aus Medienberichten weiß. Ersteres, die Einwohnerdichte, jedoch nicht. Mecklenburg-Vorpommern ist schon vergeben, also muss es sich in Zeile IV um Thüringen handeln!

Lösung:

I = Hessen; II = Bayern; III = Mecklenburg-Vorpommern; IV = Thüringen

## 3.4 „Irrläufer“

### Irrläufer

**Ein** Begriff gehört jeweils **nicht** in die Reihe.

Nennen Sie den „Irrläufer" und begründen Sie kurz Ihre Entscheidung.

a) Wachswalze – Schallplatte – Tonband – Radio – CD – DVD-Audio

Irrläufer: ______________________________

Begründung: ______________________________________________

b) Malerei – Kunst – Grafik – Theater – Tanz – Film

Irrläufer: ______________________________

Begründung: ______________________________________________

Hier müssen Sie den gemeinsamen Nenner der jeweiligen Reihe finden, der von einem Begriff nicht erfüllt wird, dem „Irrläufer“! Halten Sie Ihre Begründung für den „Irrläufer“ möglichst kurz.

Lösung:

a) Irrläufer = Radio, da Empfangsgerät; alle anderen Begriffe = Tonträger

b) Irrläufer = Kunst, da Oberbegriff; alle anderen Begriffe = Kunstformen

## 3.5 Zuordnungsfragen

### Ereignisse des 20. Jahrhunderts

Die nachstehenden Ereignisse des 20. Jahrhunderts fanden vor 40, 60, 70, 75 und 90 Jahren statt.

Bringen Sie sie in die richtige Reihenfolge, indem Sie die Kennbuchstaben den Jahreszahlen im Lösungsbogen zuordnen.

**A** „Anschluss" Österreichs an das Deutsche Reich

**B** Studentenunruhen in Paris, Berlin und anderen Universitätsstädten

**C** Kurt Eisner proklamiert die „Regierung der Arbeiter-, Bauern- und Soldatenräte" in München

**D** Ende des 1. Weltkriegs

**E** Annahme der Notstandsverfassung durch den Bundestag

**F** Reichspogromnacht

**G** Währungsreform

**H** Proklamation des Staates Israel

**I** Verabschiedung des Ermächtigungsgesetzes

Auch so – wie 2008 – kann man geschichtliches Grundwissen abfragen. Beginnen Sie mit den Ereignissen, die Sie sicher verorten können. Streichen Sie sie im Aufgabenbogen, um die Komplexität zu reduzieren. Am Ende hilft Ihnen ggf. die Aufgabenstellung, die nahe legt, dass bei jeder Jahreszahl mindestens eine Nennung einzutragen ist. Schwieriger wird die Aufgabe, wenn in der Tabelle eine Jahreszahl ohne Eintrag angelegt ist. Darauf würde Sie jedoch die Aufgabenstellung verweisen.

Lösung:

1918 = C/D; 1933 = I; 1938 = A/F; 1948 = G/H; 1968 = B/E

## 3.6 Karikaturen

*Quelle: Donaukurier Nr. 51, 3. März 2010, S. 2*

**Durch diese hohle Gasse muss er kommen!**

*Quelle: Heko73 (1973)*

Karikaturen (auch Cartoons genannt) sind fester Bestandteil aller Tages- und Wochenzeitungen und beschäftigen sich meist kritisch mit bekannten Politikern oder politischen Vorgängen. In der Auswahlprüfung des Landespersonalausschusses gehören sie seit Langem zum festen Repertoire der Aufgabenstellung (vgl. hierzu die Karikaturen in Teil 4 und 5 dieses Buches), da durch sie Fragen zur Zeitgeschichte, aber auch zu bedeutenden Ereignissen in der Vergangenheit gestellt werden können.

Eine aussagekräftige Definition der künstlerischen Ausdrucksform „Karikatur" findet sich in der Online-Enzyklopädie Wikipedia:

Karikaturen sind meist eine bildliche Form der Satire, die sich als parteiische Kritik an bestehenden Werten oder politischen Verhältnissen versteht und oft als „Waffe" in gesellschaftlichen Auseinandersetzungen verwendet wird. Die Karikatur übertreibt bewusst, spitzt zu und verzerrt charakteristische Züge eines Ereignisses oder einer Person, um durch den aufgezeigten Kontrast zur Realität und die dargestellten Widersprüche den Betrachter der Karikatur zum Nachdenken zu bewegen. Oftmals nimmt die Karikatur zu einem aktuellen Sachverhalt sarkastisch-ironisch Stellung. Wesentliche Fehler und Mängel der dargestellten Person (z. B. eines Politikers) oder des dargestellten Objektes oder Ereignisses werden aufgedeckt und durch die Art und Weise der meist zeichnerischen Präsentation der Lächerlichkeit preisgegeben. Die Karikatur kann mehr satirisch oder eher humoristisch ausgerichtet sein, je nachdem, ob sie ihr Opfer völlig verurteilt und lächerlich macht oder – als bloße Witzzeichnung – nur einige Mängel mit leiser Ironie kommentieren will.

Folgende **Fragen** können Sie bei der Auswertung von Karikaturen unterstützen:

1. Wann und wo wurde die Karikatur veröffentlicht?
2. Was ist das Thema? Was wissen Sie darüber?
3. Gibt es einen Titel oder/und einen Zusatzkommentar?
4. Welche Gestaltungsmittel (z. B. bei der Figurendarstellung) werden eingesetzt und was bedeuten sie?
5. Welche Perspektive zum dargestellten Sachverhalt nimmt der Zeichner ein?
6. Was ist die zentrale Bildaussage („Botschaft")?

## 3.7 Tabellen, Diagramme, Schaubilder

Vermehrt werden seit einiger Zeit in der Auswahlprüfung auch Tabellen, Diagramme und Schaubilder zur Analyse vorgelegt. Hierdurch wird der zunehmenden Bedeutung dieser auf statistischen Zahlenwerten beruhenden Darstellungsformen in Beruf, Wissenschaft und Medien Rechnung getragen. In aller Regel werden hierzu einfache oder komplexere Aussagen vorgegeben, die es am Bildmaterial zu überprüfen gilt nach den Mustern: „entspricht", „entspricht nicht" der Vorlage oder in der Vorlage „nicht enthalten", „nicht ableitbar" oder ähnlich. Manchmal muss im Lösungsbogen jede Aussage einzeln beurteilt werden. Oft jedoch ist nach einer Antwortkombination gefragt („richtig" oder „falsch"). Hier hilft ggf. das Ausschlussverfahren, um Zeit zu sparen. Nachfolgend finden Sie drei Beispiele, die Sie beim Umgang mit diesen Aufgabentypen unterstützen.

### Kleine Medienkunde

**Sendungsformen von ARD/Das Erste, ZDF, RTL, SAT.1 und ProSieben 2006**
in Min./Tag (Untersuchungszeitraum: 1. Januar bis 31. Dezember 2006)

| | ARD/ Das Erste | ZDF | RTL | SAT.1 | Pro Sieben | Gesamt |
|---|---|---|---|---|---|---|
| in Min./Tag | | | | | | |
| Nachrichten | 134 | 134 | 54 | 46 | 16 | 370 |
| Magazin/Ratgeber | 357 | 422 | 202 | 191 | 240 | 1 427 |
| Reportage/Dokumentation | 162 | 167 | 128 | 25 | 117 | 599 |
| Doku-Inszenierung/Doku-Soap | 7 | 7 | 141 | 128 | 20 | 304 |
| Ereignisübertragung | 70 | 68 | 20 | 2 | 5 | 165 |
| Talk/Diskussion/Ansprache | 36 | 69 | 49 | 92 | 108 | 353 |
| Ratespiel/Quiz/Gameshow | 20 | 17 | 15 | 100 | 49 | 202 |
| Show/Darbietung | 45 | 35 | 73 | 90 | 88 | 333 |
| Spielfilm/Fernsehfilm/Reihe | 292 | 234 | 89 | 106 | 314 | 1 035 |
| Fernsehserie | 252 | 232 | 286 | 289 | 182 | 1 240 |
| Sonstige redakt. Formen | 10 | 3 | 3 | 2 | 1 | 19 |
| Sonstiges | 33 | 31 | 77 | 78 | 79 | 298 |
| Werbung | 22 | 20 | 303 | 290 | 221 | 856 |
| Gesamt | 1 440 | 1 440 | 1 440 | 1 440 | 1 440 | 7 200 |

*Quelle: IFEM Institut für empirische Medienforschung, Köln*

Überprüfen Sie folgende Aussagen anhand der vorstehenden Statistik. Geben Sie im Lösungsbogen an, welche der Aussagen richtig sind, welche falsch sind und welche der Statistik nicht entnommen werden können.

**A** Bei den privaten Sendern hat der Anteil von Unterhaltungssendungen zugenommen.

**B** Das Programm der ARD weist deutlich die höchsten Informationsanteile auf.

**C** Fernsehserien nehmen insgesamt weniger Sendezeit ein als Spielfilme, Fernsehfilme und Reihen; Magazine und Ratgeber werden am häufigsten ausgestrahlt.

**D** Historische Spielfilme sind eine Spezialität der öffentlich-rechtlichen Sender.

**E** Bei den fiktionalen Sendungsformen setzen RTL und SAT.1 besonders stark auf Fernsehserien.

**F** Sport ist eine Domäne der Privaten.

Verschaffen Sie sich zunächst einen Überblick über das genaue Thema der Tabelle (siehe Überschrift!) sowie die Informationen außerhalb des Zahlenteils. Überprüfen Sie nun die Aussagen A–F im Sinne der **dreiteiligen** Fragestellung:

- Aussage A kann nicht der Tabelle entnommen werden, da diese keine Informationen über die Zu- oder Abnahme von Sendungsformen macht, sondern einen Zustand beschreibt.
- Aussage B erweist sich als falsch, wenn Sie die Rubriken Nachrichten, Magazin/Ratgeber und Reportage/ Dokumentation als Informationssendungen zusammenfassen und mit dem ZDF vergleichen.
- Aussage C ist ebenso falsch, wenn Sie in der rechten Spalte „Gesamt" die jeweiligen Werte vergleichen.
- Aussage D kann nicht anhand der Tabelle entschieden werden, da diese keine Aussagen zum Genre „Historischer Spielfilm" trifft (vgl. Spalte 1).

- Aussage E: Wenn Sie der Begriff „fiktionale Sendungsformen" vielleicht noch zögern lässt, führt Sie die nachfolgende Genre-Angabe „Fernsehserien" sicher in die richtige Zeile der Tabelle. Dort wird klar, dass Fernsehserien deutlich eine Domäne von RTL und SAT.1 sind.
- Aussage F kann mithilfe der Tabelle nicht entschieden werden, da es dort keine Zeile für „Sport" gibt.

Lösung:

richtig: E; falsch: B, C; nicht entnehmbar: A, D, F

## Sahelzone

**Entwicklung der Bevölkerung und der Viehbestände (1965 bis 2003) in der Sahelzone**

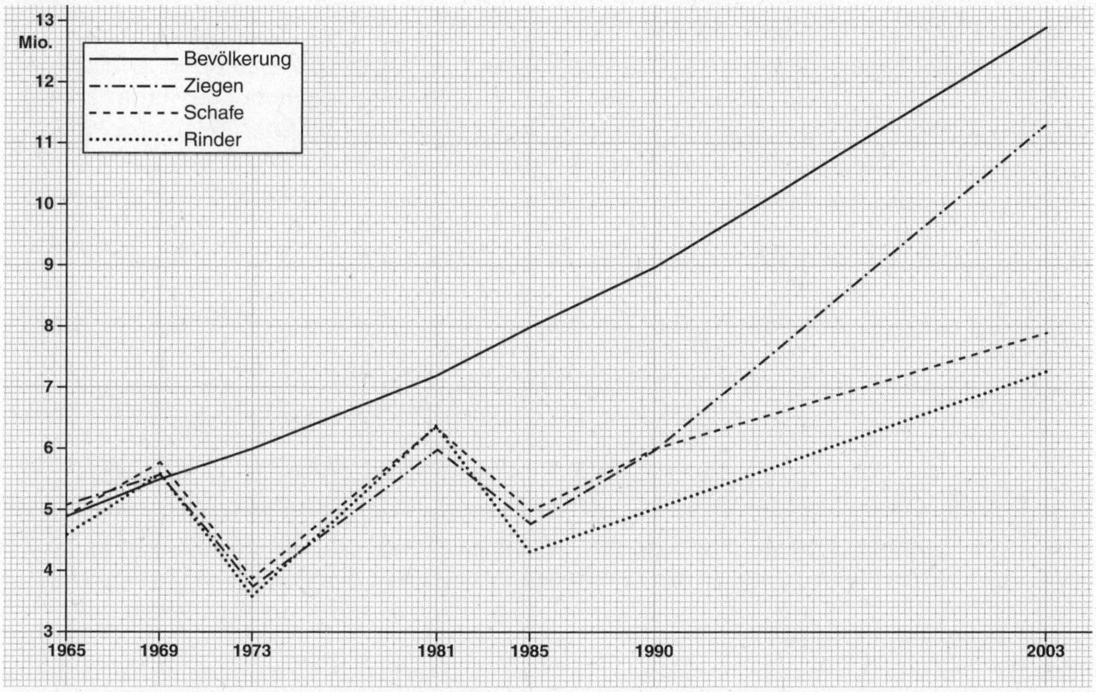


*Quelle: Kopiervorlagen, Seydlitz Geographie Bayern 8, Schroedel Verlag, 2007, S. 20*

a) Entscheiden Sie, welche der folgenden Aussagen sich aus der oben abgebildeten Grafik ableiten lassen. Tragen Sie den Kennbuchstaben der zutreffenden Antwortkombination in den Lösungsbogen ein.

**1** Der Viehbestand in der Sahelzone hat sich im betrachteten Zeitraum stetig erhöht.

**2** Viehbestände und Bevölkerung der Sahelzone sind von 1965 bis 2003 parallel angewachsen.

**3** In der Sahelzone gibt es immer wieder Zeiten, in denen die Versorgungsmöglichkeit der Bevölkerung mit einheimischen Tierprodukten prekär ist.

**4** Die Bevölkerungsentwicklung der Sahelzone ist dramatischer als in anderen Entwicklungsländern.

**5** Die Sahelzone weist eine hohe Importquote auf.

**6** Seit 1985 ist der Bestand an Ziegen stärker angewachsen als die Schaf- und Rinderbestände.

**7** Der Ziegenbestand ist seit jeher deutlich höher als der Rinderbestand.

Antwortkombinationen:

| | | | |
|---|---|---|---|
| **A** | keine | **D** | alle |
| **B** | (1) und (3) | **E** | (3) und (6) |
| **C** | alle bis auf (2) und (5) | **F** | (1), (3) und (6) |

Der Aufgabe liegt eine vergleichsweise übersichtliche Grafik zugrunde. Es folgen die Aussagen 1–7, die dahingehend überprüft werden sollen, ob sie sich aus der Grafik ableiten lassen, d. h., ob sie der Vorlage entsprechen. Zur Auswahl werden die Antwortkombinationen A–F vorgelegt. Nur eine davon ist richtig.

**Vorgehensweise:**

Verschaffen Sie sich zunächst einen Überblick über das Thema, den Aufbau und die Bestandteile der Grafik. Was zeigen die x- und y-Achse? Beginnen Sie sodann die Überprüfung der Aussagen 1–7.

Bei Aufgaben dieses Typs hilft oft relativ schnell das **Ausschlussverfahren.** Ließe sich Aussage 1 aus der Grafik ableiten, schiede A sofort aus. Dies ist hier aber nicht der Fall, da die Viehbestände in der Sahelzone zwar wachsen, aber nicht „stetig", wie es in Aussage 1 heißt (genau lesen!). Folge: Alle Kombinationen mit (1) scheiden somit aus, im vorliegenden Fall B und F. Streichen Sie diesen Kennbuchstaben aus der Liste, um die Komplexität zu reduzieren.

Als Nächstes können allein mit Blick auf die Überprüfung von Aussage 1 auch C und D ausgeschlossen werden. Aussagen 3 und 6 hingegen sind aus der Grafik ableitbar und ergeben den richtigen Lösungsbuchstaben E. Da sich offensichtlich doch zwei Aussagen aus der Grafik ableiten lassen, ist logischerweise auch A falsch. Aber diese Erkenntnis ist eigentlich gar nicht mehr notwendig, weil in der Aufgabenstellung ja nur von **einer** zutreffenden Antwort**kombination** die Rede ist! Fazit: Das Ausschlussverfahren hilft Zeit und Energie zu sparen!

Lösung:

E

## Mediennutzung

Die folgenden Grafiken stammen aus einer Studie des Medienpädagogischen Forschungsverbunds Südwest, der jedes Jahr die Mediennutzung von 12- bis 19-Jährigen untersucht.

Überprüfen Sie, welche der Aussagen 1 bis 6 vollständig mit den Informationen aus den nachstehenden Grafiken übereinstimmen, und tragen Sie den Kennbuchstaben der zutreffenden Antwortkombination in den Lösungsbogen ein.

**Musiknutzung (ich höre Musik mit ...) 2008**
**täglich/mehrmals pro Woche**

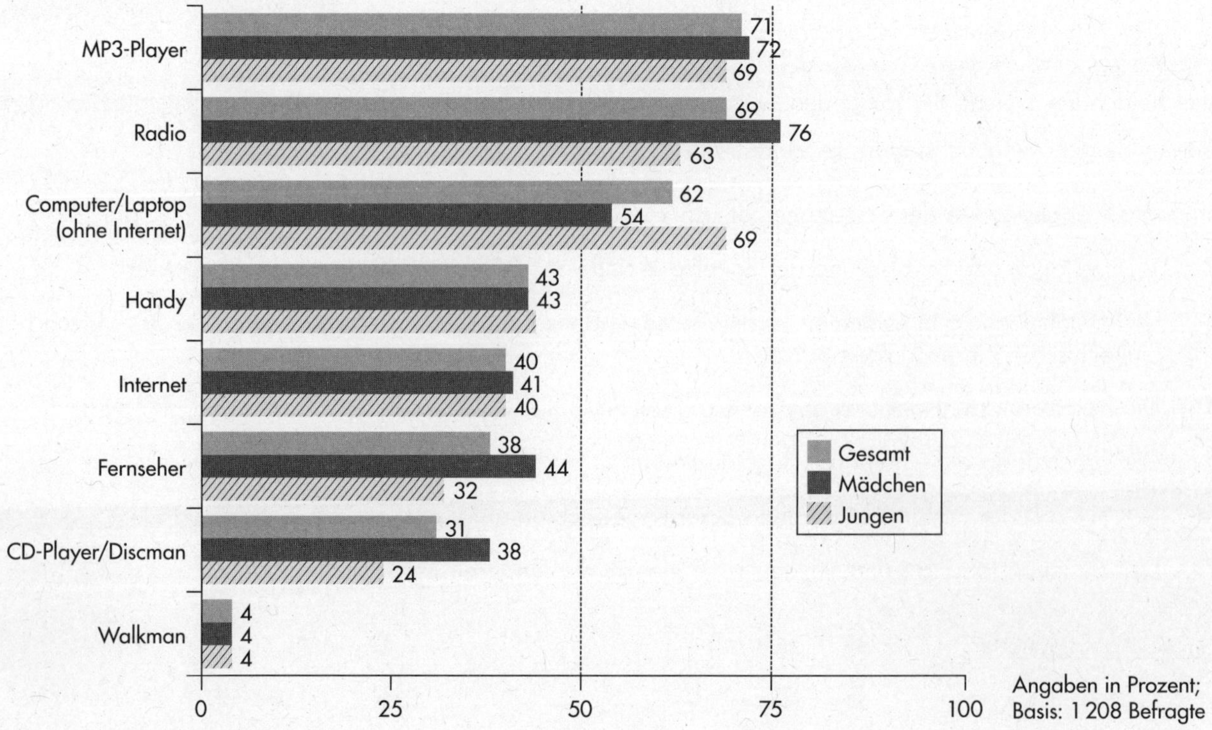


*Quelle: mpfs/JIM-Studie 2008*

**MP3-Player – Haushaltsausstattung und persönlicher Besitz**

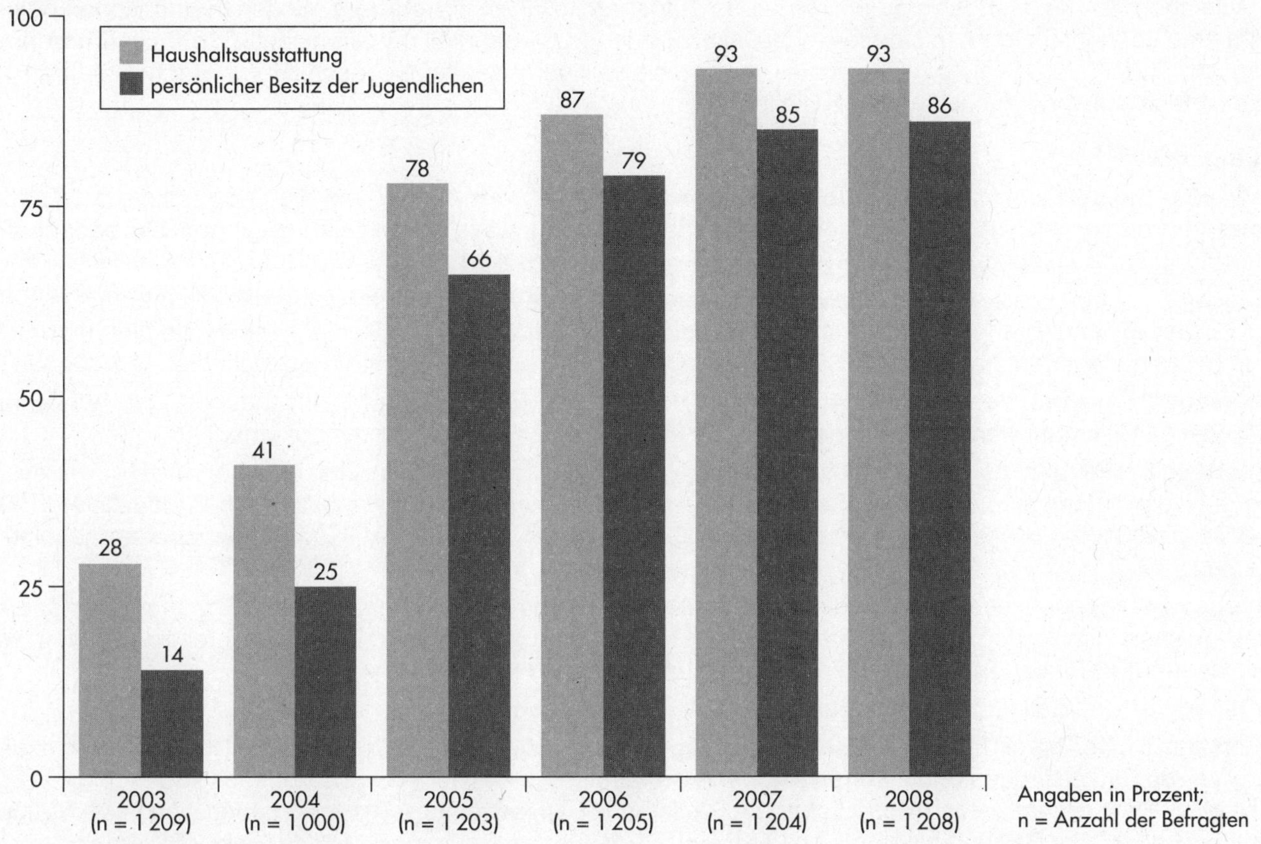


*Quelle: mpfs/JIM-Studie 2003–2008*

**1** Jugendliche hören Musik nach wie vor am meisten über das Radio; der Walkman wird mittlerweile nur mehr von sehr wenigen benutzt – gerade einmal 4 % der befragten Jugendlichen hören damit täglich oder mehrmals pro Woche Musik.

**2** Musiksendungen im Fernsehen werden von Mädchen öfter gesehen bzw. gehört als von Jungen; ähnlich verhält es sich mit CD-Player bzw. Discman: auch diese Geräte werden eher von Mädchen als von Jungen zum Musikhören genutzt.

**3** In 2004 gaben 410 der Befragten an, dass ihr Haushalt über einen MP3-Player verfügt, und 250 der Jugendlichen besaßen zu dem Zeitpunkt selbst einen MP3-Player.

**4** Mädchen hören Musik eher über das Radio als mit einem MP3-Player; bei Jungen ist Musikhören über den Computer oder Laptop (ohne Internetnutzung) beliebter als Musikhören mit einem MP3-Player.

**5** 24 % der befragten Mädchen hören überhaupt keine Musik.

**6** Obwohl die Anzahl der Jugendlichen, die einen MP3-Player ihr Eigen nennen können, von 2003 bis 2008 stetig gestiegen ist, hörten die befragten Jugendlichen zwischen 12 und 19 Jahren in 2008 Musik immer noch lieber über das Radio als mit einem MP3-Player.

Antwortkombinationen:

**A** alle

**B** (4), (5) und (6)

**C** alle außer (5)

**D** nur (2)

**E** alle außer (6)

**F** (2) und (3)

**G** (1), (3) und (4)

**H** (1) und (6)

Zur Überprüfung der Aussagen 1–6 werden ein Balken- und ein Säulendiagramm vorgelegt. Es sollen diejenigen Aussagen herausgefunden werden, die (siehe Aufgabenstellung!) **vollständig** mit den Informationen beider Diagramme übereinstimmen. Infolgedessen müssen Sie jeden Bestandteil der offensichtlich **mehrteiligen** Aussagen überprüfen! Stimmt nur ein Bestandteil, muss die jeweilige Aussage ausgeschieden werden. Am Ende gilt es die richtige Antwortkombination festzustellen.

**Vorgehensweise:**

Verschaffen Sie sich zunächst einen Überblick über das Thema, den Aufbau und die Bestandteile der Grafik. Was zeigen die x- und y-Achse? Welche Messgrößen werden jeweils dargestellt? Beginnen Sie sodann die Überprüfung der Aussagen 1–6.

- **Aussage 1** scheidet schon nach Überprüfung des ersten Bestandteils anhand des Balkendiagramms aus, da 71 % aller Jugendlichen den MP3-Player benutzen gegenüber 69 % dem Radio. Lassen Sie sich hier nicht durch den hohen Mädchenanteil (76 %) verwirren. Allein der Balken „Gesamt“ ermöglicht hier den Vergleich.
- **Aussage 2:** Alle drei Bestandteile der Aussage (Vorliebe von Mädchen für Musiksendungen im Fernsehen, CD-Player, Discman) werden durch die jeweiligen Zeilen des Balkendiagramms dokumentiert.
- **Aussage 3:** Hier geht es um die Medienausstattung der Haushalte, die das Säulendiagramm zeigt. Relevant für die Überprüfung sind die beiden Säulen 2004, die gemäß der Legende Prozentangaben visualisieren. Da die Bezugsgröße n = Anzahl der Befragten = 1000 ist, stimmen die in der Aussage angegebenen absoluten Zahlen.
- **Aussage 4:** Hier geht es wieder um die Mediennutzung, die das Balkendiagramm zeigt. Der erste Bestandteil der Aussage stimmt, der zweite ist falsch. Jungen hören Musik ebenso gern über Computer oder Laptop wie mit einem MP3-Player. Für beide Rezeptionsweisen werden 69 % angegeben.
- **Aussage 5:** Das Balkendiagramm macht hierzu keinerlei Angaben!
- **Aussage 6:** Der erste Teil der Aussage ist richtig, wie der Blick auf die 2003–2008 deutlich wachsenden schwarzen Säulen im Säulendiagramm zeigt. Die Behauptung, dass Jugendliche ungeachtet des Siegeszugs des MP3-Players immer noch Musik lieber am Radio hören, ist jedoch falsch. Hier ergeben sich in den beiden oberen Balken des Balkendiagramms bei „Gesamt“ 69 % für das Radio und 71 % für den MP3-Player.

**Tipp:**

Der sehr zeitaufwendige(!) Weg der Überprüfung kann durch das **Ausschlussverfahren** abgekürzt werden. Da Aussage 1 nicht vollständig richtig ist, scheiden sofort alle Antwortkombinationen mit (1) aus: A, G und H. Streichen Sie sie im Aufgabenbogen durch.

Da Aussage 2 vollständig richtig ist, muss die gesuchte Antwortkombination (2) enthalten. Dies gilt nur für D und F, nachdem A bereits ausgeschieden ist.

Da sich Aussage 3 ebenfalls als vollständig richtig erweist, können Sie hier bereits abbrechen, da als richtige Antwortkombination nur mehr F in Frage kommen kann. Sie haben sich durch diese Methode mindestens 10 Minuten gespart!

Lösung:

F

# Tipps zur Auswertung von Tabellen, Diagrammen und Schaubildern

Tabellen, Diagramme und Schaubilder stellen das statistische Datenmaterial wissenschaftlicher Untersuchungen auf das Wesentliche reduziert zusammen und erlauben einen raschen Überblick. Es können sowohl ein **Zustand** (z. B. die Vermögensverteilung in einer Gesellschaft zu einem bestimmten Zeitpunkt) als auch eine **Entwicklung** in einem bestimmten Zeitraum (z. B. das Wachstum von Städten im 19. Jahrhundert) dargestellt werden. Hieraus ergibt sich die Unterscheidung von **statischen** und **dynamischen** Tabellen, Diagrammen oder Schaubildern.

Die gleichzeitige Darstellung unterschiedlicher Untersuchungsaspekte zu einem Thema erleichtert den **Vergleich** (z. B. ausgewählte Länder differenziert nach Fläche, Einwohnerzahl, Bevölkerungsdichte, Bruttoinlandsprodukt).

Die in Tabellen oder Diagrammen angegebenen Zahlenwerte können **absolute Werte** wie Euro oder Mengenangaben sein oder **relative Werte** wie Prozentangaben. Manchmal liegt eine Orientierung an einem **Index** vor, der alle Daten an einer Bezugsgröße ausrichtet, der z. B. der Wert 100 zugesprochen wird.

Zum besseren Verständnis von Tabellen oder Diagrammen dienen **Überschrift** (in der Unterzeile oft mit Angabe der jeweiligen Messgrößen o. a.), **Legende, Quellenangabe** oder **zusätzliche Angaben,** z. B. zu etwaigen Besonderheiten der Untersuchung.

## Tabellen

Tabellen bestehen aus Spalten und Zeilen. Eine **Spalte** verläuft senkrecht von oben nach unten, eine **Zeile** waagrecht von links nach rechts. Das Feld für den Eintrag eines Zahlenwerts nennt man **Zelle.** In der oberen Zeile, dem **Tabellenkopf,** finden Sie in der ersten Spalte die Bezeichnung des jeweils untersuchten Gegenstandsbereichs (z. B. Rundfunksender), am Kopf der folgenden Spalte die Bezeichnung für den jeweils untersuchten Aspekt (z. B. der Anteil von Nachrichtensendungen am Gesamtprogramm). Bei mehrspaltigen Tabellen können die Werte weiterer Untersuchungsaspekte hinzugefügt werden (z. B. die Anteile von Unterhaltungssendungen, Talkshows, Spielfilmen am Gesamtprogramm). Fehlt die Bezeichnung für den jeweiligen Untersuchungsbereich am Kopf der ersten Spalte, ergibt sich dieser aus der **Überschrift.**

## Diagramme

In einem Diagramm werden Zahlenwerte **graphisch** dargestellt. Folgende Grundformen werden dabei unterschieden:

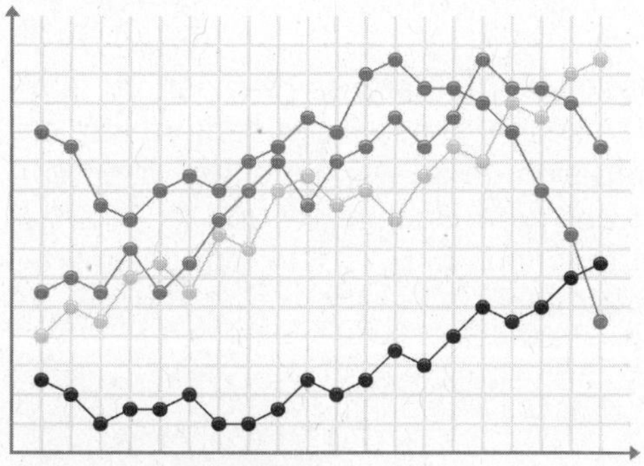

**Kurvendiagramm**

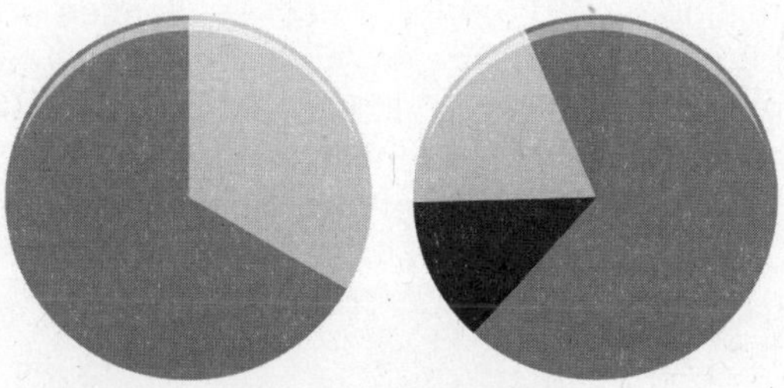

**Kreis- bzw. Tortendiagramm**

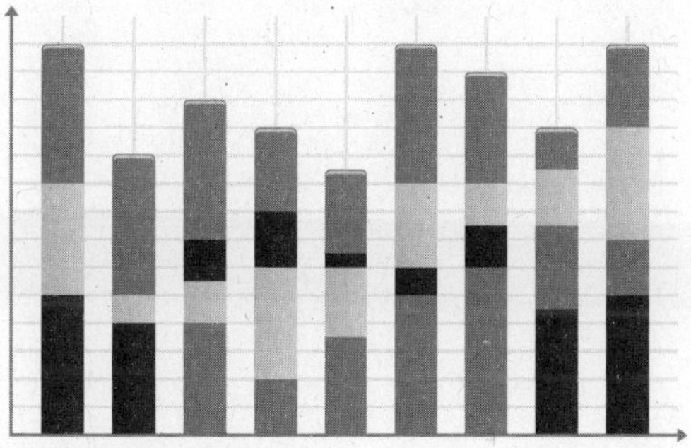

**Säulendiagramm**

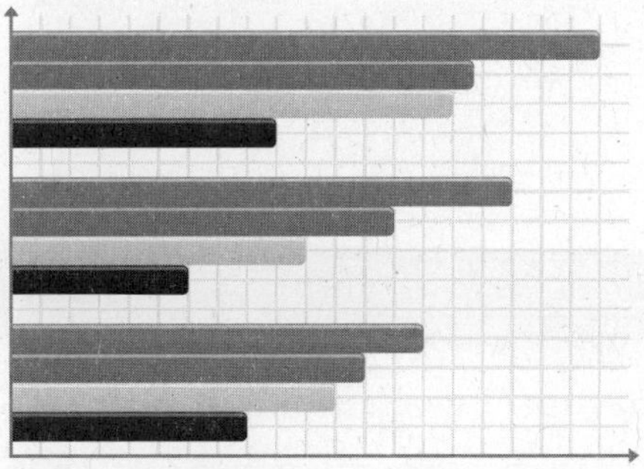

**Balkendiagramm**

- **Kurvendiagramme** stellen mithilfe von Graphen chronologische Datenserien dar (z. B. die Entwicklung des Wachstums einer Stadt in einem gewissen Zeitraum). Zum Vergleich können andere Datenserien aus dem in Frage stehenden Zeitraum hinzugefügt werden, beim genannten Beispiel etwa die Entwicklung anderer Städte bzw. der Gesamtbevölkerung. Die jeweiligen Graphen werden dann beschriftet oder in einer anderen Form (z. B. fett, gestrichelt, mit Punkten) oder in einer anderen Farbe oder Schattierung dargestellt.
- **Säulen-** und **Balkendiagramme** stellen statistische Informationen mit Hilfe von Säulen (senkrecht) oder Balken (waagrecht) dar und sind besonders augenfällig. Auch hier können mehrere Informationsdimensionen gleichzeitig dargestellt werden (z. B. die Musiknutzung pro Woche insgesamt bzw. differenziert nach Alter oder Geschlecht).
- **Kreis-** bzw. **Tortendiagramme** werden hauptsächlich zur Darstellung der prozentualen Verteilung statistischer Werte zu einem bestimmten Zeitpunkt herangezogen, z. B. zur Darstellung der jeweiligen Anteile bestimmter Sendungsformen im Gesamtangebot des Fernsehens.

**Schaubilder** unterstützen die graphische Darstellung von Zahlenwerten durch die Aufnahme bildhafter Elemente, wie z. B. durch einmontierte Fotografien oder durch Symbole, wie z. B. Nationalflaggen.

**Zehn Tipps für die Auswertung:**

1. Welcher Gegenstandsbereich liegt vor?
2. Welche Untersuchungsaspekte werden in den Spalten und Zeilen bzw. auf der x- und y-Achse dargestellt?
3. Wird der Zustand zu einem bestimmten Zeitpunkt oder eine Entwicklung in einem bestimmten Zeitraum beschrieben?
4. Welche Darstellungsform wurde gewählt?
5. Um welche Einheiten handelt es sich, in der die Zahlenwerte angegeben werden? Handelt es sich um absolute oder relative Werte? Liegt die Orientierung an einem Index vor?
6. Was bedeuten die in der Darstellung verwendeten Farben und Symbole?
7. Gibt es Angaben, in denen z. B. die Erhebungsmethode erläutert wird?
8. Gibt es Angaben, die z. B. die jeweiligen Messgrößen erläutern?
9. Wird die Herkunft der Daten angegeben, die Quelle?
10. Quellenkritik: Wie zuverlässig ist die Quelle einzuschätzen? Worüber schweigt sie? Welche Absicht verfolgen Autor oder Auftraggeber? Gibt es Hinweise auf Manipulationen?

## 3.8 Logikaufgaben

Zusätzlich zu den traditionellen Prüfungsgebieten der Auswahlprüfung (s. o.) werden seit einigen Jahren auch Aufgaben gestellt, in denen Sie Ihr logisches Denken unter Beweis stellen sollen. Diese Aufgabenformate, die auch bei Eignungstests in der freien Wirtschaft verwendet werden, lassen sich durch wiederholtes Lösen von Aufgabenbeispielen trainieren. Vielfältige Materialien hierzu finden Sie auf dem Buchmarkt und im Internet sowie in der Broschüre: „Orientierungshilfe zu Auswahltests – Training, Tipps und Taktik“ (2015, pdf online) der Bundesagentur für Arbeit. Denksport macht Spaß! Hier ein kleiner Vorgeschmack:

### Logisches Denken

Die nachfolgenden Zahlen- und Bildreihen folgen bestimmten mathematischen oder logischen Regelmäßigkeiten.

Bestimmen Sie jeweils die fehlenden Elemente und tragen Sie Ihr Ergebnis in den Lösungsbogen ein.

a)

| | | | | | |
|---|---|---|---|---|---|
| 1 | 3 | 9 | 27 | ? | 243 |

b)

| | | | | | |
|---|---|---|---|---|---|
| 41 | 43 | 47 | 53 | ? | 61 |

c) Welches Bild aus der Auswahlliste 1 setzt die logische Abfolge fort?

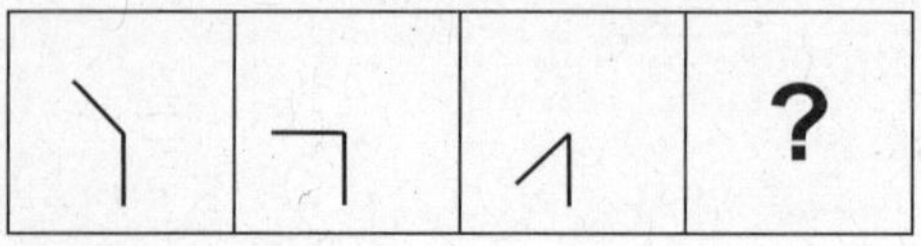


Auswahlliste 1:

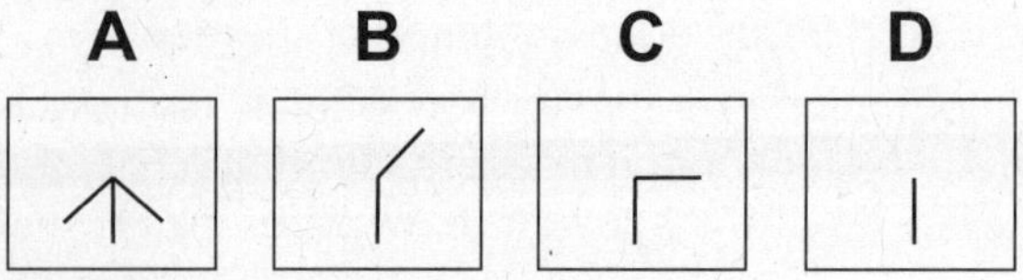


Lösung:

a) 81 (von links nach rechts: Zahl mit 3 multipliziert ergibt die nachfolgende Zahl)

b) 59 (fehlende Primzahl zwischen 41 und 61)

c) D (der Zeiger dreht sich jeweils um 45° gegen den Uhrzeigersinn)

# 5 DIE PRÜFUNGSAUFGABEN FÜR DAS EINSTELLUNGSJAHR 2017

MIT LÖSUNGEN UND HINWEISEN

Als Übung lesen Sie die Aufgaben auf den linken Seiten sorgfältig durch.

Decken Sie dabei die rechte Seite jeweils ab und tragen Sie unter „Meine Lösung“ die Ihrer Meinung nach richtige Lösung ein.

Vergleichen Sie Ihre Antwort dann mit der Musterlösung auf der rechten Seite.

**Text** Dieser Text ist für die Bearbeitung der Aufgaben Nummer 1 bis 5 notwendig.

# Michael Reitz: Einfach abschalten?

**Abschnitt 1**

Vor ein paar Monaten machte ich mir zum ersten Mal Gedanken über die Entnetzung. Der Auslöser: Eine junge Frau, die gebannt auf ihr Smartphone schaute, rannte auf offenem Gehweg in mich hinein. Gut, ich weiß: Die Mehrheit der unter 35-Jährigen schaut mehr als 25-mal am Tag auf ihr Smartphone. Und in Frankfurter Schulen zeigen Polizeibeamte Videos aus einer Überwachungskamera, auf denen zu sehen ist, wie eine Schülerin, abgelenkt durch ihr Smartphone und mit Stöpseln im Ohr, unter eine U-Bahn gerät und lebensgefährlich verletzt wird. Aber wie sinnvoll ist die Grundsatzdebatte: Geht es nicht auch ohne Smartphone?

**Abschnitt 2**

In Teilen der deutschen Öffentlichkeit macht sich eine Art Kulturpessimismus breit. Nach der Vernetzungseuphorie der vergangenen zwanzig Jahre kommt jetzt die Empfehlung, sich zu entnetzen: Weg von den Standardsuchmaschinen, den einschlägigen Providern, dem Onlinehandel und Schluss mit der permanenten Erreichbarkeit! Vorbild dafür ist unter anderem eine Bewegung aus den USA, die sich „Digital Detox" nennt, digitale Entgiftung. Menschen zahlen dort nicht wenig für Workshops und Wochenendfreizeiten, bei denen sie offline sind. Smartphones müssen abgegeben werden, stattdessen erfreut man sich an Erlebnissen, die man allenfalls aus Kindertagen kennt, zum Beispiel an einem gemeinsamen Abend am Lagerfeuer.

**Abschnitt 3**

Nicht schlecht in dieser Hinsicht ist auch die Android-App „Offtime", frei übersetzt: Zeit zum Abschalten. Sie verweist die Handynutzer für eine vorher festgelegte Dauer in die direkte menschliche Kommunikation und verschickt selbst erzeugte Antworten auf eingehende Mitteilungen. Dazu nimmt sie (Originalton Werbung) „Einblicke in deine Smartphone-Nutzung" und reagiert mit „App-Blocking" und Kommunikationsfiltern. Ob das sinnvoll ist? Oder sollte man einfach kapitulieren vor dem, was sowieso nicht mehr zu ändern ist, und die Folgen ganz pragmatisch abfedern – wie in London, wo man Laternenpfähle polstert, damit sich Smartphone-Nutzer keine Beulen holen?

**Abschnitt 4**

Ich selbst bin ein vorsichtiger Kulturoptimist. Die Rede davon, dass die digitalen Medien uns durch vereinheitlichte Inhalte und ihre automatisierte Verbreitung letztlich zu Opfern einer Verdummungsmaschinerie machen, gefällt mir nicht. Ich lebe im 21. Jahrhundert. Smartphone, Laptop oder Tablet sind Geräte meines mobilen Büros, ohne die meine Arbeit als freier Autor wesentlich komplizierter und zeitaufwendiger wäre. Während ich mit einer auf meinem Handy gespeicherten Fahrkarte nach München unterwegs bin, kann ich mir in Berlin ein Hotelzimmer aussuchen, das ich in zwei Wochen benötigen werde.

**Abschnitt 5**

Doch: Gespräche ändern sich durch die Smartphones. Ich erinnere mich an ein Treffen mit Freunden. Ich erzählte ihnen von einem Sketch des Comedians Hape Kerkeling und versuchte, ihn nachzumachen, um meine Mitmenschen zum Lachen zu bringen. Doch jeder von ihnen zückte während meiner Performance sein Tablet oder Smartphone, fand in Windeseile bei Youtube das Original, starrte auf das Display und amüsierte sich köstlich. Ich fühlte mich wie ein Betrüger, denn so perfekt wie Kerkeling bin ich wirklich nicht. Nicht zum ersten Mal hatte ich den Eindruck, dass das Netz ein gigantischer Besserwisser ist.

**Abschnitt 6**

Und ein Meer an Informationen dazu (die sich allerdings nicht selten wiederholen). Klaus Goldhammer, Geschäftsführer der Beratungs- und Forschungsgruppe Goldmedia, spricht schon von einer informationellen Fettsucht, einer „digitalen Adipositas". Das gesamte Datenvolumen werde sich im Zeitraum von 2014 bis 2019 verzehnfachen, nicht zuletzt wegen der immer zahlreicher werdenden Videos.

**Abschnitt 7**

Radikale Entnetzer haben ein griffiges Wort geprägt: „Siesta-Aktivismus". Statt mich mit konstant hoher Betriebstemperatur durch die Netze zu bewegen, möchte ich das Recht auf Faulheit in Anspruch nehmen. Eine Faulheit, die mühsam ist, weil ich auch gegen mich selbst kämpfe. Checke ich meine Mails nur noch zweimal am Tag? Schalte ich mein Handy während der Mittagspause oder am Abend aus? Ich gebe zu: Wenn ich mir eine Telefonabstinenz vornehme, bekomme ich es immer mit meiner mangelnden Selbstdisziplin zu tun. Es könnte mir etwas Wichtiges entgehen. Ein Zeitungshonorar zum Beispiel.

**Abschnitt 8**

Ich finde: Die Vernetzung ist ein Segen. Das ändert aber nichts daran, dass mir der öffentliche, manchmal geradezu exhibitionistische Gebrauch der neuen Medien und ihrer Geräte immer wieder auf den Wecker geht. Weil ich auf langen Bahnreisen lesen und arbeiten will, reserviere ich grundsätzlich einen Platz in der Ruhezone. Und immer findet sich mindestens einer, den die durchgestrichene Handy-Plakette nicht im Mindesten interessiert. Weise ich ihn darauf hin, trifft mich regelmäßig ein vernichtender Blick. Dabei wünsche ich mir doch nur ein paar Stunden ohne Klingeltöne und Telefonate, die mich nichts angehen.

**Abschnitt 9**

Entnetzung ist nichts, was von selbst geschieht. Gerade hierin liegt ihr kreatives Moment. Ich frage mich nämlich nicht nur, ob und wie lange ich vom Netz gehen will, sondern auch: Was ist mir wichtiger als Mails und Surfen? Was wollte ich schon immer mal tun? Für wen und für was wollte ich mehr Zeit aufwenden? Da heißt es, Strategien zu entwickeln, die mich einerseits nicht aus allen Kontakten kegeln, aber auf der anderen Seite meine Muße sicherstellen und Freiraum für Freunde und wichtige Dinge schaffen. Kein Grund zur Panik also, Alternativen sind verfügbar. Diese Veränderungen sind keine Bedrohung, sondern ein Gewinn.

**Abschnitt 10**

In dieser Facebook-Gesellschaft untersteht niemand nur der eigenen Kontrolle, sondern auch jener der anderen. Es gibt nicht nur die Chance, wahrgenommen zu werden und mit vielen zu kommunizieren, sondern man wird auch beobachtet. Dieses Risiko gehe ich ein. Auch dass viele Dinge, die auf meinem Mist gewachsen sind, Abschöpfungsmasse für andere sind, zum Beispiel für Unternehmen der Werbewirtschaft. Was ich preisgebe, kann im Interesse anderer gezielt und systematisch zur Marktsteuerung genutzt werden. Smartphones sind Werbeträger mit einem gigantischen Wachstum – Fachleute rechnen im Jahr mit mehr als 30 Prozent. Ich akzeptiere das als unerfreuliche Begleiterscheinung meiner persönlichen Vernetzung.

**Abschnitt 11**

Bedingungslose Entnetzung? Nein, danke. Ich folge der Empfehlung des Aristoteles, den mittleren Weg zwischen zwei Extremen zu gehen. Jenseits von allem Entnetzungsfundamentalismus versuche ich, mir einen digitalen Sabbat zu gönnen, um das Glück, entnetzt zu sein, zu genießen. Es geht mir nicht um mehr oder weniger Datenaufnahme. Es geht mir um die Kompetenz, mich nicht ständig angesprochen zu fühlen.

**Abschnitt 12**

Auch wenn dieses Wort etwas groß ist: Es geht mir um eine Kultur der Stille. Sie zu entwickeln, braucht Zeit und Raum. E-Mails, SMS, Mailbox-Gebimmel oder Internet-Surferei schalte ich ab, im wahrsten Sinne des Wortes. Stattdessen liege ich auf dem Sofa, lese Gedichte von T. S. Eliot oder Schopenhauers „Kopfverderber"-Buch. Oder auch mal wieder Episoden aus dem Alten Testament: Esters Mut und Klugheit, Elias weiter Weg zu sich selbst. Dazu Musik – Tom Waits, Leonard Cohen oder Patti Smith. Und irgendwann tauche ich wieder auf.

*(Quelle: chrismon. Das evangelische Magazin Nr. 4, April 2016, S. 42 f.)*

**Hinweise:**

**Beachten Sie, dass unter Aufgabe 31 (Seite 126) eine Abhandlung zu fertigen ist. Planen Sie hierfür eine Bearbeitungszeit von etwa 75 Minuten ein.**

**Vor der Beantwortung der nachfolgenden Fragen Nrn. 1–5 lesen Sie bitte den Text „Einfach abschalten?" (Text auf Seite 56 f.) aufmerksam durch.**

## 1 Inhalt des Textes

▶ Kreuzen Sie im Lösungsbogen an, ob es im Text **„Einfach abschalten?"** um die folgenden Themen **hauptsächlich, eher beiläufig/punktuell** oder **überhaupt nicht** geht.

**1** Nutzen digitaler Kommunikation für die Werbewirtschaft

**2** Umgang mit digitalen Kommunikationsmedien

**3** Veränderung privater Gesprächsformen

**4** Wahl günstiger Provider

**5** Entwicklung der globalen Datenmenge

**6** Selbstbestimmung im Informationszeitalter

**7** Medien und Arbeitswelt

**8** Überwachung des Bürgers durch den Staat

**9** Omnipräsenz des Smartphones

**Meine Lösung:**

| Kreuzen Sie an: | 1 | 2 | 3 | 4 | 5 | 6 | 7 | 8 | 9 |
|---|---|---|---|---|---|---|---|---|---|
| hauptsächlich | | | | | | | | | |
| eher beiläufig/punktuell | | | | | | | | | |
| überhaupt nicht | | | | | | | | | |

9 P.

| KORREKTURRAND NUR FÜR DEN KORREKTOR | |
|---|---|
| Erst- | Zweit- |
| korrektor | |
| rot | grün |
| 9 P. | |

## 1 Inhalt des Textes

| Kreuzen Sie an: | 1 | 2 | 3 | 4 | 5 | 6 | 7 | 8 | 9 |
|---|---|---|---|---|---|---|---|---|---|
| hauptsächlich | | X | | | | X | | | X |
| eher beiläufig/punktuell | X | | X | | X | | X | | |
| überhaupt nicht | | | | X | | | | X | |

je 1 Punkt, insgesamt 9 Punkte
kein Punkt für jede Spalte mit mehr als einem Kreuz

*Tipp: Beachten Sie vor Beginn und während der Textarbeit die Arbeitsschritte in Kap. 2.1.1 dieses Buches!*

*Die erste Aufgabe zum Basistext der Auswahlprüfung überprüft Ihr Textverständnis hinsichtlich des Inhalts der Vorlage. Hier gilt es nach einem ersten überfliegend-orientierenden Lesen („Worum geht es überhaupt?") durch eine genau an den Aufgaben orientierte Lektüre zu entscheiden, ob die bei Nr. 1 bis 9 genannten Themen:*

- *mehrmals im Text vorkommen und diesen dominieren (dann: „hauptsächlich"),*
- *eher am Rande und dabei nur kurz angesprochen werden (dann: „eher beiläufig/punktuell") oder*
- *überhaupt nicht Gegenstand der Vorlage sind (dann: „überhaupt nicht").*

*Bei der genauen Lektüre werden Sie feststellen:*

*keine Entsprechung zum Text:*

*Bereits beim ersten Lesen wird klar, dass die Wahl günstiger Provider (Thema 4) an keiner Stelle des Textes Erwähnung findet. Die Überwachung des Bürgers durch den Staat (Thema 8) wird im vorliegenden Text ebenfalls nicht angesprochen werden, auch wenn sie in der aktuellen Mediendiskussion nach wie vor eine große Rolle spielt. Demnach können diese Themen schnell als überprüft abgehakt werden. Bleiben nur noch sieben Aussagen, die es zu überprüfen gilt.*

*hauptsächlich:*

*Ebenso schnell dürften Sie erkennen, dass im Zentrum des Artikels fraglos die Themen Nr. 2, 6 und 9 stehen – der Umgang mit digitalen Kommunikationsmedien (Thema 2), die Selbstbestimmung im Informationszeitalter (Thema 6) sowie die Omnipräsenz, also die Allgegenwart des Smartphones (Thema 9), die von der Überschrift („Einfach abschalten?") bis zum Schluss im Text präsent sind. Am Ende von Abschnitt 1 bereits trifft man auf die Kernfrage: „Aber wie sinnvoll ist die Grundsatzdebatte: Geht es nicht auch ohne Smartphone?"*

*eher beiläufig/punktuelle Erwähnung:*

- *Thema 1: Auf den Nutzen digitaler Kommunikation für die Werbewirtschaft und die damit zusammenhängenden Wachstumsraten weist Abschnitt 10 hin, der dies als „unerfreuliche Begleiterscheinung" der globalen Vernetzung des Einzelnen interpretiert.*
- *Thema 3: Die Veränderung privater Gesprächsformen ist Thema von Abschnitt 5, in dem auf witzige Weise von der Dominanz von Youtube bei einem Freundestreffen berichtet wird.*
- *Thema 5: Die Entwicklung der globalen Datenmenge wird in Abschnitt 6 thematisiert, wo von der „informationellen Fettsucht" bzw. „digitalen Adipositas" die Rede ist und mit Bezug auf einen Kenner der Szene auf eine Verzehnfachung des Datenvolumens von 2014 bis 2019 hingewiesen wird.*
- *Thema 7: Der Einfluss der neuen Medien auf die Arbeitswelt wird vor allem in den Abschnitten 4 (vgl. Z. 23 ff.), Abschnitt 7 (Z. 39) und Abschnitt 8 (Z. 45) thematisiert. Hauptthema des Artikels ist er aber sicher nicht.*

## 2 Textaufbau

In welchem Abschnitt ...

**A** stellt der Autor seine Position erstmals kompakt vor?

**B** findet sich ein sogenannter Autoritätsbeweis?

**C** kommt das philosophische Fundament der Haltung des Autors klar zum Ausdruck?

**D** beschreibt der Autor die Möglichkeit, die Online-Zeit über ein digitales Hilfsmittel zu begrenzen?

**E** erfahren wir den Anlass für die Überlegungen des Autors?

**F** wird ein aktueller Trend zur Rückbesinnung auf mehr traditionelle Kommunikationsformen erstmals thematisiert?

**G** häufen sich Hinweise auf die Gefährdung der informationellen Selbstbestimmung?

**H** spüren wir den Zusammenhang von Text und dessen Quelle besonders deutlich?

▶ Tragen Sie die jeweilige Ziffer des zutreffenden Textabschnitts in den Lösungsbogen ein.

**Meine Lösung:**

Tragen Sie die jeweilige Ziffer ein:

| | A | B | C | D | E | F | G | H |
|---|---|---|---|---|---|---|---|---|
| **Abschnitt** | 4 | 8 | 12 | 3 | 1 | 5 | | 12 |

8 P.

## 2 Textaufbau

Tragen Sie die jeweilige Ziffer ein:

| | A | B | C | D | E | F | G | H |
|---|---|---|---|---|---|---|---|---|
| **Abschnitt** | **4** | **6** | **11** | **3** | **1** | **2** | **10** | **12** |

je 1 Punkt, insgesamt 8 Punkte 8 P.

*Aufgabe 2 hängt eng mit Aufgabe 1 zusammen. Sinnabschnitte sollen verortet werden, um so Ihr Verständnis für den Textaufbau testen zu können. Hierbei ist sicher ein nochmaliges Lesen erforderlich. Die Bildung von Zwischenüberschriften erleichtert die Lösung der Aufgabe:*

*A Die Position von Michael Reitz wird erstmals in Abschnitt 4 deutlich, in dem sich der Autor als „vorsichtiger Kulturoptimist" outet, der in der Ich-Form („Ich selbst bin …") gegen eine vorschnelle Verurteilung der neuen Medien Stellung nimmt und dabei ihren Nutzen hervorhebt.*

*B In Abschnitt 6, in dem es um das Anwachsen des digitalen Datenvolumens geht, bezieht sich der Autor auf Klaus Goldhammer, den Geschäftsführer der Beratungs- und Forschungsgruppe Goldmedia, also auf jemand, der als Autorität auf dem Feld der Entwicklung des globalen Datentransfers gelten kann.*

*C In Abschnitt 11 verweist der Autor auf einen der Stammväter der abendländischen Philosophie und dessen Lehre vom mittleren Weg zwischen zwei Extremen: den griechischen Philosophen Aristoteles.*

*D In Abschnitt 3 ist von der Android-App „Offtime" die Rede, die mit „App-Blocking" reagiert, wenn ein bestimmtes Kommunikationsvolumen überschritten wird.*

*E Der Anlass für die Überlegungen von Michael Reitz steht gleich zu Beginn des Textes, in Abschnitt 1, der von einem Zusammenstoß des Autors mit einer jungen Frau berichtet, die im Straßenverkehr, gebannt von ihrem Smartphone, jede Aufmerksamkeit für ihre Umwelt verloren hatte.*

*F Abschnitt 2 skizziert das Verhalten von Kulturpessimisten, die zur Entnetzung aufrufen, wie auch die neue Bewegung „Digital Detox" aus den USA.*

*G „Informationelle Selbstbestimmung" meint das Recht des Einzelnen, über die von ihm erzeugten Daten selbst bestimmen zu können. Dass dem im Zeitalter des Internets beileibe nicht so ist, unterstreicht Abschnitt 10, in dem vor allem die Werbewirtschaft an den Pranger gestellt wird.*

*H Der Text entstammt ausweislich der Quellenangabe am Ende des Textes einem „evangelischen Magazin". Insofern überrascht es nicht, wenn in Abschnitt 12 u. a. auch Episoden aus dem Alten Testament zur Lektüre empfohlen werden, an denen man sich im digitalen Zeitalter orientieren könnte.*

## 3 Meinung des Autors

▶ Kreuzen Sie im Lösungsbogen an, welche der folgenden Aussagen der im Text zu Tage tretenden Meinung des Autors **entsprechen,** welche ihr **nicht entsprechen** und welche dem Text **nicht zu entnehmen** sind.

**1** Medienbildung sollte in der Schule als eigenes Fach unterrichtet werden.

**2** Der Mensch braucht Freiräume!

**3** Auch im Neuen Testament finden sich viele lesenswerte Stellen.

**4** Raus aus den Sozialen Netzen!

**5** Smartphones sind beizeiten durchaus nützliche Geräte.

**6** Die neuen Medien stellen für uns eine Bereicherung in allen Alltagssituationen dar.

**7** Computerspiele stellen einen wichtigen Wirtschaftsfaktor dar.

**8** Wir sollten unser Medien- und Freizeitverhalten reflektieren.

**Meine Lösung:**

| Kreuzen Sie an: | 1 | 2 | 3 | 4 | 5 | 6 | 7 | 8 |
|---|---|---|---|---|---|---|---|---|
| entspricht der Meinung der Autors | | X | | | X | X | | X |
| entspricht nicht der Meinung des Autors | | | | X | | X | | |
| nicht dem Text zu entnehmen | X | | X | | | | X | |

8 P.

## 3 Meinung des Autors

Kreuzen Sie an:

| | 1 | 2 | 3 | 4 | 5 | 6 | 7 | 8 |
|---|---|---|---|---|---|---|---|---|
| entspricht der Meinung der Autors | | X | | | X | | | X |
| entspricht nicht der Meinung des Autors | | | | X | | X | | |
| nicht dem Text zu entnehmen | X | | X | | | | X | |

je 1 Punkt, insgesamt 8 Punkte
kein Punkt für jede Spalte mit mehr als einem Kreuz

8 P.

*Hier sollen die Aussagen 1 bis 8 mit der im Text zu Tage tretenden Meinung des Autors verglichen werden. Verschaffen Sie sich hierfür zunächst einen Überblick über die zur Überprüfung vorgelegten Aussagen und scheiden Sie dabei jene aus, von denen Sie sicher sind, dass sie mit dem Text nichts zu tun haben und somit auch keinen Aufschluss über die Meinung des Autors geben. Der Vergleich nach erneuter zielgenauer Lektüre ergibt folgendes Ergebnis:*

*nicht dem Text zu entnehmen:*

- *Aussage 1: Um Medienbildung geht es in diesem Text an keiner Stelle.*
- *Aussage 3: In Abschnitt 12 des Textes werden zwar Episoden aus dem Alten Testament als Lektüre empfohlen, das Neue Testament bleibt dabei außen vor.*
- *Aussage 7: Zwar werden im Text zahlreiche Funktionen von Smartphones genannt, jedoch keine Computerspiele. Insofern äußert sich der Autor auch nicht zu deren wirtschaftlicher Funktion.*

*entspricht nicht der Meinung des Autors:*

- *Aussage 4: „Raus aus den sozialen Netzen!" – diese Aufforderung entspricht der Position der radikalen Kritiker des digitalen Zeitalters, wie sie in Abschnitt 2 beschrieben werden. Reitz lehnt sie ab, wie Abschnitt 4 zu entnehmen ist. „Bedingungslose Entnetzung? Nein danke" heißt es in Abschnitt 11.*
- *Aussage 6: Der Autor sieht durchaus den Nutzen der neuen Medien, verwahrt sich aber dagegen, sie als „Bereicherung in allen Alltagssituationen" zu sehen. Stattdessen wird mit Nachdruck für medienfreie Zeiten plädiert.*

*entspricht der Meinung des Autors:*

- *Aussage 2: Ja, der Mensch braucht Freiräume, in denen er zu sich kommt, entnetzt, in denen die elektronischen Medien nichts zu suchen haben, wie in Abschnitt 12 konkret beschrieben wird.*
- *Aussage 5: Dass Smartphones „beizeiten durchaus nützliche Geräte" sind, wird vom Text nicht bestritten. Vgl. hierzu Abschnitt 4.*
- *Aussage 8: „Geht es nicht auch ohne Smartphone?" (Z. 6). Bereits in Abschnitt 1 ruft der Autor mit dieser Frage zur Reflexion auf, so auch durch die Frageform der Überschrift („Einfach abschalten?").*

## 4 Eigenschaften und Merkmale des Textes

Welche Eigenschaften und Merkmale kennzeichnen den Text **„Einfach abschalten?"**?
**Sieben** der nachfolgenden Antwortmöglichkeiten treffen zu.

▶ Kreuzen Sie im Lösungsbogen die zutreffenden Kennbuchstaben an.

*Der Text von Michael Reitz ist ...*

**A** nach der Regionalausgabe einer bekannten Tageszeitung zitiert.

**B** abwägend und meinungsbildend.

**C** ein Essay mit ausgeprägt philosophischem Charakter.

**D** durchgehend anklagend.

**E** an einigen Stellen durchaus unterhaltend.

**F** streng wissenschaftlich argumentierend.

**G** durchzogen von vielen Beispielen aus dem Alltag.

**H** zur Reflexion anregend durch zahlreiche rhetorische Fragen.

**I** durch eine klare Werthaltung des Autors gekennzeichnet.

**K** typisch für ein Fachmagazin der Computerszene.

**L** mitunter auch selbstironisch.

**M** punktuell auch umgangssprachlich formuliert.

**N** durchgehend dominant hypotaktisch hinsichtlich seines Satzbaus.

**O** geprägt durch eine zum Teil altmodisch anmutende Wortwahl.

**Meine Lösung:**

Kreuzen Sie an:

| | A | B | C | D | E | F | G | H | I | K | L | M | N | O |
|---|---|---|---|---|---|---|---|---|---|---|---|---|---|---|
| zutreffend | | X | X | | X | | X | X | X | | X | X | | X |

7 P.

## 4 Eigenschaften und Merkmale des Textes

Kreuzen Sie an:

| | A | B | C | D | E | F | G | H | I | K | L | M | N | O |
|---|---|---|---|---|---|---|---|---|---|---|---|---|---|---|
| zutreffend | | X | | | X | | X | X | X | | X | X | | |

je 1 Punkt, insgesamt 7 Punkte 7 P.
Bei mehr als sieben Kreuzen: 1 Punkt Abzug pro zusätzlichem Kreuz (niedrigster Endpunktwert 0)

*Konzentrieren Sie sich bei einem erneuten Textdurchgang nun auf die Textart der Vorlage und überprüfen Sie dabei die Aussagen A bis O der Aufgabenstellung. Lesen Sie hierbei die Aussagen genau, denn bei zweiteiligen Antworten kann manchmal nur ein Teil zutreffend, der andere falsch sein. Markieren Sie Ihre Prüfergebnisse zunächst mit Bleistift im Bogen „Aufgabenstellung", bevor Sie Ihr Resultat in den Lösungsbogen übertragen, wo nur die zutreffenden Merkmale anzukreuzen sind. Setzen Sie dort max. 7 (!) Kreuze, wie der Bewertungsanleitung im Lösungsbogen zu entnehmen ist. Die schrittweise Markierung im Bogen „Aufgabenstellung" hilft, einen schnellen Überblick über die noch vorhandenen Optionen zu erhalten, und ermöglicht die ggf. erforderliche Schlusskorrektur. Am Ende Ihrer Analyse werden Sie feststellen:*

*<u>Nicht zutreffend sind die Aussagen</u>:*

*A Ein Blick auf die Quellenangabe am Ende des Textes zeigt, dass der Text von Michael Reitz nicht aus einer Tageszeitung stammt, geschweige denn aus einer bekannten wie FAZ, SZ o. ä. In der Quellenangabe ist zudem der Hinweis „Magazin" enthalten.*

*C Hinsichtlich der Bezeichnung „Essay" könnte man noch zustimmen, stellt der Text doch eine mehr oder minder geistreiche Abhandlung dar, in der sich ein Autor auf persönliche Weise in relativ freier Form mit einem gesellschaftlichen Phänomen auseinandersetzt. Auch werden im Abschnitt 11 und 12 mit Aristoteles und Schopenhauer zwei bedeutende Philosophen genannt. Von einem „ausgeprägt philosophischen Charakter" des Textes kann jedoch nicht gesprochen werden.*

*D „Durchgehend anklagend" ist der Text nicht, werden doch auch die positiven Seiten des Smartphones anerkannt.*

*F Eine „streng wissenschaftliche", d. h. durchgehend streng logische, ggf. auch empirisch oder auf anerkannte Autoritäten gestützte Argumentation liegt hier nicht vor und wäre für ein „Magazin" auch ungewöhnlich.*

*K Fachmagazine der Computerszene würden dem Smartphone sicher eindeutig positiver gegenüberstehen als Michael Reitz und hätten sicher auch einen höheren Anteil Fachwortschatz.*

*N Ein hypotaktischer (im Gegensatz zum parataktischen) Satzbau zeichnet sich durch Nebensätze und eine hierarchische Satzstruktur aus. Dies ist hier eher selten der Fall.*

*O Altmodisch anmutende Begriffe (Archaismen) weist der Text nicht auf, was sicher auch an seinem modernen Thema liegt.*

*<u>Zutreffend sind die Aussagen</u>:*

*B Da Reitz die Vor- und Nachteile des Smartphones sieht und den Leser dazu auffordert, seine Mediennutzung zu überdenken, kann man den Text sehr wohl als „abwägend" und „meinungsbildend" bezeichnen.*

*E Bereits die kuriose Alltagsszene der mit ihrem Smartphone beschäftigten Frau, die auf der Straße in den Autor rennt (Abschnitt 1), lässt schmunzeln. So auch die Beschreibung des Gesprächs in Abschnitt 5, die das Internet als „gigantischen Besserwisser" zeigt.*

*G Beispiele aus dem Alltag finden sich hier zuhauf, die den Text anschaulich und leicht verständlich machen. (Siehe oben E.)*

*H Bereits die Überschrift („Einfach abschalten?") beinhaltet eine rhetorische Frage wie auch die Zeilen 6, 18, 20, 40, 50 f., 62.*

*I Der Autor plädiert unmissverständlich für medienfreie Zeiten. Seine Werthaltung zeigt sich am Ende des Textes sehr klar.*

*L Selbstironie ist feststellbar, wenn der Autor am Ende von Abschnitt 7 zugibt, mitunter seine Telefonabstinenz nicht durchzuhalten, weil ihm sonst ggf. ein Zeitungshonorar entgeht.*

*M Umgangssprachliche Formulierungen begegnen uns z. B. in Z. 57 („Dinge, die auf meinem Mist gewachsen sind") oder in Z. 62 („Bedingungslose Entnetzung? Nein, danke.").*

## 5 Synonyme und Antonyme

▶ Ordnen Sie im Lösungsbogen den nachfolgenden **Wörtern mit den Kennzahlen 1 bis 4** jeweils den Kennbuchstaben des Wortes bzw. des Ausdrucks aus der Auswahlliste mit **gleicher** Bedeutung und den **Wörtern mit den Kennzahlen 5 bis 8** mit **entgegengesetzter** Bedeutung zu.

**Wörter:**

**1** Euphorie (vgl. Z. 8)
**2** permanent (Z. 9)
**3** pragmatisch (Z. 19)
**4** Abstinenz (vgl. Z. 41)
**5** Pessimismus (vgl. Z. 7)
**6** digital (Z. 21)
**7** Adipositas (Z. 35)
**8** exhibitionistisch (Z. 44)

Auswahlliste:

**A** Anwesenheit
**B** Fettleibigkeit
**C** rational
**D** anhaltend
**E** überschwänglich
**F** Verzicht
**G** Depression
**H** fotogen
**I** Hochstimmung
**K** intermittierend
**L** Legasthenie
**M** Melancholie
**N** Maßlosigkeit
**O** Optimismus
**P** visionär
**Q** sachbezogen
**R** zur Schau stellend
**S** zurückhaltend
**T** Magersucht
**U** analog
**V** Senilität

**Meine Lösung:**

Ordnen Sie die zutreffenden Kennbuchstaben zu:

| 1 | 2 | 3 | 4 | 5 | 6 | 7 | 8 |
|---|---|---|---|---|---|---|---|
| I | D | Q | F | O | U | T | S |

8 P.

## 5 Synonyme und Antonyme

Ordnen Sie die zutreffenden Kennbuchstaben zu:

| 1 | 2 | 3 | 4 | 5 | 6 | 7 | 8 |
|---|---|---|---|---|---|---|---|
| I | D | Q | F | O | U | T | S |

je 1 Punkt, insgesamt 8 Punkte 8 P.

*Bei dieser zweiteiligen Aufgabe geht es um Ihren Wortschatz. Bei den Wörtern 1 bis 4 sollen zu Stellen aus dem Text von Michael Reitz aus einer Auswahlliste Synonyme (Wörter oder Ausdrücke mit gleicher oder ähnlicher Bedeutung), bei den Wörtern 5 bis 8 Antonyme (Wörter oder Ausdrücke mit entgegengesetzter Bedeutung) zugeordnet werden. Hier helfen der Sinn der jeweiligen Textstelle sowie die Feststellung der Wortart (hier: Nomen/Hauptwort oder Adjektiv/Eigenschaftswort), die zugeordnet werden soll. Wenn Sie diejenigen Wörter aus der Auswahlliste streichen, bei denen Sie ganz sicher sind, wird die Aufgabe nach und nach immer leichter, da übersichtlicher:*

***Synonyme:***

1 ***„Euphorie“*** *(Z. 8): Wenn jemand euphorisch ist, befindet er sich in Hochstimmung (I), die Vorsilbe „eu“ bezeichnet im Altgriechischen „gut“ oder „richtig“, so auch in „Euphemismus“ (schönfärberischer Ausdruck) oder Eugenik (Erbgesundheitslehre). Die systematische Ermordung von Menschen mit körperlichen und/oder geistigen bzw. psychischen Beeinträchtigungen durch die Nationalsozialisten wurde von diesen als Euthanasie (wörtl. „schöner Tod“) verschleiert.*

2 ***permanent*** *(Z. 9): Hier kommt als Synonym nur das Adjektiv anhaltend (D) in Frage. Die anderen Eigenschaftswörter der Auswahlliste machen keinen Sinn.*

3 ***pragmatisch*** *(Z. 19): Ein pragmatischer Mensch ist zielgerichtet nur an der Lösung eines Problems oder an einer Sache interessiert. Kennbuchstabe demnach: Q, sachbezogen.*

4 ***Abstinenz*** *(Z. 41): Ist das Gegenteil von Maßlosigkeit, Abstinenzler verzichten auf etwas, z. B. Alkohol, demnach richtiger Kennbuchstaben F: Verzicht.*

***Antonyme:***

5 ***Pessimismus*** *(Z. 7): Klar, das Gegenteil ist der Optimismus (O) eines Menschen, der die Welt oder die Sache immer nur von der besten Seite sieht.*

6 ***digital*** *(Z. 21): Hier passt nur das Adjektiv analog (U), da es sich im vorliegenden Zusammenhang um das Vordringen von Computer, Internet & Co handelt, die eine neuartige, digitale Informationsverarbeitung voraussetzen.*

7 ***Adipositas*** *(Z. 35): Der Text spricht von einer „informationellen Fettsucht“ vieler Menschen und bezeichnet dies in der nachfolgenden Beifügung mit einem medizinischen Fachbegriff als „digitale Adipositas“, auf Deutsch Fettsucht oder Fettleibigkeit. Das Gegenteil davon ist die Anorexia nervosa (griech./lat.: etwa „nervlich bedingte Appetitlosigkeit“), die Magersucht (T).*

8 ***exhibitionistisch*** *(Z. 44): Exhibitionismus ist eine sexuelle Vorliebe, bei der die betreffende Person es als lustvoll erlebt, von anderen Personen nackt oder bei sexuellen Aktivitäten beobachtet zu werden. Auf Deutsch und auch im übertragenen Sinn: Zeigefreudigkeit (engl. exhibition für Ausstellung!), Lust an der Zurschaustellung. Das Gegenteil von zeigefreudig ist zurückhaltend (S), im Zusammenhang mit dem Text ein Mensch, der auf die öffentliche Nutzung von Medien, z. B. des Handys, verzichtet oder diese einschränkt, um seine Privatsphäre zu bewahren und andere nicht zu stören.*

## 6 Nebensätze

▶ Überprüfen Sie in den Sätzen a) bis e) im Lösungsbogen, ob diese einen Nebensatz enthalten. Unterstreichen Sie ggf. jeweils den Nebensatz eindeutig und vollständig. Bestimmen Sie zusätzlich dessen Art oder vermerken Sie, dass kein Nebensatz vorliegt, indem Sie jeweils den passenden Kennbuchstaben des zugehörigen Fachbegriffs bzw. Ausdrucks aus der nachfolgenden Auswahlliste ergänzen.

Auswahlliste:

| | | | | | |
|---|---|---|---|---|---|
| **A** | Temporalsatz | **D** | Kausalsatz | **G** | Konsekutivsatz |
| **B** | Lokalsatz | **E** | Finalsatz | **H** | Konzessivsatz |
| **C** | Modalsatz | **F** | Konditionalsatz | **I** | kein Nebensatz |

**Meine Lösung:**

Unterstreichen Sie ggf. den Nebensatz und tragen Sie bei a) bis e) jeweils den passenden Kennbuchstaben ein:

a) In London polstert man Laternenpfähle, damit sich Smartphone-Nutzer keine Beulen holen. (Z. 19 f.)

passender Kennbuchstabe: E

b) Während ich mit einer auf meinem Handy gespeicherten Fahrkarte nach München unterwegs bin, kann ich mir in Berlin ein Hotelzimmer aussuchen. (Z. 24 ff.)

passender Kennbuchstabe: A

c) Doch jeder von ihnen zückte während meiner Performance sein Tablet oder Smartphone, fand in Windeseile bei Youtube das Original, starrte auf das Display und amüsierte sich köstlich. (Z. 29 ff.)

passender Kennbuchstabe: [illegible]

d) Wenn ich mir eine Telefonabstinenz vornehme, bekomme ich es immer mit meiner mangelnden Selbstdisziplin zu tun. (Z. 40 f.)

passender Kennbuchstabe: F

e) In dieser Facebook-Gesellschaft untersteht niemand nur der eigenen Kontrolle, sondern auch jener der anderen. (Z 55 f.)

passender Kennbuchstabe: I

8 P.

## 6 Nebensätze

Unterstreichen Sie ggf. den Nebensatz und tragen Sie bei a) bis e) jeweils den passenden Kennbuchstaben ein:

a) In London polstert man Laternenpfähle, damit sich Smartphone-Nutzer keine Beulen holen. (Z. 19 f.)

passender Kennbuchstabe: **E**

b) Während ich mit einer auf meinem Handy gespeicherten Fahrkarte nach München unterwegs bin, kann ich mir in Berlin ein Hotelzimmer aussuchen. (Z. 24 ff.)

passender Kennbuchstabe: **A**

c) Doch jeder von ihnen zückte während meiner Performance sein Tablet oder Smartphone, fand in Windeseile bei Youtube das Original, starrte auf das Display und amüsierte sich köstlich. (Z. 29 ff.)

passender Kennbuchstabe: **I**

d) Wenn ich mir eine Telefonabstinenz vornehme, bekomme ich es immer mit meiner mangelnden Selbstdisziplin zu tun. (Z. 40 f.)

passender Kennbuchstabe: **F**

e) In dieser Facebook-Gesellschaft untersteht niemand nur der eigenen Kontrolle, sondern auch jener der anderen. (Z 55 f.)

passender Kennbuchstabe: **I**

bei a), b) und d): je 1 Punkt für die richtige und vollständige Unterstreichung
jeweils 1 Punkt für den richtigen Kennbuchstaben
0 Punkte bei richtigem Kennbuchstaben, aber fehlerhafter oder fehlender Unterstreichung
insgesamt 8 Punkte

8 P.

*Hier gilt es Nebensätze zu bestimmen. Dabei sollte man wissen: Ein Nebensatz kann nicht alleine stehen. Er ist dem Hauptsatz untergeordnet und wird mit ihm z. B. durch eine Konjunktion (Bindewort) oder ein Relativpronomen (rückbezügliches Fürwort: der, die, das – welcher, welche, welches) verbunden. Er kann vor, aber auch nach dem Hauptsatz stehen und ist immer durch ein Komma von ihm getrennt. Doch Vorsicht: Nebensätze haben zwar immer ein Komma oder mehrere, dies gilt aber auch für Aufzählungen oder Appositionen (Beifügungen), die keinen Nebensatz bilden.*

*Die jeweilige Konjunktion oder das Relativpronomen bestimmen die Art des Nebensatzes. Hierbei gilt es, eine Vielzahl unterschiedlicher Nebensatzarten zu unterschieden, deren lateinische Bezeichnungen Sie im Bogen „Aufgabenstellung" bei A–H aufgelistet finden – dieses Mal außer dem ganz einfach zu erkennenden Relativsatz, der durch ein Relativpronomen eingeleitet wird.*

*Wichtig auch: Das Verbum steht beim Nebensatz im Regelfall immer am Ende!*

- ***Satz a):** Die Konjunktion „damit" leitet den nachgestellten Nebensatz ein. Sie bezeichnet das Ziel, den Zweck der im Hauptsatz genannten Maßnahme. Deshalb liegt hier ein sog. Finalsatz vor. (lat. finis = das Ende)*
- ***Satz b):** Hier steht der Nebensatz vor dem Hauptsatz. Die einleitende Konjunktion „während" beschreibt ein zeitliches Verhältnis und leitet deshalb einen Temporalsatz ein. (lat. tempus = Zeit!)*
- ***Satz c):** Hier finden sich zwar viele Kommata, die jedoch eine Reihung von Begriffen markieren und jeweils ein verbindendes „und" ersetzen. Demnach liegt hier kein Nebensatz vor, auch wenn es aufs Erste danach aussieht.*
- ***Satz d):** Wie bei Satz b) steht hier die Konjunktion am Anfang, „wenn", die eine Bedingung beschreibt, die zu einer „mangelnden Selbstdisziplin des Autors" führt. Richtige Antwort demnach: F = Konditionalsatz. (lat. conditio = Bedingung!)*
- ***Satz e):** Ist trotz Komma kein Nebensatz, auch wenn „sondern" durchaus eine Konjunktion ist. Hier fehlt das folgende Verb!*

*Hinweis: Beachten Sie den Bewertungshinweis, der die korrekte und eindeutige Unterstreichung der Nebensätze fordert! Nur so können Sie hier punkten!*

## 7 „Irrläufer"

**Ein** Begriff gehört jeweils **nicht** in die Reihe.

▶ Bestimmen Sie den „Irrläufer". Begründen Sie kurz Ihre Entscheidung, indem Sie zunächst das gemeinsame Merkmal der anderen Namen oder Begriffe und dann das Unterscheidungsmerkmal des „Irrläufers" nennen.

a) Excel – PowerPoint – Publisher – Windows – Word

b) Apple – E.ON – Motorola – Samsung – Sony

c) Chrome – Firefox – Opera – Safari – Wikipedia

d) Facebook – Instagram – Java – Twitter – WhatsApp

**Meine Lösung:**

a) „Irrläufer": ______________________

Begründung

andere: ______________________

Irrläufer: ______________________

b) „Irrläufer": ______________________

Begründung

andere: ______________________

Irrläufer: ______________________

c) „Irrläufer": ______________________

Begründung

andere: ______________________

Irrläufer: ______________________

d) „Irrläufer": ______________________

Begründung

andere: ______________________

Irrläufer: ______________________

12 P.

## 7 „Irrläufer"

a) „Irrläufer": **Windows**

Begründung

andere: **Anwenderprogramme** (*o. Ä.*)

Irrläufer: **Betriebssystem** (*o. Ä.*)

b) „Irrläufer": **E.ON**

Begründung

andere: **Hersteller von Smartphones, Unterhaltungselektronik** (*o. Ä.*)

Irrläufer: **Energiekonzern** (*o. Ä.*)

c) „Irrläufer": **Wikipedia**

Begründung

andere: **Browser, Programme zur Darstellung von Webseiten im World Wide Web** (*o. Ä.*)

Irrläufer: **Online-Lexikon** (*o. Ä.*)

d) „Irrläufer": **Java**

Begründung

andere: **soziale Netzwerke zum Austausch von Informationen, Online-Dienste für eine Online-Community** (*o. Ä.*)

Irrläufer: **Programmiersprache** (*auch:* **Insel** *o. Ä.*)

bei jeder Teilaufgabe je 1 Punkt für die Nennung des Irrläufers, des gemeinsamen Merkmals und des Unterscheidungsmerkmals
jeweils 0 Punkte bei falschem Irrläufer
insgesamt 12 Punkte

12 P.

*Der „Irrläufer" ist ein beliebter Aufgabentypus der Auswahlprüfung, denn er erlaubt nicht nur das Abfragen einfacher Kenntnisse, sondern erfordert zudem eine Begründung, warum ein bestimmter Begriff, Name bzw. Sachverhalt nicht in die Reihe passt. Zur Lösung dieses Aufgabentypus ist es deshalb notwendig, das „Schwarze Schaf" herauszufiltern und das Unterscheidungsmerkmal zu notieren.*

*a) Alle fünf Begriffe stammen aus der Begriffswelt der Informationstechnologie. Excel ist ein Tabellenkalkulationsprogramm, PowerPoint ermöglicht die Erstellung von Präsentationsfolien, Publisher ermöglicht die Erstellung von Druckpublikationen, Websites, E-Mail-Headlines und Produktpräsentationen und Word ist das Textverarbeitungsprogramm im Office-Paket von Microsoft.* ***Windows*** *hingegen ist kein Anwenderprogramm, sondern das* <u>*Betriebssystem*</u> *von Microsoft, das die Systemressourcen eines Computers wie Arbeitsspeicher, Festplatten, Ein- und Ausgabegeräte verwaltet und diese den Anwenderprogrammen zur Verfügung stellt.*

*b) Apple, Motorola, Samsung und Sony sind weltbekannte Firmen, die sich auf dem Feld der Unterhaltungselektronik und durch die von ihnen produzierten Smartphones einen Namen gemacht haben.* ***E.ON*** *ist ein deutscher* <u>*Energiekonzern*</u>*, der in den Bereichen Energienetze, Energiedienstleistungen, erneuerbare Energien sowie beim Betrieb und Rückbau deutscher Atomkraftwerke tätig ist.*

*c) Chrome, Firefox, Opera, Safari sind bekannte Browser, also spezielle Computerprogramme zur Darstellung von Webseiten im World Wide Web.* ***Wikipedia*** *hingegen ist ein freies* <u>*Online-Lexikon*</u>*, welches in Gemeinschaftsarbeit mit Hilfe eines Wikis erstellt wird.*

*d) Facebook, Instagram, Twitter und WhatsApp werden von Millionen Menschen und vielen Communities zum Austausch von Informationen verwendet.* ***Java*** *hingegen ist eine bekannte* <u>*Programmiersprache*</u>*, mit der Computerprogramme formuliert werden können. Wer hier an die Insel Java gedacht haben sollte, eine der vier Hauptinseln der Republik Indonesien im Indischen Ozean, erhielt auch einen Punkt.*

<u>*Hinweis*</u>*: Detaillierte Tipps und weiteres Übungsmaterial zum Umgang mit „Irrläufern" finden Sie in Kap. 3.4 („Irrläufer") unseres Vorbereitungsbuches.*

## 8 Smartphonebesitzer und digitale Spiele

▶ Die folgenden beiden Grafiken stammen aus der Basisstudie zum Medienumgang 12- bis 19-Jähriger in Deutschland (JIM-Studie) 2015 des Medienpädagogischen Forschungsverbunds Südwest (mpfs). Kreuzen Sie im Lösungsbogen an, welche der folgenden Aussagen zur jeweiligen Grafik **richtig, falsch** oder ihr **nicht zu entnehmen** sind.

a) **Smartphone-Besitzer 2011–2015**

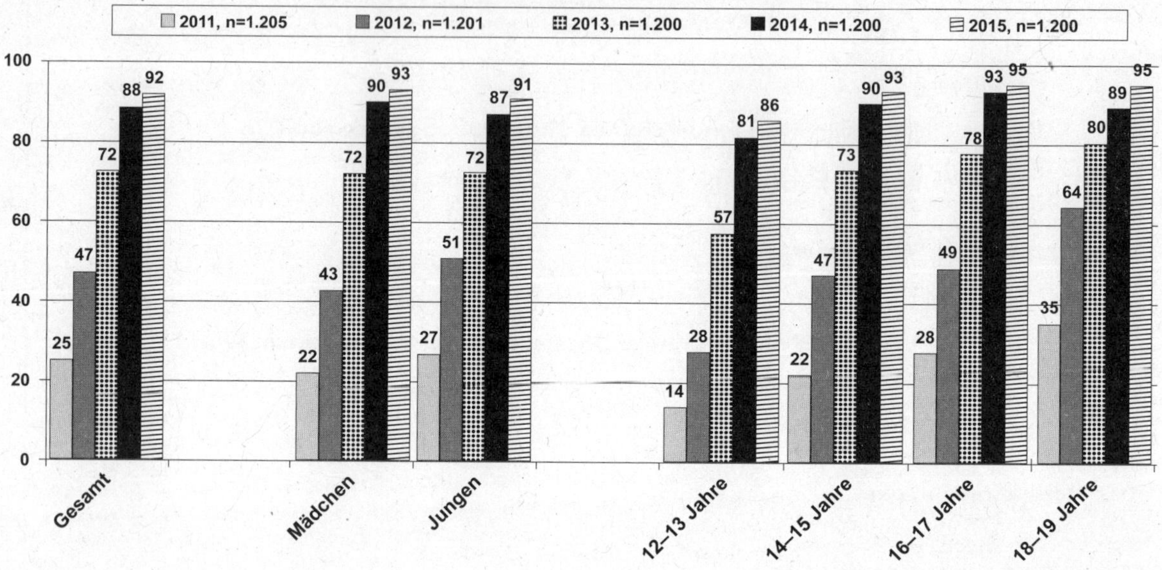


Quelle: JIM 2011 – JIM 2015, Angaben in Prozent
Basis: alle Befragten in Deutschland

**Aussagen:**

1 Mehr als drei Viertel der 12-Jährigen haben bereits ein Smartphone.

2 Bei der Ausstattung der Befragten mit Smartphones zeigen sich durchweg geschlechtsspezifische Unterschiede.

3 Der weltweite Siegeszug der Smartphones verstärkte sich ab 2013.

4 In allen dargestellten Altersgruppen stieg der Anteil der Smartphone-Besitzer von 2012 bis 2015 gegenüber dem Vorjahr jeweils an.

5 In den dargestellten Altersgruppen stieg der Anteil der Smartphone-Besitzer im Betrachtungszeitraum bei den Jugendlichen von 12–13 Jahren prozentual am stärksten.

6 2014 besitzen bei den 14- bis 15-Jährigen mehr Mädchen als Jungen ein Smartphone.

**Meine Lösung:**

a) Kreuzen Sie an:

| | 1 | 2 | 3 | 4 | 5 | 6 |
|---|---|---|---|---|---|---|
| richtig | | | | | | |
| falsch | | | | | | |
| nicht zu entnehmen | | | | | | |

## 8 Smartphonebesitzer und digitale Spiele

a) Kreuzen Sie an:

| | 1 | 2 | 3 | 4 | 5 | 6 |
|---|---|---|---|---|---|---|
| richtig | | | | X | X | |
| falsch | | X | | | | |
| nicht zu entnehmen | X | | X | | | X |

je 1 Punkt, insgesamt 6 Punkte
kein Punkt für jede Spalte mit mehr als einem Kreuz 6 P.

*Diagramme auswerten zu können ist ein wichtiger Bestandteil von Medienkompetenz. Derlei begegnet man in der Schule in vielen Fächern und später auch im Studium und Berufsleben. In Aufgabe 8 geht es um zwei unterschiedliche Darstellungsformen (Säulen- bzw. Balkendiagramm) empirisch ermittelter Daten zum* ***Medienbesitz und zur Mediennutzung 12- bis 19-Jähriger in Deutschland****, die in regelmäßigen Abständen vom Medienpädagogischen Forschungsverbund Südwest (mpfs) erhoben werden. Auch hier muss man genau hinsehen, um die in der Aufgabe vorgegebenen Aussagen anhand der vorgegebenen Grafiken überprüfen zu können. Detaillierte Hinweise und weiteres Übungsmaterial hierzu finden Sie in Kap. 3.7 (Tabellen, Diagramme, Schaubilder) unseres Vorbereitungsbuches.*

*Zunächst empfiehlt sich hier ein überfliegendes Lesen der Grafiken und die Identifikation der jeweiligen Darstellungselemente und Zusatzinformationen einschließlich des Maßstabs der Darstellung, der in der Regel der Quellenangabe unterhalb des Schaubilds zu entnehmen ist. So vorbereitet fällt es dann sicher nicht allzu schwer, die Aufgabe zu lösen:*

*a)*

*Schaubild a) beschreibt die Entwicklung des* ***Smartphone-Besitzes von 2011–2015*** *(vgl. Überschrift!). Es werden (siehe die Bezeichnungen unterhalb der Säulencluster) drei Aussagedimensionen in ihrer zeitlichen Entwicklung dargestellt: Gesamt, Mädchen/Jungen (der Genderaspekt!) sowie die Entwicklung in vier Altersgruppen (12–13, 14–15, 16–17, 18–19 Jahre). Jedes der insges. 7 Säulencluster besteht aus 5 unterschiedlich markierten Säulen, die (siehe die erklärende Zeile unterhalb der Überschrift!) den Jahren 2011, 2012, 2013, 2014 und 2015 zugeordnet werden können. Alle Angaben erfolgen in Prozent, wie der Quellenangabe rechts unten zu entnehmen ist.*

- *Aussage 1 ist der Grafik nicht zu entnehmen, da der in Frage kommende Säulencluster, der vierte von links, der erste bei den Altersgruppen, die Altersgruppe der 12–13 Jährigen umfasst und deshalb keine Antwort auf die Altersgruppe nur der 12-Jährigen zulässt.*
- *Aussage 2 ist falsch, da 2013 (vgl. den zweiten und dritten Säulencluster) bei beiden Geschlechtern ein Ausstattungsgrad von 72 % verzeichnet ist. Insofern kann nicht „durchweg" von geschlechtsspezifischen Unterschieden gesprochen werden. (Hinweis: Aussage genau lesen!)*
- *Aussage 3 kann der Grafik nicht entnommen werden, da sie nur die Entwicklung in Deutschland und nicht global beschreibt.*
- *Aussage 4 ist richtig, da alle Säulen beim rechten Säulencluster, der die Entwicklung des Smartphone-Besitzes über fünf Jahre nach Altersgruppen beschreibt, einen Zuwachs markieren.*
- *Aussage 5 ist richtig, wie ein Vergleich des prozentualen Anstiegs 2011 bis 2015 in den jeweiligen Altersgruppen zeigt: 12–13 Jahre = von 14 auf 86 % = 72 %; 14–15 Jahre = von 22 auf 93 % = 71 %; 16–17 Jahre = von 28 auf 95 % = 67 %; 18–19 Jahre = von 35 auf 95 % = 60 %. (Hinweis: Hier muss man ein bisschen rechnen!)*
- *Aussage 6 ist nicht zu entnehmen, da der Säulencluster der Altersgruppe der 14- bis 15-Jährigen (= fünfter Säulencluster von links) keine geschlechtsspezifischen Angaben macht. Den geschlechtsspezifischen Säulenclustern 2 und 3 hinwiederum (Mädchen/Jungen) sind keine Angaben zu den jeweiligen Altersgruppen zu entnehmen.*

b)

## Digitale Spiele: Nutzungsfrequenz 2015

– Computer-, Konsolen-, Online-, Tablet- und Handyspiele / Netto –

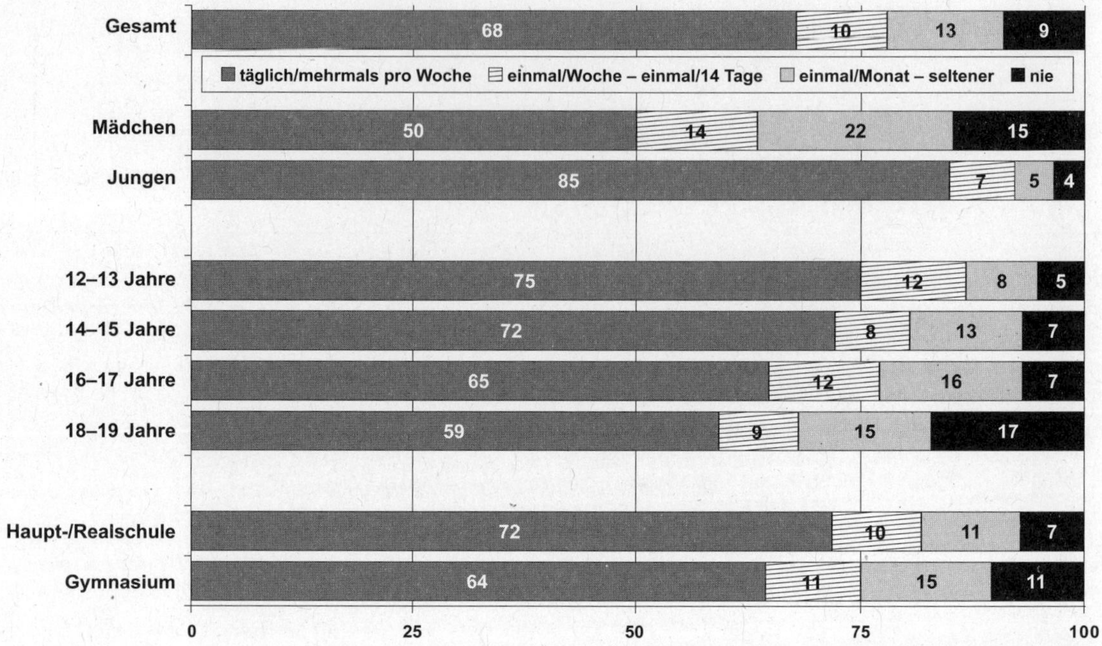


Quelle: JIM 2015, Angaben in Prozent
Basis: alle Befragten, n=1.200

**Aussagen:**

**1** Über 60 Prozent der Mädchen spielten 2015 mehr als einmal in 14 Tagen digitale Spiele.

**2** Nur sieben Prozent der Jungen spielten 2015 digitale Spiele mindestens einmal in 14 Tagen.

**3** Gymnasiasten spielten 2015 seltener digitale Spiele als Realschüler.

**4** Die durchschnittliche Spieldauer war 2015 bei den 12- bis 13-Jährigen am höchsten.

**5** Knapp sieben von zehn 18- bis 19-Jährigen spielten 2015 mindestens einmal in 14 Tagen digitale Spiele.

**6** 2015 spielten 120 Befragte aus der Gruppe der Haupt-/Realschüler zwischen einmal pro Woche und einmal alle 14 Tage digitale Spiele.

**Meine Lösung:**

b) Kreuzen Sie an:

| | **1** | **2** | **3** | **4** | **5** | **6** |
|---|---|---|---|---|---|---|
| richtig | ☐ | ☐ | ☐ | ☐ | ☐ | ☐ |
| falsch | ☐ | ☐ | ☐ | ☐ | ☐ | ☐ |
| nicht zu entnehmen | ☐ | ☐ | ☐ | ☐ | ☐ | ☐ |

6 P.

b) Kreuzen Sie an:

| | 1 | 2 | 3 | 4 | 5 | 6 |
|---|---|---|---|---|---|---|
| richtig | X | | | | X | |
| falsch | | X | | | | X |
| nicht zu entnehmen | | | X | X | | |

je 1 Punkt, insgesamt 6 Punkte
kein Punkt für jede Spalte mit mehr als einem Kreuz

6 P.

***b)***

*Das Balkendiagramm zeigt im Gegensatz zum Säulendiagramm bei a) keine Entwicklung, sondern die* ***Nutzungsfrequenz digitaler Spiele 2015****, differenziert nach vier Aussagedimensionen (von oben nach unten): Gesamt, Mädchen/Jungen, Altersgruppen (12–13, 14–15, 16–17 und 18–19 Jahre) sowie Schulbesuch (Haupt-/Realschule – Gymnasium). Alle Angaben erfolgen in Prozent, wie der Quellenangabe rechts unten zu entnehmen. Die Kategorien der Nutzungsfrequenz bzw. die einschlägige „Farb"-Symbolik des Diagramms erklärt ein langer Kasten unterhalb des oberen Balkens.*

- *Aussage 1 ist der Grafik nicht zu entnehmen, da die Zeile „Mädchen" im zweiten Feld zwei Zeiträume (einmal/Woche – einmal/14 Tage) zusammenfasst und deshalb keine eindeutige Antwort zulässt. Es könnte die Gruppe derjenigen Mädchen, die nur einmal/14 Tage digitale Spiele spielen, größer als 4 % sein, wodurch die Summe des ersten und zweiten Felds der zweiten Zeile (= 50 + 14 = 64 %) unter 60 % fallen würde.*
- *Aussage 2 ist falsch, da auch die 85 % der Jungen (vgl. die erste Zelle der Zeile „Jungen"), die „täglich/mehrmals pro Woche spielen", „mindestens einmal" in 14 Tagen mit digitalen Spielen beschäftigt sind.*
- *Aussage 3 ist der Grafik nicht zu entnehmen, da der Balken Haupt-/Realschule zwei Schularten zusammenfasst, so dass kein Vergleich der Mediennutzung von Realschülern und Gymnasiasten möglich ist.*
- *Aussage 4 ist der Grafik nicht zu entnehmen, da der Balken bei den 12- bis 13-Jährigen keine Aussage über die Spieldauer trifft.*
- *Aussage 5 ist richtig, da Feld 2 und 3 der Zeile „18–19 Jahre" darauf hinweisen, dass 59 % täglich/mehrmals pro Woche und 9 % einmal/Woche oder einmal/14 Tage digitale Spiele spielen, insgesamt demnach 68 % = „knapp sieben von zehn" der in Frage stehenden Altersgruppe.*
- *Aussage 6 ist falsch, da insgesamt (siehe Quellenangabe) 1.200 Personen befragt wurden, zu denen sowohl Haupt- und Realschüler als auch Gymnasiasten gehörten. Es können demnach nicht 120 Haupt-/Realschüler sein (= 10 % von 1.200), die „zwischen einmal pro Woche und alle 14 Tage" digitale Spiele spielen, sondern deutlich weniger. Würde man für die Zeile „Haupt-/Realschule" 100 % ansetzen, bliebe in der Zeile „Gymnasium" niemand mehr übrig, dann hätte man da auch keine Daten.*

## 9 Politik und Medien

▶ Kreuzen Sie im Lösungsbogen an, ob die folgenden Aussagen zur Karikatur **passen** oder **nicht passen**.

© *Schwarwel*

**Aussagen:**

**1** Auch politische Themen sind in den neuen Medien vertreten.

**2** Die Lösung für die Probleme in der EU findet sich in den sozialen Netzwerken.

**3** Likes im Internet spiegeln nicht immer die Realität wider.

**4** Die Briefwahl hat in der gegenwärtigen Zeit ausgedient.

**5** Soziale Medien sind ein wichtiges Instrument zur Meinungsbildung.

**6** Online-Communities werden von der Politik noch immer vernachlässigt.

**Meine Lösung:**

| Kreuzen Sie an: | **1** | **2** | **3** | **4** | **5** | **6** |
|---|---|---|---|---|---|---|
| passend | X | | X | | X | |
| nicht passend | | X | | X | X | X |

6 P.

## 9 Politik und Medien

Kreuzen Sie an:

| | 1 | 2 | 3 | 4 | 5 | 6 |
|---|---|---|---|---|---|---|
| passend | X | | X | | X | |
| nicht passend | | X | | X | | X |

je 1 Punkt, insgesamt 6 Punkte
kein Punkt für jede Spalte mit mehr als einem Kreuz

6 P.

*Politische Karikaturen reagieren auf aktuelle Anlässe und machen mit den Mitteln des Zeichenstifts auf Missstände aufmerksam – kritisch, vergröbernd, übertreibend in der Form und dabei oft witzig. So auch die Karikatur von Schwarwel, zu der sechs Aussagen zur Überprüfung vorgelegt werden. „Passt?" oder „passt nicht?" lauten hier die Fragen, deren Beantwortung zunächst eine genaue Analyse der Karikatur voraussetzt: Wer ist die Frau, die telefoniert? Wofür steht sie? Um welches Problemfeld geht es? Auf welche Problematik möchte der Zeichner hinweisen?*

*Erste Antworten hierfür sind: Kanzlerin Merkel natürlich, wie man an Frisur und Kopf erkennen kann. Wofür steht Facebook? Die Sozialen Medien! Worauf deutet die Sprechblase hin? Auf die Möglichkeit der Manipulation der Sozialen Medien durch die systematische Erzeugung bzw. den Kauf von Likes durch die Politik! Was ist das Ziel der Kanzlerin? Es geht um Europa und vor allem darum, der seit der Flüchtlingskrise 2015 um sich greifenden Ablehnung der EU entgegenzuwirken!*

- *Aussage 1: Facebook (siehe den Computer) ist ein großes Soziales Netzwerk im Internet, das im Bild unübersehbar nicht nur dem Austausch privater Nachrichten, sondern auch politischer Meinungen dient, hier zu Europa. Demnach sind auch politische Themen in den neuen Medien vertreten. Aussage passt!*
- *Aussage 2: Dass die EU in der Krise ist, weiß jeder aufmerksame Zeitgenosse. Likes für Europa bieten aber keine Lösungen für einen taumelnden Kontinent, sondern machen allenfalls Stimmung. Aussage passt nicht!*
- *Aussage 3: In der Tat. Likes im Internet können auch organisiert, systematisch erzeugt, gekauft werden, wie zahlreiche aktuelle Fälle zeigen. Der Text der Sprechblase und die telefonierende Kanzlerin weisen darauf hin. Aussage passt!*
- *Aussage 4: Um die Briefwahl oder Wahlen ganz generell geht es in der Karikatur nicht. Aussage passt nicht!*
- *Aussage 5: Ja, soziale Medien wie Facebook stellen seit den 1990er-Jahren ein wichtiges Medium zur Meinungsbildung dar, auch mit Blick auf die politische Sphäre. Aussage passt!*
- *Aussage 6: Schrittweise in den letzten Jahren hat auch die Politik den Nutzen der neuen Medien entdeckt und bedient sich ihrer im Rahmen ihrer Öffentlichkeitsarbeit. Online-Communities werden deshalb beileibe nicht mehr vernachlässigt, sondern systematisch beeinflusst, wie die Karikatur zeigt. Aussage passt nicht!*

*Hinweis: Detaillierte Tipps und weiteres Übungsmaterial zum Umgang mit Karikaturen finden Sie in Kap. 3.6 (Karikaturen) unseres Vorbereitungsbuches.*

## 10 Mediengeschichte

▶ Ergänzen Sie den nachfolgenden Lückentext. Tragen Sie im Lösungsbogen jeweils die Kennzahl der passenden Ergänzung aus der Auswahlliste ein. Achten Sie auch auf die korrekte Schreibweise des ausgewählten Begriffs.

Auswahlliste:

| | | | | | |
|---|---|---|---|---|---|
| **1** | Renaissance | **11** | Herzöge und Grafen | **21** | Pergamenth |
| **2** | Jan Hus | **12** | Robert Oppenheimer | **22** | Martin Luther |
| **3** | Graham Bell | **13** | Hieroglyphen | **23** | 1550 |
| **4** | Hyroglyphen | **14** | ersten Universitäten | **24** | Latein |
| **5** | Papyrrus | **15** | Werner von Siemens | **25** | Pergament |
| **6** | Samuel Morse | **16** | Aufklärung | **26** | Thomas Alva Edison |
| **7** | Irak | **17** | 10. Jh. | **27** | 14. Jh. |
| **8** | Israel | **18** | Papyrus | **28** | Konrad Zuse |
| **9** | Klöster | **19** | Griechisch | **29** | 1350 |
| **10** | 1450 | **20** | allgemeinen Schulpflicht | **30** | Carl Zeiss |

**Lückentext:**

Am Anfang der Mediengeschichte stehen Felswände, die bereits in vorgeschichtlicher Zeit als Träger- und Speichermedien für Zeichen- und Bildsprachen dienten. Die wohl ältesten Schriftfunde stammen aus Uruk in Mesopotamien, dem heutigen **(a)**, und werden auf das 4. Jh. v. Chr. datiert. Die Entzifferung des ältesten ägyptischen Schriftsystems, der **(b)**, gelang erst 1822.

In der Antike war der aus der gleichnamigen Pflanze gewonnene **(c)** das dominierende Träger- und Speichermedium der Schrift und diente zur Herstellung von Schriftrollen. Ab dem 4. Jh. v. Chr. wurden diese allmählich durch den sogenannten Buchkodex verdrängt, für den als Beschreibstoff bevorzugt **(d)** Verwendung fand, hergestellt aus gebeizten Tierhäuten, die haltbarer, veränderbar sowie beidseitig beschreibbar waren und dadurch mehr Speicherplatz boten.

Die Mediengeschichte des europäischen Mittelalters ist untrennbar mit den oft prächtigen Handschriften aus den Schreibstuben der **(e)** verbunden. Schriftsprache für kirchliche und weltliche Schriften war **(f)**. Um den wachsenden Kommunikationsbedarf befriedigen zu können, setzte sich im **(g)** in Europa das aus Lumpen und Pflanzenfasern bestehende Papier als neuer Schriftträger durch.

Medienhistorisch betrachtet, markieren die Erfindung des Buchdrucks mit beweglichen Lettern und der Einsatz der Druckerpresse durch Johannes Gutenberg um **(h)** den Beginn der Frühen Neuzeit. Neben zahllosen Flugblättern fanden nun auch die Hauptschriften des rebellischen Augustinermönchs und Theologieprofessors **(i)** rasche Verbreitung. Voraussetzung dafür, dass Bücher, Zeitungen und Zeitschriften nach und nach zu Massenmedien werden konnten, war die Verbreitung der Kulturtechnik des Lesens. Das Zeitalter der **(k)** und die Einführung der **(l)** im 18. Jh. hatten daran großen Anteil.

Im 19. Jh. wurden entscheidende Wegmarken der Mediengeschichte gesetzt mit der Erfindung des nach ihm benannten Schreibtelegraphen durch ___**(m)**___ (1837) oder eines funktionsfähigen Telefons durch ___**(n)**___ (1876) sowie des Zinnfolien-Phonographen, der Sprache nicht nur aufzeichnen, sondern auch wiedergeben konnte, durch ___**(o)**___ (1888). All diese Erfindungen revolutionierten die Medienlandschaft ebenso wie die Entwicklung des Computers im 20. Jh., zu dem in den 1940er-Jahren auch der Deutsche ___**(p)**___ einen entscheidenden Beitrag geleistet hat.

**Meine Lösung:**

Tragen Sie jeweils die zutreffende Kennzahl ein:

| (a) | (b) | (c) | (d) | (e) | (f) | (g) | (h) | (i) | (k) | (l) | (m) | (n) | (o) | (p) | |
|---|---|---|---|---|---|---|---|---|---|---|---|---|---|---|---|
| | | | | | | | | | | | | | | | 15 P. |

## 10 Mediengeschichte

Tragen Sie jeweils die zutreffende Kennzahl ein:

| (a) | (b) | (c) | (d) | (e) | (f) | (g) | (h) | (i) | (k) | (l) | (m) | (n) | (o) | (p) |
|---|---|---|---|---|---|---|---|---|---|---|---|---|---|---|
| 7 | 13 | 18 | 25 | 9 | 24 | 27 | 10 | 22 | 16 | 20 | 6 | 3 | 26 | 28 |

je 1 Punkt, insgesamt 15 Punkte 15 P.

*Der Lückentext zur Mediengeschichte ruft historische Grundkenntnisse ab, die aus dem Geschichtsunterricht bekannt sein sollten. Zur Hilfestellung ist eine Auswahlliste beigegeben, bei der man sich in aller Regel zwischen zwei oder drei „ähnlichen" Begriffen entscheiden muss: Namen, Zeit- oder Ortsangaben o. Ä. Deshalb empfiehlt es sich, sofern man sich seiner Sache nicht ganz sicher ist, bei den Lücken nur die jeweiligen Optionen der Auswahlliste zu fokussieren, erkennbar auch an den Wortarten, wodurch die Zahl der in Frage kommenden Begriffe reduziert werden kann.*

*Bei **(a)** zum Beispiel kommt nur ein Land in Frage – ausweislich der Auswahlliste der Irak (7) oder Israel (8). Da der Text darüber informiert, dass Uruk in Mesopotamien liegt, dem Zweistromland, wird die Wahl mit etwas historisch-geografischem Wissen schnell auf den Irak fallen.*

*Bei **(b)** weist der Artikel „der" daraufhin, dass man sich hier zwischen den Begriffen 4 oder 13 entscheiden muss: „Hyroglyphen" oder „Hieroglyphen"? Hier weist die Rechtschreibkompetenz den Weg. „Hyroglyphen" gibt es nicht! Desgleichen bei **(c)** – „Papyrrus" (5) oder „Papyrus" (18) – 18 folglich! So auch bei Lücke **(d)**, für die jetzt nur noch „Pergamenth" (21) oder „Pergament" (25) in Frage kommen. Richtig 25!*

*Bei **(e)** gilt es, sich zwischen Nr. 9 (Klöster) oder 14 (die ersten Universitäten) zu entscheiden, was nicht schwerfallen wird, bei **(f)** zwischen Nr. 19 (Griechisch) oder 24 (Latein). Bei **(g)** zwischen Nr. 17 (10. Jh.) oder Nr. 27 (14. Jh.), worauf die Präposition „im" verweist. Da das Papier der modernere Schriftträger ist, der sich am Ende des Mittelalters (ca. 500–1500) durchsetzte, dürfte auch hier die Wahl leichtfallen.*

*Bei **(h)** stehen Nr. 10 (1450), Nr. 23 (1550) und Nr. 29 (1350) zur Auswahl. Da die Erfindung der Druckerpresse eine Voraussetzung für die Ausbreitung der Ideen der Reformation ist, um die es im folgenden Text geht, muss es 1450 sein, da der Beginn der Reformation gemeinhin mit Luthers Thesenanschlag an der Schlosskirche zu Wittenberg angesetzt wird – bekanntermaßen 1517! 1350 wäre zu früh, da hier die Frühe Neuzeit (vgl. Text) noch nicht beginnt.*

*Bei **(i)** schließlich geht es um einen Namen, für den es in der Auswahlliste 9 Optionen gibt, die jedoch durch aussagekräftige Zusatzinformationen gezielt ausgewählt werden können, hier „der rebellische Augustinermönch und Theologieprofessor", demnach kommt hier nur Nr. 22, Martin Luther, in Frage ...*

*<u>Tipps für Lückentexte mit Auswahlliste</u>: Wortarten der Auswahlliste beachten; sichere Lösungen in der Auswahlliste streichen, wodurch sich deren Komplexität nach und nach reduziert; unklare Lücken zunächst überspringen, manchmal ergibt sich die Lösung dadurch fast automatisch beim zweiten oder dritten Durchgang durch die Auswahlliste. Bevor man in schwierigen Fällen zu raten beginnt, sollte man überprüfen, ob der gewählte Begriff auch grammatikalisch (Artikel!, Kasus!) stimmig eingesetzt werden kann.*

*Detaillierte Hinweise und weiteres Übungsmaterial zum Umgang mit Lückentexten finden Sie in Kap. 3.3 (Lückentexte) unseres Vorbereitungsbuches.*

## 11 Buchmarkt

▶ Kreuzen Sie im Lösungsbogen an, welche der folgenden Aussagen bezogen auf das Schaubild „Das verkaufte Buch" **richtig, falsch** oder ihm **nicht zu entnehmen** sind.

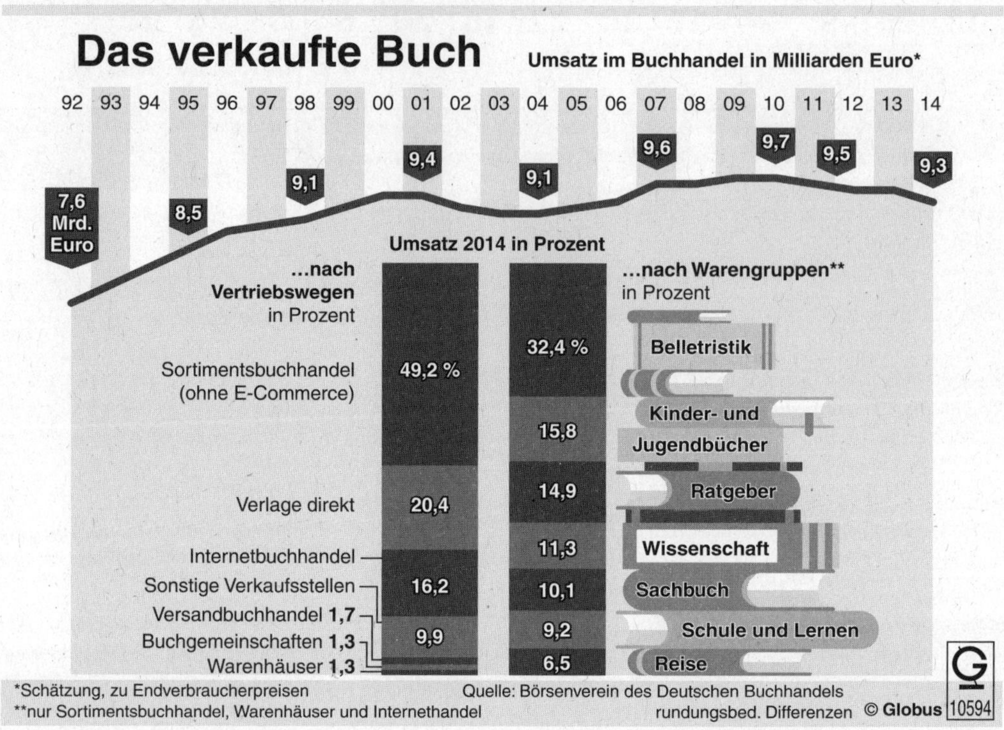


**Aussagen:**

1 Der Umsatz des Buchhandels ist von 1992 bis Ende 2014 um 1,7 Prozent gestiegen.

2 Für das Geschäftsjahr 2004 verzeichnete der Buchhandel gegenüber 2001 einen Gewinnrückgang von 0,3 Mrd. Euro.

3 Die Umsatzzahlen des Schaubilds stammen von einer Bundesbehörde.

4 Der Buchhandel verzeichnete 2014 gegenüber 2010 einen Umsatzrückgang von über vier Prozent.

5 Ab 1992 stiegen die Buchpreise acht Jahre in Folge.

6 E-Books trugen 2014 mit einem Anteil von über 16 Prozent zum Umsatz des Buchhandels bei.

7 Eine Buchgemeinschaft ist ein Vertriebssystem für Bücher, die exklusiv oder zu Vorzugspreisen an Mitglieder der Buchgemeinschaft verkauft werden.

8 Die Sparte „Typische Unterhaltungsliteratur" war 2014 das Segment, das im Bereich Sortimentsbuchhandel, Warenhäuser und Internethandel am stärksten zum Umsatz beitrug.

**Meine Lösung:**

| Kreuzen Sie an: | 1 | 2 | 3 | 4 | 5 | 6 | 7 | 8 |
|---|---|---|---|---|---|---|---|---|
| richtig | | | | X | | | | X |
| falsch | X | | X | | | | | |
| nicht zu entnehmen | | X | | | X | X | X | |

8 P.

## 11 Buchmarkt

Kreuzen Sie an:

| | 1 | 2 | 3 | 4 | 5 | 6 | 7 | 8 |
|---|---|---|---|---|---|---|---|---|
| richtig | | | | X | | | | X |
| falsch | X | | X | | | | | |
| nicht zu entnehmen | | X | | | X | X | X | |

je 1 Punkt, insgesamt 8 Punkte
kein Punkt für jede Spalte mit mehr als einem Kreuz

8 P.

*Hier gilt es 8 Aussagen zu einem relativ komplexen Schaubild zu überprüfen nach dem Muster „richtig", „falsch" oder „nicht zu entnehmen". Hierfür sollte man zunächst wie bei Aufgabe 8 die jeweiligen Darstellungselemente und Zusatzinformationen einschließlich des Maßstabs der Darstellung identifizieren. Das Thema hier: oben die Umsatzentwicklung des Buchhandels von 1992 bis 2014 in Milliarden Euro, darunter der Umsatz 2014, differenziert nach Vertriebswegen und nach Warengruppen, Angaben jeweils in Prozent.*

- *Aussage 1 ist falsch. Ausweislich der einschlägigen Kurve im oberen Teil des Schaubilds ist der Umsatz im fraglichen Zeitraum von 7,6 Mrd. auf 9,3 Mrd. Euro gestiegen. Das macht ein Plus von 1,7 Mrd. Euro, was jedoch deutlich mehr als 1,7 % ist, wie ein einfacher Überschlag der Zahlen zeigt.*
- *Aussage 2 ist dem Schaubild nicht zu entnehmen, da dieses keine Aussage zu den Gewinnen des Buchhandels macht. Umsatz ist nicht gleich Gewinn!*
- *Aussage 3 ist falsch: Der Börsenverein des Deutschen Buchhandels (siehe Quellenangabe unterhalb des Schaubilds) ist sicher keine Bundesbehörde, sondern eine Organisation, die die Interessen des Buchhandels vertritt.*
- *Aussage 4 ist richtig: Vergleicht man die Entwicklung des Umsatzes von 2010 bis 2014 in der Umsatzkurve oben, ergibt sich ein Umsatzrückgang von 9,7 auf 9,3 Mrd. Euro, d. h. 0,4 Mrd. Euro. Setzt man 9,7 Mrd. als 100 % an, ist klar: 1 % davon = 0,097 Mrd. Man braucht nun keinen Taschenrechner mehr, um zu erkennen, dass 4 x 0,097 Mrd. unter 0,4 Mrd. Euro liegt. Daraus ergibt sich ein Umsatzrückgang von über (!) vier Prozent. Richtig!*
- *Aussage 5 ist nicht zu entnehmen: Die Umsatzkurve des Schaubilds steigt zwar von 1992 bis 2000 stetig an, dies hat jedoch nicht notwendig mit der Entwicklung der Buchpreise zu tun. Es könnten auch nur mehr oder teurere Bücher verkauft worden sein.*
- *Aussage 6 ist nicht zu entnehmen, da die Warengruppe E-Books im Schaubild nicht ausgewiesen ist.*
- *Aussage 7 ist nicht zu entnehmen: Das Schaubild weist zwar den Anteil der Buchgemeinschaften am Umsatz des Buchhandels 2014 aus (siehe Säule „Umsatz nach Vertriebswegen"), enthält sich jedoch einer Definition oder näheren Erläuterung des Wesens einer Buchgemeinschaft.*
- *Aussage 8 ist richtig: Hier muss man genau die Legende** am unteren Ende des Schaubilds beachten, der zu entnehmen ist, dass die Säule „Umsatz 2014 nach Warengruppen" sich nur auf den Sortimentsbuchhandel, Warenhäuser und den Internethandel bezieht. Die beiden ** in der Überschrift verweisen auf die einschlägige Legende, die es erlaubt, Aussage 8 als richtig zu bestimmen.*

*Hinweis: Detaillierte Hinweise und weiteres Übungsmaterial zum Umgang mit Schaubildern finden Sie in Kap. 3.6 (Karikaturen) unseres Vorbereitungsbuches.*

## 12 Dienstleistungen

▶ Überprüfen Sie die Aussagen zum nachfolgenden Schaubild. Kreuzen Sie im Lösungsbogen an, welche davon **richtig, falsch** oder dem Schaubild **nicht zu entnehmen** sind.

### Dienstleistungen aus dem Netz

Die beliebtesten Online-Dienstleistungen bei Internetnutzern, die regelmäßig Dienstleistungen im Internet bestellen

| insgesamt<br>in Prozent | darunter in diesen Altersgruppen<br>14-29 Jahre | 30-49 | 50-64 | 65 und älter |
|---|---|---|---|---|
| Reisen 53 % | 46 | 51 | 65 | 46 |
| Lieferdienste 48 | 64 | 56 | 31 | 20 |
| Private Unterkünfte 29 | 32 | 29 | 26 | 32 |
| Fahrdienste 16 | 11 | 19 | 16 | 18 |
| Carsharing 10 | 21 | 11 | 2 | 2 |
| Putzdienste/Handwerker 8 | 5 | 5 | 11 | 19 |
| Betreuungsdienste 2 | 0 | 2 | 2 | 1 |

Befragung von 453 Internetnutzern ab 14 Jahren von April bis Juli 2015, die regelmäßig Dienstleistungen bestellen

Quelle: D21-Digital-Index 2015 © Globus 10711

**Aussagen:**

**1** Klassische Reisebüros haben bei den Befragten durch das Internet eine starke Konkurrenz erhalten.

**2** Online-Anbieter von Lieferdiensten erfreuen sich vor allem bei älteren Menschen großer Beliebtheit.

**3** Selbst der durchschnittliche Internetnutzer erledigt mittlerweile viele Einkäufe online.

**4** Eine moderne Form der Anmietung von PKWs via Internet ist eine Domäne jüngerer Menschen.

**5** Handwerker schneiden ihre Werbung im Internet vor allem auf ältere Kunden zu.

**6** Reiseanbieter verzeichnen das größte Wachstum.

**Meine Lösung:**

| Kreuzen Sie an: | 1 | 2 | 3 | 4 | 5 | 6 |
|---|---|---|---|---|---|---|
| richtig | X | | | X | | |
| falsch | | X | | | | |
| nicht zu entnehmen | | | X | | X | X |

6 P.

## 12 Dienstleistungen

Kreuzen Sie an:

| | 1 | 2 | 3 | 4 | 5 | 6 |
|---|---|---|---|---|---|---|
| richtig | X | | | X | | |
| falsch | | X | | | | |
| nicht zu entnehmen | | | X | | X | X |

je 1 Punkt, insgesamt 6 Punkte
kein Punkt für jede Spalte mit mehr als einem Kreuz

6 P.

*Hier müssen erneut Aussagen zu einem Schaubild überprüft werden nach dem Muster „richtig", „falsch" oder „nicht zu entnehmen". Das Thema (siehe Überschrift) „Dienstleistungen aus dem Netz". Wie stets bei diesen Aufgaben sollten zunächst die unterschiedlichen Aussagedimensionen und Darstellungsmaßstäbe des Schaubilds erkannt werden, hier: die Auflistung unterschiedlicher Arten von Dienstleistungen sowie die Differenzierung der Nachfrage nach vier Altersgruppen, visualisiert durch Balken oder Kreise unterschiedlicher Länge bzw. Größe, alle Angaben in Prozent. Wahrscheinlich wird auch die Legende am unteren Rand bei den Antworten zu berücksichtigen sein:*

- *Aussage 1 ist richtig: Wenn 53 % der befragten Dienstleistungen von Reiseanbietern im Internet nachfragen, geht dies sicher zu Lasten herkömmlicher Reisebüros, deren Geschäftsmodell auf dem Direktverkauf von Reisen face-to-face beruht.*
- *Aussage 2 ist falsch. Das Gegenteil ist der Fall. Die zweite Zeile der Tabelle weist darauf hin, dass mit 64 % vor allem Personen von 14–29 Jahren Lieferdienste nachfragen.*
- *Aussage 3 ist dem Schaubild nicht zu entnehmen, da hier nur Internetbenutzer befragt wurden, die – so die Angabe unter der Überschrift sowie in der Legende – regelmäßig Dienstleistungen im Internet bestellen. Dies ist nicht der durchschnittliche Internetnutzer, zu dem das Schaubild keine Angaben macht.*
- *Aussage 4 ist richtig: Hier ist das Carsharing gemeint, das in der Tat vor allem von jüngeren Personen bevorzugt wird (= „Domäne"!).*
- *Aussage 5 ist dem Schaubild nicht zu entnehmen: Wie Handwerker im Internet für ihre Dienste werben, darüber schweigt sich das Schaubild aus, es enthält nur Aussagen zur Nachfrage. Dass hier mit 19 % v. a. ältere Menschen Putzdienste/Handwerker im Internet nachfragen, überrascht nicht, lässt aber keine Aussage über die Werbepraktiken des Handwerks zu.*
- *Aussage 6 ist dem Schaubild nicht zu entnehmen, da das Schaubild keine Entwicklung von Umsatzzahlen o. ä. zeigt, sondern lediglich das Ergebnis einer Umfrage von April bis Juni 2015. Insofern bleibt unklar, ob die Reiseanbieter das größte Wachstum verzeichnen, auch wenn sie im Vergleich mit anderen Dienstleistern 2015 die größte Nachfrage verzeichnen konnten.*

*Hinweis: Detaillierte Hinweise und weiteres Übungsmaterial zum Umgang mit Schaubildern finden Sie in Kap. 3.7 (Tabellen, Diagramme, Schaubilder) unseres Vorbereitungsbuches.*

## 13 Panama

▶ Ergänzen Sie den nachfolgenden Lückentext. Tragen Sie Ihr Ergebnis im Lösungsbogen ein.

**Lückentext:**

Panama wurde im Jahre 1821 von seiner Kolonialmacht ___(a)___ abgespalten und zunächst Teil des Landes Großkolumbien. Nach einer militärischen Intervention der USA spaltete sich Panama im Jahre 1903 ab und erklärte die Unabhängigkeit. Im Zuge dessen beanspruchten die USA Landrechte rund um den geplanten Panamakanal. Er durchschneidet die Landenge von Panama und verbindet seit 1941 ___(b)___ und ___(c)___ für die Schifffahrt.

2016 geriet Panama erneut in den Blickpunkt der Weltöffentlichkeit. Am 3. April präsentierten zahlreiche Zeitungen, Fernsehstationen und Online-Medien in vielen Ländern die ersten Ergebnisse ihrer Recherchen zu den dubiosen Finanzstrategien des panamaischen Offshore-Dienstleisters Mossack Fonseca. Grundlage der Enthüllungen waren die sogenannten Panama ___(d)___, die von einem anonymen Whistleblower weitergegeben worden waren. Nachdem vor zwei Jahren von Edward ___(e)___ die Spähaktionen der ___(f)___, dem größten Auslandsgeheimdienst der Vereinigten Staaten, aufgedeckt wurden, waren dabei erneut sehr brisante Daten an die Öffentlichkeit gelangt.

**Meine Lösung:**

Tragen Sie Ihre Lösung ein:

| | | | |
|---|---|---|---|
| (a) | Spanien | (d) | Papers |
| (b) | Atlantik | (e) | Snowden |
| (c) | Pazifik | (f) | NSA |

6 P.

## 13 Panama

Tragen Sie Ihre Lösung ein:

**(a) Spanien**

**(b) den Atlantik**
(*auch, wenn nicht bei (c):* **den Pazifik)**

**(c) den Pazifik**
(*auch, wenn nicht bei (b):* **den Atlantik)**

**(d) Papers** (*auch:* **Papiere)**

**(e) Snowden**

**(f) NSA**
(*auch:* **National Security Agency)**

je 1 Punkt, insgesamt 6 Punkte 6 P.

*Die Aufgabe in Form eines Lückentextes beschäftigt sich mit einem Thema, welches in den vergangenen Monaten stets in den Medien präsent war: der Veröffentlichung der sogenannten „Panama Papers" durch mehrere international angesehene Tageszeitungen. Zur Bearbeitung der Aufgabe sind Grundwissen und aktuelles Wissen zum Zeitgeschehen vonnöten.*

*Die Kolonialmacht der meisten lateinamerikanischen Länder war Spanien **(a)**, daher ist Spanisch dort auch Amts- und Verkehrssprache. Der Panamakanal verbindet die beiden großen Ozeane Pazifik **(b)** und Atlantik **(c)** miteinander (die Reihenfolge der Nennung ist unerheblich) und verkürzt den Seeweg um Kap Hoorn, das Kap der Guten Hoffnung an der Südspitze Südamerikas, um mehrere Tage – und ist zudem weitaus weniger gefährlich.*

*Nachdem im April 2016 Daten der Sozietät Mossack Fonseca aus Panama an die Öffentlichkeit gelangten, wurden diese nach ihrem Ursprungsort „Panama Papers" (auch „Papiere") **(d)** genannt. Die Publikation der brisanten Daten durch die Journalisten erinnerte stark an die Veröffentlichung der Spähaktionen der NSA (National Security Agency) **(f)** aus den Vereinigten Staaten von Amerika, welche 2013 von ihrem ehemaligen Mitarbeiter Edward Snowden **(e)** aufgedeckt worden waren, der seit 2014 im Exil in Russland lebt.*

## 14 Armutsgefährdung in Deutschland

▶ Im Frühjahr 2016 rückte das Thema der Armutsgefährdung in den Blickpunkt der Öffentlichkeit. Kreuzen Sie im Lösungsbogen an, welche der folgenden Aussagen bezogen auf das nachfolgende Schaubild **richtig, falsch** oder ihm **nicht zu entnehmen** sind.

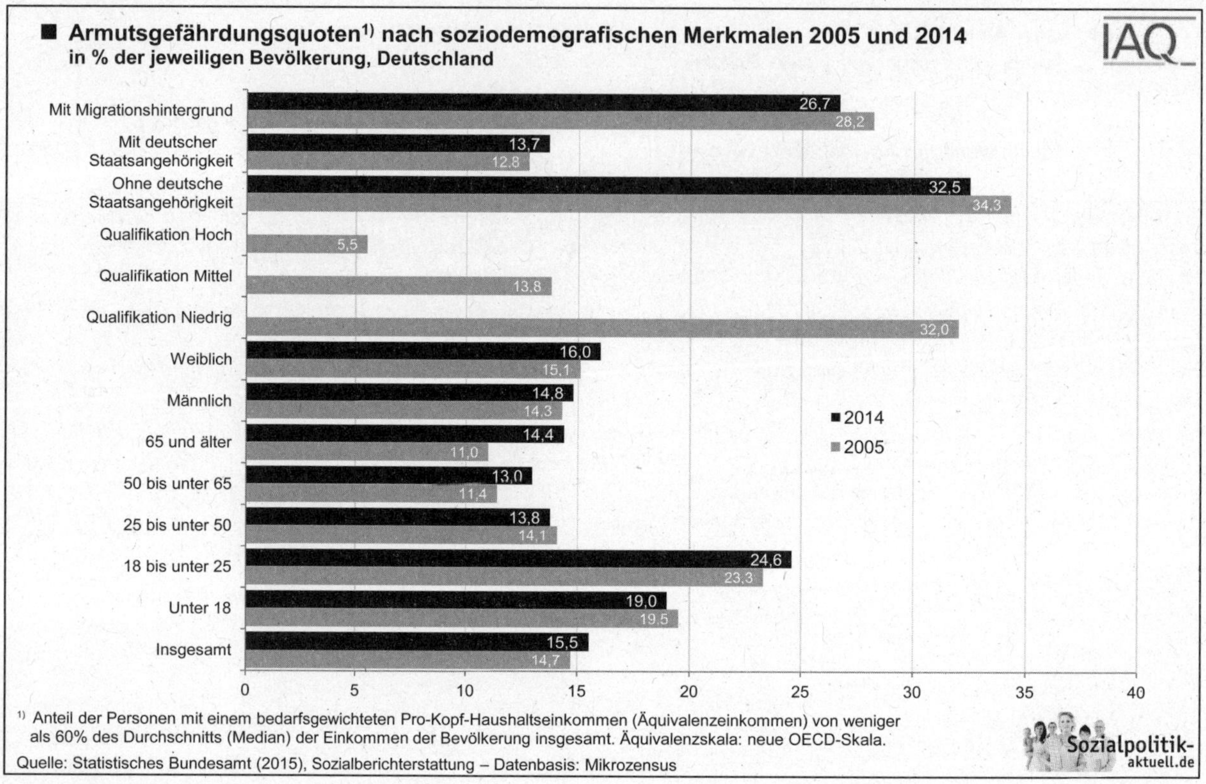


**Aussagen:**

**1** In der Gruppe mit den ältesten Befragten ist der prozentuale Anteil der Armutsgefährdeten im Betrachtungszeitraum am stärksten angestiegen.

**2** Die Grafik weist bei besserem Bildungsniveau ein geringeres Armutsrisiko aus.

**3** Das Armutsrisiko von Personen nicht deutscher Staatsangehörigkeit war im Untersuchungszeitraum leicht rückläufig.

**4** Die Armutsgefährdung in der Bevölkerung hat seit 2005 EU-weit um 0,8 Prozentpunkte zugenommen.

**5** Der Rückgang der Armutsgefährdung bei Personen mit Migrationshintergrund ist der Beweis für die Wirksamkeit der politischen Maßnahmen zur gesellschaftlichen Integration.

**6** Das Risiko, arm zu werden, war 2014 für Menschen ohne deutsche Staatsangehörigkeit um über 200 Prozent höher als für deutsche Staatsbürger.

**7** Das Armutsrisiko steigt mit zunehmendem Alter kontinuierlich an.

**8** Bei Alleinerziehenden und Erwerbslosen besteht eine hohe Armutsgefährdung.

**9** Bei den Befragten mit deutscher Staatsangehörigkeit ist das Armutsrisiko in der Gruppe von 18 bis unter 25 Jahren am höchsten.

**Meine Lösung:**

| Kreuzen Sie an: | 1 | 2 | 3 | 4 | 5 | 6 | 7 | 8 | 9 |
|---|---|---|---|---|---|---|---|---|---|
| richtig | X | X | X | | | | | | |
| falsch | | | | | | X | X | | |
| nicht zu entnehmen | | | | X | X | | | X | |

9 P.

## 14 Armutsgefährdung in Deutschland

| Kreuzen Sie an: | 1 | 2 | 3 | 4 | 5 | 6 | 7 | 8 | 9 |
|---|---|---|---|---|---|---|---|---|---|
| richtig | X | X | X | | | | | | |
| falsch | | | | | | X | X | | |
| nicht zu entnehmen | | | | X | X | | | X | X |

je 1 Punkt, insgesamt 9 Punkte
kein Punkt für jede Spalte mit mehr als einem Kreuz

9 P.

*Da die Armutsgefährdung in Deutschland seit geraumer Zeit ein Dauerbrenner in der politischen Diskussion ist, verliert diese Thematik bzw. Problematik auch bei zukünftigen Auswahlprüfungen sicherlich nicht an Relevanz und soll deshalb im Rahmen dieser Lösungshinweise etwas grundsätzlicher behandelt werden:*

*Arm zu sein bedeutet in der Bundesrepublik Deutschland nicht, um sein physisches Überleben kämpfen zu müssen (absolute Armut), sondern betrifft die Unterversorgung von Menschen bestimmter sozialer Schichten im Verhältnis zum Wohlstand der Gesellschaft. Hierbei spricht man von relativer Armut, deren Grundlage das durchschnittliche Einkommen der Bevölkerung, das Äquivalenzeinkommen, darstellt. Die Erläuterung des Begriffs „Armutsgefährdungsquoten" unseres Diagramms (siehe die Legende am unteren Ende des Schaubilds) liefert eine Definition der relativen Armut: Wer weniger als 60 % des Äquivalenzeinkommens (Pro-Kopf-Haushaltseinkommen) zur Verfügung hat, gilt als relativ arm. Dieses betrug 2014 987 Euro pro Monat für Alleinstehende (www.destatis.de). Die Armut in Deutschland ist also in erster Linie von der Einkommenssituation des Einzelnen abhängig.*

*Bedroht von Armut sind in Deutschland sieben Bevölkerungsgruppen, von denen vier den sogenannten „traditionellen" Risikogruppen zugerechnet werden, dazu gehören alleinerziehende Mütter, kinderreiche Familien, Kinder und Jugendliche sowie Menschen mit geringer schulischer und beruflicher Qualifikation. (Langzeit-)Arbeitslose, Menschen mit Migrationshintergrund und getrennt Lebende sind als neue Risikogruppen hinzugekommen.*

*Das vorliegende Balkendiagramm, das auf Zahlen des Statistischen Bundesamtes aus dem Jahre 2015 beruht, vergleicht nun die Entwicklung der Armutsgefährdung einiger der oben genannten Bevölkerungsgruppen nach den soziodemografischen Merkmalen Migration, Staatsangehörigkeit, Qualifikation, Geschlecht und Alter (hier 5 Altersgruppen) im Zeitraum von 2005 bis 2014. Die waagrechten Balken stehen für den Prozentanteil der jeweiligen Gruppe in der Bevölkerung. Dabei fällt auf, dass sich bei der Gruppe der Hoch-, Mittel- und Niedrigqualifizierten **kein** aktueller Vergleichswert aus dem Jahre 2014 findet und dass die sehr von Armut gefährdeten Gruppen der (Langzeit-)Arbeitslosen und Alleinerziehenden ebenso **keinen** Eingang in das Diagramm gefunden haben.*

- ***Aussage 1** = richtig, da der Anstieg der Altersgefährdung in der Gruppe „65 und älter" 3,4 Prozentpunkte beträgt und die restlichen Altersgruppen nur geringere Steigerungsraten zu verzeichnen haben, z. B. 2,6 % bei der Gruppe „50 bis unter 65". Deutlich erkennbar wird jedoch die zunehmende Altersarmut in Deutschland.*
- ***Aussage 2** = richtig, da bei hoher Qualifikation nur 5,5 %, bei mittlerer und niedriger Qualifikation jedoch 13,4 bzw. 32 % durch Armut gefährdet sind.*
- ***Aussage 3** = richtig, da sich die Armutsgefährdung bei Personen ohne deutsche Staatsangehörigkeit um 1,8 Prozentpunkte von 34,3 auf 32,5 % verringert hat.*
- ***Aussage 4** = nicht zu entnehmen, da das Diagramm keine Vergleichszahlen zur Armutsgefährdung in der EU nennt.*
- ***Aussage 5** = nicht zu entnehmen, da es sich hierbei um eine Kommentierung des Zahlenmaterials, eine mögliche Bewertung einer Entwicklung (verbesserte Integrationsleistung) handelt und nicht um eine eindeutig und objektiv feststellbare Aussage des Diagramms.*
- ***Aussage 6** = falsch, da in diesem Fall deutlich mehr als 32,5 % (vgl. Diagramm) der Gruppe ohne deutsche Staatsangehörigkeit, nämlich mehr als 41,1 %, durch Armut gefährdet sein müssten.*
- ***Aussage 7** = falsch, da von einer einheitlichen Tendenz mit zunehmendem Alter nicht gesprochen werden kann. So liegen die Kohorten über 25 Jahre bei der Altersgefährdung deutlich niedriger als die Altersgruppen unter 25 Jahre.*
- ***Aussage 8** = nicht zu entnehmen, da die soziografischen Merkmale „alleinerziehend" und „erwerbslos" – wie im Begleittext oben vermerkt – im Diagramm nicht ausgewiesen sind.*
- ***Aussage 9** = nicht zu entnehmen, da bei den unterschiedlichen Alterskohorten nicht feststellbar ist, welchen Anteil dabei deutsche Staatsangehörige einnehmen.*

## 15 Minderjährigenrecht: Das neue Kleid

▶ Überprüfen Sie anhand der angegebenen Rechtsgrundlagen, ob folgende Aussagen zur jeweiligen Fallvariante **richtig, teilweise richtig** oder **falsch** sind, und vermerken Sie Ihr Ergebnis im Lösungsbogen. Unterstellen Sie dabei, dass die Eltern der A ihre gesetzlichen Vertreter sind. **Andere als die angegebenen Vorschriften sind für die Falllösung unbeachtlich.**

**Fall:**

Am Tag vor ihrem 18. Geburtstag findet Anna (A) beim Aufräumen zufällig einen bereits stark verstaubten 50-Euro-Schein unter dem Wohnzimmersofa und kauft sich am gleichen Tag zu diesem Betrag in Brunos Boutique (B) ein neues Kleid.

**Variante 1:**

Als A mit dem Kleid nach Hause kommt, freuen sich die Eltern: „Guter Kauf!".

**Aussage 1:**

Der Kaufvertrag zwischen A und B ist wirksam. Es ist nicht erforderlich, dass die Eltern auch gegenüber B ihr Einverständnis mit dem Kaufvertrag erklären.

**Variante 2:**

Als A mit dem Kleid nach Hause kommt, freuen sich die Eltern: „Guter Kauf!". Der A kommen nun aber Bedenken, ob ein anderes Kleid nicht doch noch schöner gewesen wäre. Sie bringt es zurück zur Boutique und teilt B mit, der Kauf gelte nicht. Sie sei schließlich erst 17 Jahre alt. Daraufhin will B von der A wissen, wie die Eltern zu dem Kauf stehen. A antwortet wahrheitsgemäß, die Eltern seien mit dem Kauf einverstanden gewesen.

**Aussage 2:**

Der Kaufvertrag zwischen A und B ist wirksam. Die Vorschrift des § 108 Absatz 2 BGB steht der Wirksamkeit nicht entgegen.

**Variante 3** (im Anschluss an Variante 2):

Daraufhin ruft B bei den Eltern an und will von ihnen selbst wissen, wie sie zu dem Kauf stehen. Die Eltern antworten ihm, ursprünglich seien sie schon einverstanden gewesen. Wenn A das Kleid nun nicht mehr wolle, müssten sie aber kurz überlegen. Sie würden kurz beratschlagen und den B dann zurückrufen.

**Aussage 3:**

Nachdem die Eltern den B um Bedenkzeit gebeten haben, bleibt der Kaufvertrag zunächst wirksam. Wenn sie nicht innerhalb von zwei Wochen gegenüber B ihr Einverständnis mit dem Kaufvertrag mitteilen, gilt der Kaufvertrag als unwirksam.

**Variante 4:**

A hat den Kaufpreis mit einem 50-Euro-Schein bezahlt, den ihr die Oma extra für den Kauf eines Kleides heimlich zugesteckt hat. Als A mit dem Kleid nach Hause kommt, sind die Eltern überhaupt nicht begeistert und lehnen den Kauf ab.

**Aussage 4:**

Der Kaufvertrag zwischen A und B ist wirksam. Der Kaufvertrag wäre auch wirksam, wenn die Oma ihr das Geld heimlich zur freien Verfügung zugesteckt hätte.

**Variante 5:**

Die Eltern erfahren von dem Kleid erst am Geburtstag der A. Sie lehnen den Kauf ab. A ist nunmehr unsicher, ob sie das Kleid nun behalten soll.

**Aussage 5:**

Am Tag ihres 18. Geburtstages ist A nicht mehr in der Geschäftsfähigkeit beschränkt. Der am Vortag geschlossene Kaufvertrag wird an diesem Tag automatisch nachträglich wirksam.

**Rechtsgrundlagen BGB:**

§ 2 Eintritt der Volljährigkeit

Die Volljährigkeit tritt mit der Vollendung des 18. Lebensjahres ein.

§ 106 Beschränkte Geschäftsfähigkeit Minderjähriger

Ein Minderjähriger, der das siebente Lebensjahr vollendet hat, ist [...] in der Geschäftsfähigkeit beschränkt.

§ 108 Vertragsschluss ohne Einwilligung

(1) Schließt der Minderjährige einen Vertrag ohne die erforderliche Einwilligung des gesetzlichen Vertreters, so hängt die Wirksamkeit des Vertrags von der Genehmigung des Vertreters ab.

(2) Fordert der andere Teil den Vertreter zur Erklärung über die Genehmigung auf, so kann die Erklärung nur ihm gegenüber erfolgen; eine vor der Aufforderung dem Minderjährigen gegenüber erklärte Genehmigung oder Verweigerung der Genehmigung wird unwirksam. Die Genehmigung kann nur bis zum Ablauf von zwei Wochen nach dem Empfang der Aufforderung erklärt werden; wird sie nicht erklärt, so gilt sie als verweigert.

(3) Ist der Minderjährige unbeschränkt geschäftsfähig geworden, so tritt seine Genehmigung an die Stelle der Genehmigung des Vertreters.

§ 110 Bewirken der Leistung mit eigenen Mitteln

Ein von dem Minderjährigen ohne Zustimmung des gesetzlichen Vertreters geschlossener Vertrag gilt als von Anfang an wirksam, wenn der Minderjährige die vertragsmäßige Leistung mit Mitteln bewirkt, die ihm zu diesem Zweck oder zu freier Verfügung von dem Vertreter oder mit dessen Zustimmung von einem Dritten überlassen worden sind.

**Meine Lösung:**

Kreuzen Sie an:

| | 1 | 2 | 3 | 4 | 5 |
|---|---|---|---|---|---|
| richtig | ☐ | ☐ | ☐ | ☐ | ☐ |
| teilweise richtig | ☐ | ☐ | ☐ | ☐ | ☐ |
| falsch | ☐ | ☐ | ☐ | ☐ | ☐ |

10 P.**

## 15 Minderjährigenrecht: Das neue Kleid

| Kreuzen Sie an: | 1 | 2 | 3 | 4 | 5 |
|---|---|---|---|---|---|
| richtig | X | X | | | |
| teilweise richtig | | | X | | X |
| falsch | | | | X | |

je 2 Punkte, insgesamt 10 Punkte
kein Punkt für jede Spalte mit mehr als einem Kreuz

10 P.**

*Bei der kleinen Fallstudie im Bereich Recht handelt es sich um eine längst erwachsen gewordene Aufgabenart der Auswahlprüfung für die dritte Qualifikationsebene. Die Thematisierung des Kaufvertrags ist ein echter Klassiker.*

*Keine Sorge: Auch mit dem Thema Minderjährigenrecht werden lediglich Basiskenntnisse aus dem juristischen Bereich und die Fähigkeit zur Subsumtion abgefragt. Jeder (Fach-)Abiturient dürfte damit einmal im Rahmen seines Schullebens konfrontiert worden sein. Sie müssen also kein „Volljurist" sein, um diese Aufgabe zu bewältigen.*

*Wichtig: Beim vorliegenden Aufgabentypus geht es nicht um eine formal „saubere" juristische Lösung eines Rechtsfalles, sondern um die Überprüfung („richtig" – „teilweise richtig" – „falsch") von Aussagen anhand der Auszüge von vier hierzu grundlegenden Rechtsvorschriften des Bürgerlichen Gesetzbuches (BGB).*

*Verlangt wird also ein sorgfältiges Lesen und „Verstehen" des Inhalts der einschlägigen Paragraphen und eine Überprüfung, inwiefern die auf den skizzierten Rechtsfall bezogenen Aussagen auf Grundlage dieser Rechtsvorschriften belastbar sind:*

- ***Aussage 1** ist richtig: Anna (A) ist gem. § 106 BGB in Verbindung mit § 2 BGB minderjährig und damit nur beschränkt geschäftsfähig. Der Kaufvertrag, den Anna mit Bruno (B) schließt, ist gem. § 108 Absatz 1 BGB zunächst geschlossen (1. Halbsatz), dessen Wirksamkeit hängt aber von der Genehmigung des gesetzlichen Vertreters (hier: Eltern) ab (2. Halbsatz). Die Aussage der Eltern „Guter Kauf" macht deutlich, dass die Eltern einverstanden sind. Der Kaufvertrag ist damit wirksam. § 108 Absatz 1 BGB verlangt nicht, dass der gesetzliche Vertreter auch gegenüber B sein Einverständnis erklärt.*
- ***Aussage 2** ist ebenfalls richtig: Der Kaufvertrag ist aus gleichen Gründen wie in der Variante 1 wirksam. § 108 Absatz 2 BGB schließt die Wirksamkeit nicht aus, da die Voraussetzungen nicht erfüllt sind: B müsste die Eltern, nicht aber A zu einer Erklärung über die Wirksamkeit des Kaufvertrags auffordern. Das aber geschieht nicht. B wird vielmehr informiert, dass die Eltern zugestimmt haben.*
- ***Aussage 3** ist teilweise richtig: In Übereinstimmung mit § 108 Absatz 2 BGB fordert B nun die Eltern als gesetzlichen Vertreter zur Erklärung über die Genehmigung auf in Fortführung zur Fallkonstellation 2. Die ursprüngliche elterliche Genehmigung „Guter Kauf" ist gem. 2. Halbsatz nun unwirksam, da sie vor der Aufforderung des B erfolgt ist. Der geschlossene Kaufvertrag zwischen A und B ist damit nur wirksam, falls die Eltern die Genehmigung bis zum Ablauf von zwei Wochen nach dem Empfang der Aufforderung erklären (Bedenkzeit). Falls die Eltern sich nicht innerhalb dieser Frist erklären, sie also verstreichen lassen, gilt sie gem. § 108 Absatz 2 BGB als verweigert (2. Halbsatz). Damit ist der erste Teil der Aussage 3 falsch, der zweite Teil dagegen korrekt. Aussage 3 ist folglich nur teilweise richtig.*
- ***Aussage 4** ist falsch: Ein von der minderjährigen Anna ohne Zustimmung der Eltern als gesetzliche Vertreter geschlossener Vertrag mit Bruno gilt nach § 110 BGB als von Anfang an wirksam, wenn Anna die vertragsmäßige Leistung (hier: Zahlen des Kaufpreises für das Kleid) mit Mitteln (hier: 50 Euro von der Oma) bewirkt, die Anna zu diesem Zweck (= Kauf eines Kleides) oder zur freien Verfügung (= „Kauf dir dafür etwas Schönes") von dem gesetzlichen Vertreter (hier: Eltern; Annas Oma ist nicht die gesetzliche Vertreterin!) oder von einem Dritten (hier: Annas Oma) überlassen worden sind – sofern der gesetzliche Vertreter, d. h. die Eltern, dabei zustimmen. Die Eltern stimmen aber bei Bekanntwerden der Situation gerade nicht zu, sondern lehnen den Kauf ab. Damit ist der Vertrag weder gem. Aussage 4 Satz 1 noch gem. Aussage 4 Satz 2 wirksam. Aussage 4 ist folglich komplett falsch.*
- ***Aussage 5** ist teilweise richtig: In der Tat ist Anna gem. § 2 BGB in der Geschäftsfähigkeit nicht mehr beschränkt, da nur Minderjährige gem. § 106 BGB hierbei beschränkt sind. (Andere Varianten wie beispielsweise geistige Unzurechnungsfähigkeit sind gem. der Aufgabenstellung irrelevant: „Andere als die angegebenen Vorschriften sind für die Falllösung unbeachtlich.") Aussage 5 Satz 1 ist also korrekt.*

*Der am Vortag geschlossene Kaufvertrag wird am Tag der Volljährigkeit dagegen automatisch nachträglich nicht wirksam, da Anna bei Vertragsschluss minderjährig ist, die Wirksamkeit gem. § 108 Absatz 1 BGB aber grundsätzlich der Genehmigung des gesetzlichen Vertreters bedarf. Im Falle der nach Vertragsschluss eintretenden Volljährigkeit (hier: Anna ist nun volljährig) tritt gem. § 108 Absatz 3 BGB die Genehmigung Annas an die Stelle der Genehmigung der Eltern, d. h. Anna muss erst den Vertrag nachträglich genehmigen, ehe er wirksam wird. Automatisch wirksam, wie Aussage 3 behauptet, wird der Vertrag also nicht. Aussage 5 Satz 2 ist folglich falsch, Aussage 5 damit nur teilweise richtig.*

## 16 Internationale Gerichtsbarkeit

▶ Ergänzen Sie den nachfolgenden Lückentext. Tragen Sie im Lösungsbogen jeweils den Kennbuchstaben der passenden Ergänzung aus der Auswahlliste ein.

Auswahlliste:

| | | | |
|---|---|---|---|
| **A** | in der ehemaligen Tschechoslowakei | **I** | 21 |
| **B** | Präsidium | **K** | Sicherheitsrat |
| **C** | Den Haag | **L** | 47 |
| **D** | 250 | **M** | 28 |
| **E** | 800 | **N** | im ehemaligen Jugoslawien |
| **F** | Straßburg | **O** | Luxemburg |
| **G** | in der ehemaligen UdSSR | **P** | Brüssel |
| **H** | 500 | | |

**Lückentext:**

Das rechtsprechende Organ der Europäischen Gemeinschaften ist der Europäische Gerichtshof (EuGH) mit Sitz in **(a)**. In **(b)** sorgt der Europäische Gerichtshof für Menschenrechte (EGMR) für die Einhaltung der Europäischen Menschenrechtskonvention. Er überwacht die Achtung der Menschenrechte von rund **(c)** Millionen Menschen in den **(d)** Mitgliedstaaten des Europarats, die die Konvention ratifiziert haben.

Immer wieder für Aufmerksamkeit sorgt das UN-Kriegsverbrechertribunal in **(e)**, das 1993 vom **(f)** der Vereinten Nationen eingerichtet wurde. Es ist u. a. zuständig für die Verfolgung schwerer Verbrechen, die seit 1991 während der kriegerischen Auseinandersetzungen **(g)** begangen wurden.

**Meine Lösung:**

Tragen Sie jeweils den zutreffenden Kennbuchstaben ein:

| (a) | (b) | (c) | (d) | (e) | (f) | (g) |
|---|---|---|---|---|---|---|
| O | F | E | 47 | C | K | N |

7 P.

## 16 Internationale Gerichtsbarkeit

Tragen Sie jeweils den zutreffenden Kennbuchstaben ein:

| (a) | (b) | (c) | (d) | (e) | (f) | (g) |
|---|---|---|---|---|---|---|
| O | F | E | L | C | K | N |

je 1 Punkt, insgesamt 7 Punkte 7 P.

*In diesem Lückentext mit Auswahlliste geht es um Fragen der Internationalen Gerichtsbarkeit, die aus dem Sozialkundeunterricht oder aus aktuellen Medienberichten bekannt sein könnten. Beginnen Sie mit den Antworten, von denen Sie sicher sind, dass sie richtig sind. Die anderen Lücken füllen sich dann ggf. automatisch, wenn man logisch vorgeht und die bereits gewählten Begriffe oder Zahlen durchstreicht, um einen raschen Überblick über die noch bestehenden Optionen zu gewinnen:*

*Bei **(a)** und **(b)**, später dann auch bei **(e)** geht es um den Sitz von Internationalen Gerichtshöfen, Orte, für die in der Auswahlliste Den Haag (C), Straßburg (F), Luxemburg (O) und Brüssel (P) zur Auswahl stehen. Das UN-Kriegsverbrechertribunal in Den Haag, auch Haager Tribunal genannt, ist hier wahrscheinlich am leichtesten zu bestimmen, da es für viele die bekannteste Internationale Gerichtsbarkeit darstellt. Hier wurden seit 1993 die Verbrechen gegen die Menschlichkeit während des Bürgerkriegs im ehemaligen Jugoslawien verhandelt, später kamen die Verbrechen während des Bürgerkriegs in Ruanda dazu. Die ehemalige Schweizer Chefanklägerin Carla Del Ponte erreichte in diesem Zusammenhang große Berühmtheit.*

*Die Lücken **(e)** und **(g)** wären mit diesem Kenntnisstand leicht zu füllen, da aus „der ehemaligen Tschechoslowakei" (A), das zweite in der Auswahlliste angegebene Land, seit 1991 (Zeitangabe siehe Text!) keine kriegerischen Auseinandersetzungen bekannt sind. Da das Haager Tribunal als UN-Kriegsverbrechertribunal im Text bezeichnet wird, schließt sich auch die Lücke **(f)**, wenn man weiß, dass in den Vereinten Nationen (UN) vor allem der Sicherheitsrat (K) eine wichtige Rolle spielt. Von einem Präsidium (B) ist hier nie die Rede.*

*Die Lücke **(c)** fragt nach der Einwohnerzahl der Staaten des Europarates. Da allein Deutschland über 80 Mio. Einwohner hat, kommen hierfür nur die Optionen 250 (D), 800 (E) oder 500 (H) Millionen in Frage. Wenn man weiß, dass der Europarat größer als die EU (mit 28 Mitgliedstaaten!) ist, muss der Europarat (siehe Auswahlliste!) aus 47 Staaten (L) bestehen mit wahrscheinlich 800 Mio. (E) Einwohnern. 500 Mio. wären hier zu wenig. Somit wäre auch die Lücke **(d)** schlussfolgernd richtig auszufüllen.*

*<u>Hinweis</u>: Tipps für Lückentexte mit Auswahlliste finden Sie bei Aufgabe 10 und in Kap. 3.3 (Lückentexte) unseres Vorbereitungsbuches, dort auch mit weiterem Übungsmaterial.*

## 17 Verbraucherschutz

Das Thema „Verbraucherschutz" spielt auch im Zuge des Internets eine immer wichtigere Rolle.

▶ Entscheiden Sie, ob die nachfolgenden Aussagen mit Blick auf die Richtlinie 2011/83/EU des Europäischen Parlaments und des Rates **richtig** oder **falsch** bzw. dieser Richtlinie **nicht zu entnehmen** sind. Vermerken Sie Ihr Ergebnis im Lösungsbogen.

**RICHTLINIE 2011/83/EU DES EUROPÄISCHEN PARLAMENTS UND DES RATES**

vom 25. Oktober 2011

über die Rechte der Verbraucher, zur Abänderung der Richtlinie 93/13/EWG des Rates und der Richtlinie 1999/44/EG des Europäischen Parlaments und des Rates sowie zur Aufhebung der Richtlinie 85/577/EWG des Rates und der Richtlinie 97/7/EG des Europäischen Parlaments und des Rates

[...]

DAS EUROPÄISCHE PARLAMENT UND DER RAT DER EUROPÄISCHEN UNION —

gestützt auf den Vertrag über die Arbeitsweise der Europäischen Union, insbesondere auf Artikel 114,

[...]

in Erwägung nachstehender Gründe:

[...]

(23) Dauerhafte Datenträger sollten es dem Verbraucher ermöglichen, Informationen so lange zu speichern, wie es für den Schutz seiner Interessen in den Beziehungen zum Unternehmer erforderlich ist. Zu diesen dauerhaften Datenträgern sollten insbesondere Papier, USB-Sticks, CD-ROMs, DVDs, Speicherkarten oder die Festplatten von Computern sowie E-Mails gehören.

[...]

HABEN FOLGENDE RICHTLINIE ERLASSEN:

[...]

*Artikel 2*

**Begriffsbestimmungen**

Im Sinne dieser Richtlinie bezeichnen die Ausdrücke

[...]

5. „Kaufvertrag" jeden Vertrag, durch den der Unternehmer das Eigentum an Waren an den Verbraucher überträgt oder deren Übertragung zusagt und der Verbraucher hierfür den Preis zahlt oder dessen Zahlung zusagt, einschließlich von Verträgen, die sowohl Waren als auch Dienstleistungen zum Gegenstand haben;
6. „Dienstleistungsvertrag" jeden Vertrag, der kein Kaufvertrag ist und nach dem der Unternehmer eine Dienstleistung für den Verbraucher erbringt oder deren Erbringung zusagt und der Verbraucher hierfür den Preis zahlt oder dessen Zahlung zusagt;
7. „Fernabsatzvertrag" jeden Vertrag, der zwischen dem Unternehmer und dem Verbraucher ohne gleichzeitige körperliche Anwesenheit des Unternehmers und des Verbrauchers im Rahmen eines für den Fernabsatz organisierten Vertriebs- bzw. Dienstleistungssystems geschlossen wird, wobei bis einschließlich zum Zeitpunkt des Vertragsabschlusses ausschließlich ein oder mehrere Fernkommunikationsmittel verwendet wird/werden;

[...]

*Artikel 34*

**Inkrafttreten**

Diese Richtlinie tritt am zwanzigsten Tag nach ihrer Veröffentlichung im Amtsblatt der Europäischen Union in Kraft.

[...]

**Aussagen:**

1 Auch Blu-Ray-Discs zählen zu den dauerhaften Datenträgern im Sinne der Richtlinie.

2 Der Privatmann Meier aus München bestellt am 5. Juli 2016 bei einem türkischen Onlinehändler wertvolle Gewürze für seine kochbegeisterte Freundin. Am 19. Juli nimmt er die erste Teilsendung des Gewürzpakets vom Postboten in Empfang, am 23. Juli 2016 den restlichen Teil der Bestellung. Im Rahmen der Bestellung und Lieferung der Gewürze ist ein Dienstleistungsvertrag im Sinne der Richtlinie geschlossen worden.

3 Frau Müller aus Regensburg bestellte am 3. August 2016 bei Meister Eder in Spanien online ein maßgefertigtes Sideboard aus Olivenholz für ihren Esszimmererker. Die Lieferung erfolgte am 30. September 2016. Hierbei kam es zum Abschluss eines Fernabsatzvertrages im Sinne der Richtlinie.

4 Fernabsatzverträge sind im Wesentlichen Verträge über die Lieferung von Waren oder über die Erbringung von Dienstleistungen, einschließlich Finanzdienstleistungen, die zwischen einem Unternehmer und einem Verbraucher unter ausnahmsloser Verwendung von Fernkommunikationsmitteln abgeschlossen werden.

5 Die Datenschutzrichtlinie 95/46/EG trat am zwanzigsten Tag nach Veröffentlichung der Richtlinie 2011/83/EU außer Kraft.

6 Diese Richtlinie ändert Richtlinien ab und hebt auch Richtlinien auf.

**Meine Lösung:**

| Kreuzen Sie an: | 1 | 2 | 3 | 4 | 5 | 6 |
|---|---|---|---|---|---|---|
| richtig | ☐ | ☐ | ☐ | ☐ | ☐ | ☐ |
| falsch | ☐ | ☐ | ☐ | ☐ | ☐ | ☐ |
| nicht zu entnehmen | ☐ | ☐ | ☐ | ☐ | ☐ | ☐ |

6 P.

## 17 Verbraucherschutz

| Kreuzen Sie an: | 1 | 2 | 3 | 4 | 5 | 6 |
|---|---|---|---|---|---|---|
| richtig | X | | X | X | | X |
| falsch | | X | | | | |
| nicht zu entnehmen | | | | | X | |

je 1 Punkt, insgesamt 6 Punkte
kein Punkt für jede Spalte mit mehr als einem Kreuz

6 P.

*Dargestellt ist eine formal typische Verordnung des Europäischen Parlaments, die dem Amtsblatt der Europäischen Union entnommen ist und mit der Beamte im Rahmen ihrer Dienstausübung zunehmend häufiger konfrontiert werden. Abgeprüft wird hier insbesondere die Fähigkeit, Paragraphen bzw. Artikel inhaltlich zu verstehen und aus ihnen korrekt Informationen zu entnehmen:*

- ***Aussage 1** ist richtig: Blu-Ray-Discs sind nicht nur grundsätzlich dauerhafte Datenträger, sie sind auch eine technische Weiterentwicklung der DVD, d. h. Aussage 1 ist im Sinne von Ziffer (23) der Richtlinie korrekt.*
- ***Aussage 2** ist falsch, da es sich klar um einen Kaufvertrag gem. Artikel 2 Ziffer 5 der Richtlinie handelt: Für Herrn Meier wird keine Dienstleistung erbracht bzw. zugesagt, sondern das Eigentum an Gewürzen übertragen gegen Zahlung des Preises.*
- ***Aussage 3** ist richtig, da zwischen Frau Müller (Verbraucher) in Deutschland und Meister Eder (Unternehmer) in Spanien gem. Artikel 2 Ziffer 7 der Richtlinie ein Vertrag geschlossen wird ohne gleichzeitige körperliche Anwesenheit („online") beider, wobei bis einschließlich zum Zeitpunkt des Vertragsabschlusses ausschließlich ein Fernkommunikationsmittel in Form eines PC/Laptop/Tablet/Smartphone (oder ähnlich) benutzt wird.*
- ***Aussage 4** ist richtig: Dies ergibt sich unmittelbar aus der Definition des Fernabsatzvertrags gem. Artikel 2 Ziffer 7 der Richtlinie.*
- ***Aussage 5** kann der EU-Richtlinie nicht entnommen werden. Die Datenschutzrichtlinie 95/46/EG liegt nicht vor; es wird darauf in der vorliegenden Richtlinie auch nicht Bezug genommen.*
- ***Aussage 6** ist richtig:*
  - *Es handelt sich um eine Richtlinie (vgl. Bezeichnung in der Überschrift des Textes),*
  - *sie ändert Richtlinien ab (vgl. nähere Erklärung der Richtlinie unter dem Datum „vom 25. Oktober 2011": „... zur Abänderung der Richtlinie 93/13/EWG des Rates ...") und*
  - *sie hebt Richtlinien auf (vgl. nähere Erklärung der Richtlinie unter dem Datum „vom 25. Oktober 2011": „... sowie zur Aufhebung der Richtlinie 85/577/EWG ...").*

## 18 Welcher Tag?

► Finden Sie bei den Fragen a) bis d) die richtige Lösung. Notieren Sie Ihr Ergebnis im Lösungsbogen.

a) Welcher Tag war vorgestern, wenn der Tag nach übermorgen zwei Tage vor Samstag liegt?

b) Heute ist Montag. Welcher Tag ist drei Tage nach gestern?

c) Vorgestern war fünf Tage vor Sonntag. Welchen Tag haben wir heute?

d) Übermorgen ist der vierte Tag nach Samstag. Welcher Tag war vorgestern?

**Meine Lösung:**

Tragen Sie jeweils den gesuchten Tag ein:

| | | |
|---|---|---|
| a) | Montag Samstag | 2 P.** |
| b) | ~~Donnerstag~~ Mittwoch | 2 P.** |
| c) | Donnerstag | 2 P.** |
| d) | Samstag | 2 P.** |

MDM 0755

## 18 Welcher Tag?

Tragen Sie jeweils den gesuchten Tag ein:

| | | |
|---|---|---|
| a) **Samstag** | 2 Punkte | 2 P.** |
| b) **Mittwoch** | 2 Punkte | 2 P.** |
| c) **Donnerstag** | 2 Punkte | 2 P.** |
| d) **Samstag** | 2 Punkte | 2 P.** |

*Bei dieser Aufgabe könnte es helfen, sich die Wochentage auf dem Aufgabenblatt zu notieren, um beim Abzählen nicht durcheinander zu geraten:*

***a)*** *Hier sollte man von hinten her denken. Zwei Tage vor Samstag ist Donnerstag, das ist der Tag nach übermorgen. Heute muss also drei Tage zurückliegen, folglich Montag. Von Montag aus gesehen vorgestern war Samstag – die Lösung!*

***b)*** *Gestern, von Montag aus gesehen, war Sonntag. Drei Tage in der Zukunft ist Mittwoch.*

***c)*** *Fünf Tage von Sonntag zurückgerechnet ergibt Dienstag. Wenn Dienstag vorgestern war, muss heute Donnerstag sein.*

***d)*** *Hier ist der vierte Tag nach Samstag Mittwoch. Mittwoch ist aber erst übermorgen, also ist heute Montag. Daraus ergibt sich die Lösung Samstag als Tag, der vorgestern war.*

## 19 Konzentration

► Zählen Sie jedes „u" in diesem „Text", vor dem in der Zeile unmittelbar ein „m" steht. Das letzte Zeichen einer Zeile zählt nicht für die nachfolgende Zeile, d. h. steht ein „m" an letzter Stelle einer Zeile und ein „u" am Anfang der nächsten Zeile, so soll dieses „u" nicht gezählt werden. Notieren Sie Ihr Ergebnis im Lösungsbogen.

**Aussagen:**

**01** m m m u u u m u m u m u u u u u m m u m m m u m u m m m u m m m u u u m u m m u

**02** u u u m u u u m m u m u u u m m m u u m m u u u m u u u m m m u u m u u u m m m

**03** m u u u m m m u m u u u u m u m m m u m u u u m m u u m u m u m m u m m u m u u

**04** u u m m u m u u u m m m u m m u u u m m u m u m m m u m m u m u m m u m m u m u

**05** m m u u m m m u m u u m u m u u u m m u m u m u m m u m u m m m u u u m u m u u

**06** m m m u u u u m m u m u m m m u m u u m u m u u u m m u m u m u u u m u m u m u

**07** m m u m u m m u u m u m u m u m m u m u u u m u m m u u m u m m u m u m u m u m

**08** u u m u m u m m m u m m u u m u u u m u m u m m m u m u m u u u m u m u u m u m

**09** m u u m u u m m u m u m u u u m m u u u m m u m m m u m u u m m u m u m m u m u

**10** m u m m u u m u u m u u u m m u m m u m u m u u u m u u m u m m m u u u m u m m

**Meine Lösung:**

Tragen Sie die richtige Anzahl ein: 128

4 P.****

## 20 Steueroasen

Ordnen Sie die zutreffenden Kennbuchstaben zu:

| 1 | 2 | 3 | 4 |
|---|---|---|---|
| S | M | L | U |

je 1 Punkt, insgesamt 4 Punkte 4 P.

*Topographisches Wissen wird in der Auswahlprüfung für die dritte Qualifikationsebene grundsätzlich gerne abgefragt, hier in Verbindung mit dem Thema Steueroasen. Im Zuge der Veröffentlichung der „Panama Papers“ (siehe Aufgabe 13) waren auch europäische* ***Steueroasen*** *in den Fokus der Öffentlichkeit gerückt. Vier dieser Oasen galt es bei dieser Aufgabe zu finden:*

*Die Schweiz als südwestliches Nachbarland der Bundesrepublik hat den Kennbuchstaben* ***S****, die Steueroase Luxemburg als kleines westliches Nachbarland den Buchstaben* ***M****. Jersey ist eine der Kanalinseln, die vor der Küste Frankreichs liegen, Kennbuchstabe* ***L****. Malta ist ein Inselstaat im Mittelmeer, Kennbuchstabe* ***U****, nicht zu verwechseln mit der anderen großen Mittelmeerinsel, Zypern (T)! Wer im Erdkundeunterricht aufgepasst hat, wird bei dieser Aufgabe keine Probleme haben. Die Vielzahl der auf der Karte eingetragenen Kennbuchstaben sollte Sie nicht verwirren.*

## 21 Statistische Kennziffern

Die nachfolgende Tabelle zeigt ausgewählte statistische Kennziffern verschiedener Länder.

▶ Tragen Sie im Lösungsbogen für die Zeilen 1 bis 6 jeweils den Kennbuchstaben des betreffenden Landes aus der Auswahlliste ein.

Auswahlliste:

| | | | |
|---|---|---|---|
| **A** | USA | **D** | China |
| **B** | Deutschland | **E** | Russland |
| **C** | Japan | **F** | Australien |

| | Devisenreserven (Mrd. $)*** | Staatsverschuldung (in % des BIP)*** | E-Commerce-Umsatz (Mrd. €)** | Anzahl Mobiltelefone (weltweiter Rang)** | Einwohner (in Mio.)*** |
|---|---|---|---|---|---|
| 1 | 3.330,4 | 43 | 405 | 1 | 1.375 |
| 2 | 121,0 | 105 | 363 | 5 | 322 |
| 3 | 1.248,9 | 246 | 102 | 8 | 127 |
| 4 | 181,9 | 71 | 71 | 15 | 82 |
| 5 | 371,3 | 20 | 18 | 7 | 146 |
| 6 | 49,2* | 36 | 16 | 39 | 23 |

* Jahr 2012 / ** E-Commerce und Mobiltelefonrang: 2014 / *** Jahr 2015

*(Quelle: FAZ (2015 Nr. 208); handelsdaten.de; laenderdaten.de; statista.com)*

**Meine Lösung:**

Tragen Sie jeweils den zutreffenden Kennbuchstaben ein:

| 1 | 2 | 3 | 4 | 5 | 6 |
|---|---|---|---|---|---|
| D | A | C | B | E | F |

6 P.

## 21 Statistische Kennziffern

Tragen Sie jeweils den zutreffenden Kennbuchstaben ein:

| 1 | 2 | 3 | 4 | 5 | 6 |
|---|---|---|---|---|---|
| D | A | C | B | E | F |

je 1 Punkt, insgesamt 6 Punkte 6 P.

*Aufgaben mit statistischen Kennziffern finden sich oft in der Auswahlprüfung. Jeder, der den Politik- und Wirtschaftsteil einer Tageszeitung wie FAZ und SZ, einer Wochenzeitung (z. B. Die Zeit, Frankfurter Allgemeine Sonntagszeitung) oder eines Online-Portals wie beispielsweise www.spiegel.de, www.zeit.de, www.deutsche-wirtschafts-nachrichten.de oder www.faz.net aufmerksam und regelmäßig verfolgt, wird bei der Zuordnung von geografischen und sozioökonomischen Daten zu Ländern, die aktuell im Fokus der Berichterstattung stehen, keine Probleme haben. So auch hier:*

***Zeile 1 = China (D):***

- *Mit Abstand größte Devisenreserven unter allen Vergleichsländern (bereits dadurch eindeutig identifizierbar!): weltweit größter Gläubiger!*
- *als (aufstrebendes) Entwicklungsland mit Abstand das bevölkerungsreichste Land (ebenfalls eindeutiges Kriterium), daher als Absatzmarkt hochinteressant*
- *bekanntlich (noch) sehr geringe offizielle Staatsverschuldung*
- *weltweit höchster E-Commerce-Umsatz (Alibaba!)*
- *weltweit Rang 1 hinsichtlich der Anzahl der Mobiltelefone (ergibt sich als aufstrebende zweitgrößte Wirtschaftsmacht auch aus der Bevölkerungszahl)*

***Zeile 2 = USA (A):***

- *Staatsverschuldung knapp über der Höhe des jährlichen BIP*
- *langjähriger Nettoimporteur mit China als größtem Gläubiger, daher vergleichsweise nur geringe Devisenreserven*
- *nach China im Vergleich größte Einwohnerzahl (eindeutige Identifikation)*
- *nach China im Vergleich höchster E-Commerce-Umsatz (u. a. Amazon!)*

***Zeile 3 = Japan (C):***

- *höchste Staatsverschuldung aller Industrienationen (eindeutige Identifikation)*
- *seit Jahrzehnten Nettoexporteur, daher nach China im Vergleich höchste Devisenreserven der Welt (eindeutige Identifikation)*
- *nach China und den USA im Vergleich höchster E-Commerce-Umsatz (Allgemeinwissen)*

***Zeile 4 = Deutschland (B):***

- *Staatsverschuldung gemessen am BIP bei ca. 70 Prozent (Allgemeinwissen)*
- *ca. 82 Millionen Einwohner (eindeutige Identifikation)*

***Zeile 5 = Russland (E):***

- *ca. 146 Millionen Einwohner (Allgemeinwissen)*
- *im Vergleich zu den anderen Ländern eher unterentwickelter E-Commerce-Handel*
- *relativ geringe Staatsverschuldung im Ländervergleich*
- *Bemerkung: Hier benötigt man im Zweifel mehrere Kriterien, um auf Russland sicher schließen zu können.*

***Zeile 6 = Australien (F):***

- *bekanntlich sehr geringe Staatsverschuldung (Allgemeinwissen)*
- *im Vergleich die geringste Einwohnerzahl (eindeutige Identifikation)*

*Tipps:*

- *Es reicht bei der Aufgabe, fünf der sechs Länder eindeutig zu identifizieren. Das sechste ergibt sich dann im Ausschlussverfahren!*
- *Häufig lässt sich bereits aufgrund einer oder zwei Kennziffern ein Land eindeutig identifizieren bzw. ausschließen! Konzentrieren Sie sich zunächst auf Extremwerte!*

## 22 Gedenktage

In § 2 der Verwaltungsordnung über die bayerischen Staatsflaggen und die Dienstflaggen an Kraftfahrzeugen (Flaggen- und Verwaltungsordnung VwAoFlag) heißt es:

„(1) Die von Staatsbehörden ganz oder überwiegend benutzten Gebäude und Anlagen werden ohne besondere Anordnung beflaggt am

[…]

2. **(a)** (1. Mai),

[…]

5. **(b)** (17. Juni)
6. **(c)** (20. Juli)

[…]

8. **(d)** (3. Oktober)

[…]

▶ Tragen Sie im Lösungsbogen die passenden Kennbuchstaben der jeweiligen Anlässe der Beflaggung öffentlicher Gebäude aus der folgenden Auswahlliste ein.

Auswahlliste:

| | | | |
|---|---|---|---|
| **A** | Tag der deutschen Einheit | **E** | Verkündung des Grundgesetzes 1949 |
| **B** | Volksaufstand in der DDR 1953 | **F** | Tag der Arbeit |
| **C** | Ende des Zweiten Weltkriegs 1945 | **G** | Fall der Berliner Mauer |
| **D** | Attentat auf Adolf Hitler 1944 | **H** | Volkstrauertag |

**Meine Lösung:**

Tragen Sie jeweils den zutreffenden Kennbuchstaben ein:

| (a) | (b) | (c) | (d) |
|---|---|---|---|
| F | B | D | A |

4 P.

## 22 Gedenktage

Tragen Sie jeweils den zutreffenden Kennbuchstaben ein:

| (a) | (b) | (c) | (d) |
|---|---|---|---|
| F | B | D | A |

je 1 Punkt, insgesamt 4 Punkte 4 P.

*An einem Gedenktag wird an einem bestimmten Kalendertag an besondere geschichtliche Ereignisse erinnert, denen eine herausragende nationale, staatliche oder religiöse Bedeutung zukommt wie z. B. der Tag der deutschen Einheit, die Verkündigung des Grundgesetzes, der Reformationstag. Gedenktage bzw. Jahrestage sind zum Teil zu öffentlichen nationalen Feiertagen geworden, wie die Beflaggung öffentlicher Gebäude zeigt. Man gedenkt mit Gedenktagen auch dramatischer Ereignisse wie Kriege (Kriegsende am 8. Mai 1945) bzw. Aufstände (17. Juni 1953), Katastrophen (Vertreibung und Deportation am „Tag der Heimat" jeden ersten Sonntag im September) etc.*

*Die vorliegende Aufgabe nennt nur eine kleine Auswahl von Gedenktagen und erfordert historische Grundkenntnisse. Wesentlich erleichtert wird die Beantwortung durch die Auflistung von insgesamt acht Gedenk- bzw. Feiertagen in der Auswahlliste, von denen die Hälfte auf die angegebenen Jahresdaten zutrifft.*

*Folgende Zuordnung wird bei Aufgabe 22 erwartet:*

- ***1. Mai = Tag der Arbeit (F):*** *Der 1. Mai war ursprünglich ein Kampftag der Arbeiter, der seinen Ursprung als „moving day" in der nordamerikanischen Arbeiterbewegung hat. Nach einem kurzen Zwischenspiel in der Weimarer Republik (1919) wurde der 1. Mai in der Zeit des Nationalsozialismus ab 1933 zum gesetzlichen Feiertag erhoben (damals „Tag der nationalen Arbeit") und nach dem 2. Weltkrieg durch die Feiertagsgesetze der deutschen Länder erneut als gesetzlicher Feiertag festgelegt, wobei die amtliche Bezeichnung je nach Bundesland variiert. In Bayern: Tag der Arbeit.*
- ***17. Juni = Volksaufstand in der DDR 1953 (B):*** *Der 17. Juni war bis 1990 der „Tag der Deutschen Einheit" und gesetzlicher Feiertag. Er sollte daran erinnern, dass die beiden deutschen Staaten, BRD und DDR, zusammengehören. Heute hat der 17. Juni den Status eines Gedenktages, der an den Volksaufstand in der DDR 1953 erinnert. Unzureichende Lebensmittelversorgung, Erhöhung der Arbeitsnormen und allgemeine Unzufriedenheit mit dem diktatorischen SED-Regime hatten in der DDR zu einem Generalstreik geführt, der sich zu einem Volksaufstand ausweitete und mit sowjetischen Panzern niedergeschlagen wurde. Der 17. Juni würdigt als Gedenktag die Opfer dieser demokratischen Erhebung.*
- ***20. Juli = Attentat auf Adolf Hitler 1944 (D):*** *Der 20. Juli steht als Gedenktag symbolisch für den militärischen Widerstand gegen den Nationalsozialismus. Eine Gruppe hoher Offiziere um Claus Schenk Graf von Stauffenberg (Operation Walküre) verübte im Führerhauptquartier Wolfsschanze (Ostpreußen) ein Attentat auf Hitler, das jedoch scheiterte. Die Verschwörer wurden hingerichtet.*
- ***3. Oktober = Tag der deutschen Einheit (A):*** *Der 17. Juni wurde als gesetzlicher Feiertag im Jahre 1990 durch den 3. Oktober abgelöst, welcher im Einigungsvertrag zwischen der BRD und DDR am 29. September 1990 zum gesetzlichen Feiertag erhoben wurde. Nach dem Fall der Mauer und dem Zusammenbruch der DDR und deren Beitritt zum Hoheitsgebiet der Bundesrepublik konnte die deutsche Einheit nach Jahrzehnten der Trennung beider deutscher Staaten verwirklicht werden. Daran wird am 3. Oktober an einem nationalen Gedenk- und Feiertag erinnert.*

*Da es zahlreiche **weitere Gedenktage** gibt, die Inhalt einer zukünftigen Auswahlprüfung sein können, seien einige weitere herausragende genannt, deren Kenntnis zum historischen Grundwissen gehört. Einige davon finden sich in der Auswahlliste von Aufgabe 22, waren aber nicht den Kalenderdaten zuzuordnen.*

- *Ende des Zweiten Weltkriegs = **8. Mai** (1945);*
- *Verkündigung des Grundgesetzes = **23. Mai** (1949);*
- *Fall der Berliner Mauer = **9. November** (1989);*
- *Volkstrauertag = **zwei Sonntage vor dem 1. Adventssonntag;***
- *Europatag = **9. Mai** (1950) – Schumann-Erklärung, die in die Gründung der EGKS (Europäische Gemeinschaft für Kohle und Stahl) mündete;*
- *Tag der Bayerischen Verfassung = **1. Dezember** (1946), 70-jähriges Bestehen 2016 (!)*

## 23 Balkanroute

In der jüngeren Vergangenheit kam es entlang der sogenannten „Balkanroute“ zwischen dem Nahen Osten und Mitteleuropa zu gewaltigen Migrationsbewegungen.

▶ Ordnen Sie im Lösungsbogen den Kennzahlen der Länder 1 bis 6 aus der Grafik den jeweils passenden Kennbuchstaben aus der Auswahlliste zu.

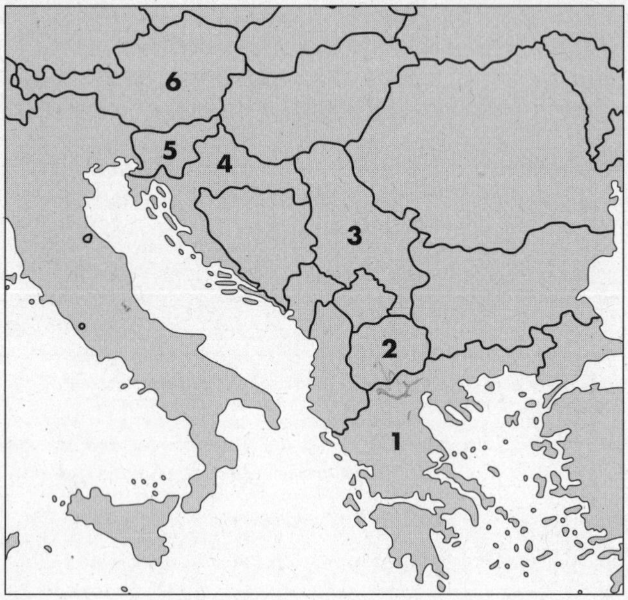


Auswahlliste:

| | |
|---|---|
| **A** | Griechenland |
| **B** | Serbien |
| **C** | Slowakei |
| **D** | Österreich |
| **E** | Mazedonien (Republik) |
| **F** | Ungarn |
| **G** | Russland |
| **H** | Bosnien und Herzegowina |
| **I** | Albanien |
| **K** | Ukraine |
| **L** | Türkei |
| **M** | Bulgarien |
| **N** | Kroatien |
| **O** | Rumänien |
| **P** | Slowenien |

**Meine Lösung:**

Ordnen Sie die Kennbuchstaben zu:

| 1 | 2 | 3 | 4 | 5 | 6 |
|---|---|---|---|---|---|
| A | E | B | N | P | D |

6 P.

## 23 Balkanroute

Ordnen Sie die Kennbuchstaben zu:

| 1 | 2 | 3 | 4 | 5 | 6 |
|---|---|---|---|---|---|
| A | E | B | N | P | D |

je 1 Punkt, insgesamt 6 Punkte | 6 P.

*Kaum ein Ereignis hat im vergangenen Jahr das politische und gesellschaftliche Leben in Europa so bestimmt wie der Flüchtlingsstrom aus Afrika und dem östlichen Mittelmeer, der Levante. Ein Großteil der Migranten kam über die sogenannte „Balkanroute" nach Mitteleuropa. In vielen Medien wurden hierzu Karten abgebildet, die die Migrationsbewegungen illustrierten. In Aufgabe 23 waren die gängigsten der Durchgangsländer zu benennen:*

*1 entspricht **A**, dem Land Griechenland, welches in besonderem Maße mit dem Ansturm von Flüchtlingen vor allem aus Syrien zu kämpfen hatte, die vielfach über die Türkei ins Land kamen.*

*2 ist die Republik Mazedonien, ein nördliches Nachbarland Griechenlands, Lösungsbuchstabe **E**.*

*3 Als größter Teilstaat des ehemaligen Staates Jugoslawien folgt Serbien weiter nördlich, Lösungsbuchstabe **B**.*

*4 Land Nummer vier ist Kroatien, Buchstabe **N**, das vielen Deutschen auch als Urlaubsland bekannt sein dürfte.*

*5 Slowenien war der nördlichste Teilstaat Jugoslawiens und erklärte bereits im Juni 1991 seine Unabhängigkeit, Buchstabe **P**.*

*6 Slowenien grenzt an unser Nachbarland Österreich, die Station 6 in unserer Aufgabe, mit dem Kennbuchstaben **D**.*

## 24 Rohstoffe im Handy

▶ Überprüfen Sie folgende Aussagen zur vorliegenden Statistik über Daten zu Rohstoffen im Handy. Welche Aussagen sind richtig und können der Statistik entnommen werden? Tragen Sie den Kennbuchstaben der zutreffenden Antwortkombination in den Lösungsbogen ein.

| **Element/ Rohstoff** | **Häufigkeit in Erdkruste in Gewichtsanteilen in % (geschätzt)** | **Weltjahresproduktion in Tonnen** (2015) | **Hauptproduzenten** (Prozentanteile gerundet) (2015) |
|---|---|---|---|
| Bauxit (Aluminium) | 8 | 288.146.160 | Australien (28 %), Indonesien (19 %), China (15 %) |
| Eisen | 4 | 1.521.714.519 | China (31 %), Australien (25 %), Brasilien (15 %) |
| Kupfer | 0,005 | 18.070.695 | Chile (32 %), China (9 %), Peru (8 %) |
| Cer | 0,0068 | Seltene Erden werden i. A. zusammen abgebaut 102.872 | China (91 %), USA (5 %), Russland®® (1 %) |
| Lanthan | 0,0032 | | |
| Lithium | 0,0017 | 64.424 | Chile (37 %), Australien (32 %), China (13 %) |
| Blei | 0,0014 | 5.610.075 | China (53 %), Australien (13 %), USA (6 %) |
| Tantal | 0,0002 | 1.229 | Ruanda (46 %), DR Kongo (20 %), Brasilien (15 %) |
| Silber | 0,000007 | 26.020 | Mexiko (22 %), Peru (14 %), China (14 %) |
| Platin | 0,0000001 | 182 | Rep. S-Afrika (72 %), Simbabwe (7 %), Russland ® (7 %) |
| Gold | 0,00000011 | 2.847 | China (15 %), Australien (9 %), USA (8 %) |
| Palladium | 0,00000006 | 199 | Russland ® (41 %), Rep. S-Afrika (39 %), Kanada (8 %) |

Russland: ® asiat. Teil / ®® europ. Teil

**Aussagen:**

**1** China liegt von allen genannten Ländern am häufigsten an erster Stelle bei der Förderung von Rohstoffen.

**2** Die Weltjahresproduktion von Silber ist mehr als 10-mal so hoch wie die von Gold.

**3** Die Lithiumvorkommen Chinas sind etwa 3.000-mal so groß wie die Palladiumvorkommen Südafrikas.

**4** In Ruanda wird mit 565,34 Tonnen jährlich die Hälfte der Weltjahresproduktion an Tantal abgebaut.

**5** Mit etwa 38 Mio. Tonnen gefördertem Eisenerz steht Australien an Platz 2 der Förderländer für Eisen.

**6** Die geschätzte Häufigkeit von Silber in der Erdkruste ist etwa 70-mal größer als die von Platin.

**7** Die Weltjahresproduktion von Kupfer ist um etwa 300 Prozent höher als die von Blei.

Antwortkombinationen:

**A** alle außer 5 und 7
**B** 1, 6 und 7
**C** 2, 3, 7
**D** alle außer 3
**E** 1 und 6
**F** 2 und 4
**G** 6
**H** keine
**I** 1, 3 und 6

**Meine Lösung:**

Tragen Sie den Kennbuchstaben der zutreffenden Antwortkombination ein: ☐

4 P.****

## 24 Rohstoffe im Handy

Tragen Sie den Kennbuchstaben der zutreffenden Antwortkombination ein: **E** 4 Punkte 4 P.****

*Eines der großen Themen im 21. Jahrhundert wird die Rohstoffknappheit werden. Nicht nur das Thema Trinkwasser wird von entscheidender Bedeutung sein, auch unser Umgang mit Rohstoffen aller Art wird die Weichen für eine nachhaltige Zukunft stellen. Einer der größten Rohstoffverbraucher ist das mittlerweile global verbreitete Handy. Alte Handys, die oftmals ungenützt noch in vielen Haushalten in Schubladen liegen, sind wichtige Rohstoffquellen für das Recycling, da sie jede Menge seltener und wertvoller Rohstoffe enthalten.*

*Die Aufgabe „Rohstoffe im Handy" erfordert eine genaue Auswertung der Daten der Tabelle. Nur so ist gewährleistet, dass am Ende die richtige Antwortkombination aus den sieben vorgegebenen Aussagen gefunden wird. Dabei ist wichtig zu beachten, dass sich die Aussagen ausschließlich auf die in der Tabelle angegebenen Informationen beziehen.*

- *Aussage 1: China liegt viermal an erster Stelle der Nennungen, Chile nur zweimal, andere Länder je einmal. Die Aussage ist also richtig.*
- *Aussage 2: Die Aussage ist falsch, denn selbst grob überschlagen liegt die Weltjahresproduktion von Silber nur knapp zehnmal so hoch wie die von Gold.*
- *Aussage 3: Hier ist eigentlich gar kein genaueres Rechnen vonnöten. Bei 64.000 Tonnen Weltjahresproduktion von Lithium hat China einen Anteil von 13 %, also rund 8.300 Tonnen. Von Palladium werden jährlich nur etwa 200 Tonnen gefördert, 39 % davon in Südafrika, also rund 80 Tonnen. 80 mal 3.000 ergäbe 240.000, also eine viel zu hohe Zahl. Die Aussage ist aber in erster Linie deshalb falsch, weil hier in der Statistik ja die Produktion und nicht das Vorkommen beschrieben wird, die Zahlen also streng genommen der Statistik gar nicht zu entnehmen sind!*
- *Aussage 4: Auch diese Aussage ist falsch. Die Hälfte der jährlichen Produktion von Tantal wären 614,5 Tonnen, ein knapper Unterschied zur gebotenen Zahl von 565 Tonnen, aber immerhin etwa 10 % mehr.*
- *Aussage 5: Die Aussage ist falsch. 38 Mio. Tonnen ist ein um den Faktor 10 zu niedriger Wert für die australische Eisenerzförderung. 25 % von 1,5 Mrd. Tonnen wären etwa 380 Mio. Tonnen.*
- *Aussage 6: Hier geht der Fokus über auf die bislang nicht genutzte Spalte der Häufigkeit in der Erdkruste. Beim Abzählen der Stellen nach dem Komma stellt man rasch fest, dass die Aussage richtig ist.*
- *Aussage 7: 300 Prozent höher wäre Faktor 4 (100 % höher ist doppelt so hoch, 200 % höher dreimal so hoch etc.). 5,6 Mio Tonnen Blei mal vier gerechnet ergäbe rund 22,4 Mio. Tonnen Kupfer. Kupfer liegt aber bei 18 Mio. Tonnen. Die Aussage ist daher falsch.*

*Letztlich sind die Aussagen 1 und 6 richtig, damit ergibt sich Antwortbuchstabe* ***E****.*

## 25 Superwahljahr 2016

▶ a) Ergänzen Sie den nachstehenden Lückentext und tragen Sie Ihr Ergebnis in den Lösungsbogen ein.

Am 13. März 2016 fanden Landtagswahlen in __(a)__, das auch an Luxemburg grenzt, in __(b)__, einem Nachbarbundesland von Bayern, sowie in __(c)__, einem sogenannten neuen Bundesland, statt. Ihnen folgten im September Wahlen zum Landtag in __(d)__, dem nordöstlichsten Bundesland, und zum Abgeordnetenhaus in __(e)__. Im Anschluss an die drei Märzwahlen, bei denen die traditionellen Volksparteien große __(f)__ verzeichneten, wurde als Voraussetzung für eine stabile Regierung in jedem der drei Bundesländer eine __(g)__ gebildet.

▶ b) Ordnen Sie die folgenden Landtagswahlergebnisse der Märzwahlen 2016 dem betreffenden Bundesland zu. Tragen Sie die gesuchten Bundesländer im Lösungsbogen ein.

**Bundesland A:**
Grüne 30,3 % – CDU 27,0 % – AfD 15,1 % – SPD 12,7 % – FDP 8,3 % – Linke 2,9 % – Sonstige 3,7 %

**Bundesland B:**
CDU 29,8 % – Linke 16,3 % – SPD 10,6 % – Grüne 5,2 % – AfD 24,3 % – FDP 4,9 % – Sonstige 8,9 %

**Meine Lösung:**

a) Tragen Sie Ihre Lösungen ein:

**(a)** ____________________ **(e)** ____________________

**(b)** ____________________ **(f)** ____________________

**(c)** ____________________ **(g)** ____________________

**(d)** ____________________

7 P.

b) Tragen Sie die gesuchten Bundesländer ein:

**Bundesland A:** ____________________

**Bundesland B:** ____________________

4 P.**

## 25 Superwahljahr 2016

a) Tragen Sie Ihre Lösungen ein:

(a) **Rheinland-Pfalz**

(b) **Baden-Württemberg**

(c) **Sachsen-Anhalt**

(d) **Mecklenburg-Vorpommern**

(e) **Berlin**

(f) **Stimmenverluste** (*auch:* **Verluste** *o. Ä.*)

(g) **Koalition**

je 1 Punkt, insgesamt 7 Punkte
jeweils kein Punkt bei falscher Schreibweise — 7 P.

b) Tragen Sie die gesuchten Bundesländer ein:

**Bundesland A: Baden-Württemberg**

**Bundesland B: Sachsen-Anhalt**

je 2 Punkt, insgesamt 4 Punkte
jeweils kein Punkt bei falscher Schreibweise — 4 P.**

*Die Lösung dieser Aufgabe (Lückentext) wird dadurch etwas erschwert, dass in jedem Prüfungsjahr eine Reihe von Wahlen stattfinden, also Superwahljahre sind, und dass sich im Rückblick auf das jeweilige Wahljahr aufgrund einer sehr dichten politischen Agenda die Ereignisse vermischen. Jedoch kann man sich darauf vorbereiten, indem man sich konsequent mit dem aktuellen politischen Geschehen des Prüfungsjahres befasst.*

*a)*

*Um es bei der Prüfung 2016 etwas zu erleichtern – am **13. März 2016** fanden gleichzeitig Wahlen in **drei (!) Bundesländern** statt – wurden die als Antwort erwünschten Bundesländer jeweils mit geografischen Angaben im Lückentext versehen, um Sie bei der Lösung der Aufgaben zu unterstützen: Rheinland-Pfalz (a) grenzt an Luxemburg, Baden-Württemberg (b) ist ein Nachbarbundesland von Bayern, Sachsen-Anhalt (c) gilt als neues Bundesland und Mecklenburg-Vorpommern (d) als nordöstlichstes.*

*Zudem: Nur im Stadtstaat Berlin (e) finden Wahlen zum Abgeordnetenhaus statt (vgl. hierzu Hamburg und Bremen, wo die Wähler die „Bürgerschaft" wählen). Die letzten beiden Lücken (f) und (g) verweisen auf einen Wandel der Parteienlandschaft und dessen Konsequenz, demzufolge die traditionellen Volksparteien immer mehr (Stimmen-)Verluste (f) erleiden, was zu einer Koalition (g) führt, da einzelne Parteien nicht mehr alleine die notwendige Mehrheit zur Regierungsbildung aufbringen.*

*b)*

*Aufgabe b) belegt aufgrund des vorliegenden Zahlenmaterials den letzten Satz des Lückentextes, da die von den einzelnen Parteien in Bundesland A und B erzielten Wahlergebnisse jeweils nicht ausreichend sind, um alleine die Regierung zu stellen. So gab es im Bundesland A eine Zweiparteienkoalition (Grüne/CDU), im Bundesland B koalierten CDU/SPD/Grüne. Um die Ergebnisse nun einem bestimmten Bundesland zuordnen zu können, bedarf es weniger eines guten Zahlengedächtnisses, sondern eher eines politischen Sachverstands und Interesses für die politische Aktualität.*

*So erkennt man an der Besonderheit der Ergebnisse des jeweiligen Bundeslands leicht das jeweils gemeinte Bundesland. Nur in Baden-Württemberg (= **Bundesland A**) waren die Grünen die stärkste Partei (30,3 %) und konnten somit den Ministerpräsidenten (Winfried Kretschmann) stellen.*

***Bundesland B** muss eines der neuen Bundesländer sein, da nur in diesen die AfD so hohe Stimmanteile (24,3 %) bisher erreichen konnte. Da bei Aufgabe b) Bundesländer der „Märzwahlen 2016" gefragt waren, kann damit nur Sachsen-Anhalt als Bundesland B gemeint sein, denn in Mecklenburg-Vorpommern wurde erst im September 2016 gewählt, wie der Lücke (e) bei Aufgabe 25 a zu entnehmen ist.*

*Tipp: Achten Sie beim Ausfüllen Ihres Lösungsbogens auf die richtige Schreibung, z. B. von Bundesländern (Baden-Württemberg!). Rechtschreibfehler führen ggf. zu Punkteabzug.*

## 26 Parteien

▶ Ergänzen Sie den nachfolgenden Lückentext. Tragen Sie im Lösungsbogen die fehlenden Namen und Begriffe (keine Abkürzungen) bzw. Zahlen ein.

Die verfassungsrechtliche Stellung der politischen Parteien ist im Wesentlichen im ___(a)___ verankert. Parteien sind in Deutschland seit ___(b)___ verfassungsrechtlicher Bestandteil der FdGO, d. h. der freiheitlich-demokratischen ___(c)___. Man unterscheidet drei wesentliche Haupteinnahmequellen von Parteien: Spenden, Mitgliedsbeiträge und die ___(d)___ Parteienfinanzierung.

Für politische Parteien besteht eine erhöhte Schutz- und Bestandsgarantie. Diese herausgehobene Stellung bezeichnet man als sogenanntes Parteienprivileg. Ein Parteienverbot darf danach nur das ___(e)___ aussprechen.

**Meine Lösung:**

a) Tragen Sie Ihre Lösungen ein:

**(a)** ____________________ **(d)** ____________________

**(b)** ____________________ **(e)** ____________________

**(c)** ____________________

5 P.

## 26 Parteien

a) Tragen Sie Ihre Lösungen ein:

**(a) Grundgesetz**

**(b) 1949**

**(c) Grundordnung**

**(d) staatliche**

**(e) Bundesverfassungsgericht**

je 1 Punkt, insgesamt 5 Punkte 5 P.

*Dieser Lückentext ist dadurch etwas anspruchsvoller, dass keine Auswahlliste für die einzelnen Lücken vorliegt, sondern die gesuchten Begriffe selbst formuliert werden müssen. Jedoch werden hier wie bei zahlreichen Prüfungen in den Vorjahren nur Grundkenntnisse zu den Parteien und zum Grundgesetz der BR Deutschland abgefragt.*

*Bei den Lücken **(a)** bis **(d)** handelt es sich weitgehend um eine sinngemäße Wiedergabe des zentralen Art. 21 GG, durch den politische Parteien zum ersten Mal – vor allem auf Grund der negativen Erfahrungen mit politischen Parteien in der Weimarer Republik – in eine Bundesverfassung Eingang gefunden haben. Im Grundgesetz **(a)** wird ihnen so eine besondere verfassungsrechtliche Stellung zugewiesen. Diese Stellung nehmen sie seit 1949 **(b)** ein. Sie sind also mit Gründung der BR Deutschland und infolge des In-Kraft-Tretens des Grundgesetzes verfassungsrechtlicher Bestandteil der freien demokratischen Grundordnung **(c)**, deren Beeinträchtigung und Beseitigung zu einem Verbot einer als verfassungswidrig eingestuften Partei durch das Bundesverfassungsgericht **(e)** führen kann. Die herausragende Rolle, die politische Parteien für die Demokratie und hierbei insbesondere die politische Willensbildung spielen, begründet die staatliche **(d)** Parteienfinanzierung, die u. a. aus staatlichen Zuschüssen für erhaltene Wählerstimmen besteht.*

## 27 Fußball-EM 2016

▶ In Frankreich fand in diesem Jahr die Fußball-Europameisterschaft statt. Tragen Sie im Lösungbogen zu den Fragen 1 bis 5 jeweils bei der betreffenden Kennzahl den gesuchten Spielort ein. Ermitteln Sie diese ggf. anhand der vorgegebenen Marschzahlen mit Hilfe der nachfolgenden Windrose und der Grafik mit den EM-Spielorten. (Hinweis: relative Angaben jeweils ausgehend von Paris, alle Entfernungsangaben in Kilometern Luftlinie; die Marschzahl-Angaben (MZ) entsprechen den Zahlen auf der Windrose).

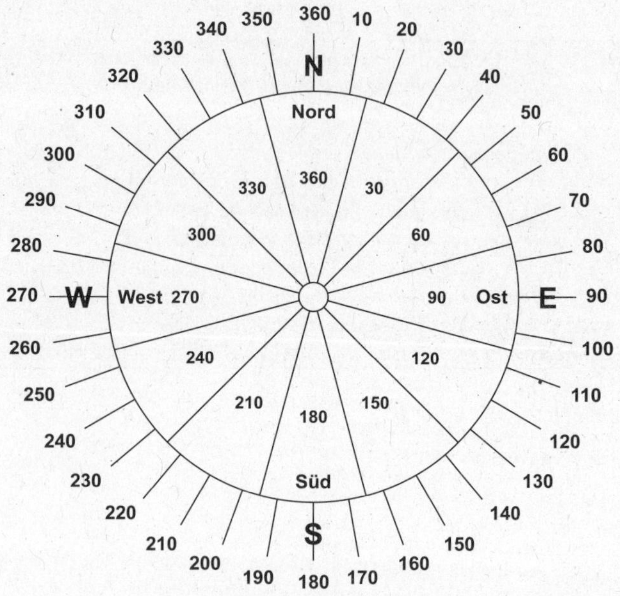


**Fragen:**

**1** Welcher Spielort liegt etwa bei MZ 95?

**2** Welcher Spielort liegt etwa bei MZ 145 in etwa 700 km Entfernung?

**3** Welcher Spielort liegt der Grenze zu Belgien am nächsten?

**4** Welcher Spielort ist etwa 500 km entfernt?

**5** Welcher Spielort liegt der Grenze zu Deutschland am nächsten?

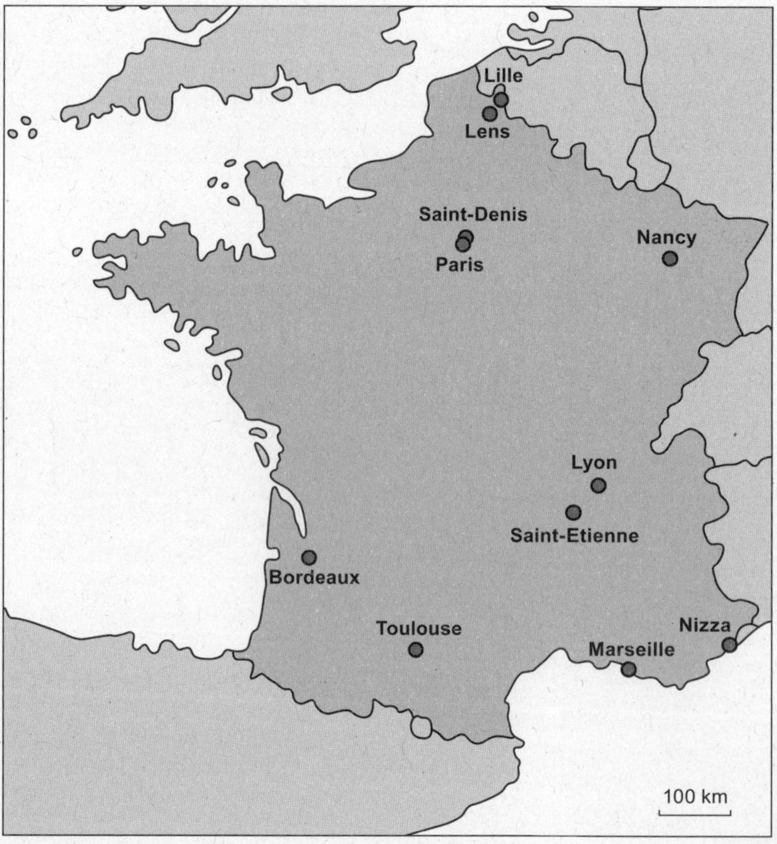


*(Quelle: http://www.kicker.de/news/fussball/em/startseite/552810/artikel_die-spielorte-der-euro-2016.html)*

**Meine Lösung:**

Tragen Sie Ihre Lösungen ein:

1 ______________________

2 ______________________

3 ______________________

4 ______________________

5 ______________________

5 P.

## 27 Fußball-EM 2016

Tragen Sie Ihre Lösungen ein:

1 **Nancy**

2 **Nizza**

3 **Lille**

4 **Bordeaux**

5 **Nancy**

je 1 Punkt, insgesamt 5 Punkte 5 P.

*Auch ohne Vorerfahrung im Navigieren, wie man es im Geografie-Unterricht lernt, kann diese Aufgabe gut bearbeitet werden, da die notwendigen Informationen in der Angabe angeführt sind, die eine Windrose und eine Karte enthält, an denen man sich orientieren kann. Wichtig hier vor allem ist der Hinweis in der Klammer, dass alle Angaben von Paris (!) ausgehen.*

1 *MZ 95 bedeutet, wie dem inneren Kreis der Windrose zu entnehmen ist, nahezu genau nach Osten. Hier ist nur ein Spielort (ausgehend von Paris!, siehe Angabe) und das ist fraglos Nancy.*

2 *MZ 145 deutet auf der Windrose in den Südosten und würde theoretisch in etwa zwei Spielorten entsprechen, Lyon und Nizza. Da die Entfernung aber mit 700 km angegeben ist, bleibt – mit Blick auf den Maßstab in der Karte – nur Nizza übrig.*

3 *Die belgische Grenze liegt nordöstlich von Paris, Lille ist ihr von allen Spielorten am nächsten, Lens liegt etwas südlicher und scheidet aus.*

4 *Um 500 km Entfernung abzumessen, bietet sich außer einem Lineal natürlich auch z. B. ein Stift an, den man in einzelne Abschnitte einteilt. Dann kann man ihn als einen Zirkelersatz verwenden und kommt auf Bordeaux als richtige Lösung. Lyon und Saint-Etienne sind nur ca. 400 km von Paris entfernt. Toulouse oder Marseille ca. 600 oder mehr Kilometer.*

5 *Die Grenze zu Deutschland, dem östlichen Nachbarn Frankreichs, sollte wohlbekannt sein. Hier liegt allein – Nancy.*

## 28 Sprachanalogien

▶ Wählen Sie bei den Aussagen a) bis d) am Ende aus den jeweiligen Lösungsvorschlägen A bis D jenes Wort aus, das logisch an das Ende der Sätze passt (Beispiel: MUTTER verhält sich zu TOCHTER wie VATER zu SOHN) und vermerken Sie jeweils den betreffenden Kennbuchstaben im Lösungsbogen.

| | | | | | | | | | |
|---|---|---|---|---|---|---|---|---|---|
| a) | Gerade verhält sich zu Viereck wie Kurve zu ? | **A** | Fläche | **B** | Kugel | **C** | Kreis | **D** | Quadrat |
| b) | Auto verhält sich zu Räder wie Flugzeug zu ? | **A** | Motor | **B** | Tragflächen | **C** | Düsen | **D** | Pilot |
| c) | Dichtung verhält sich zu Reportage wie Gemälde zu ? | **A** | Kunst | **B** | Foto | **C** | Lyrik | **D** | Plakat |
| d) | Kanal verhält sich zu Fluss wie Garten zu ? | **A** | Wiese | **B** | Rasen | **C** | Weg | **D** | Park |

**Meine Lösung:**

Tragen Sie jeweils den Kennbuchstaben ein:

a) __________ 1 P.

b) __________ 1 P.

c) __________ 1 P.

d) __________ 1 P.

## 28 Sprachanalogien

Tragen Sie jeweils den Kennbuchstaben ein:

a) **C** je 1 Punkt 1 P.

b) **B** je 1 Punkt 1 P.

c) **B** je 1 Punkt 1 P.

d) **A** je 1 Punkt 1 P.

*Sprachanalogien zählen zu beliebten Aufgabentypen in Intelligenz- und allgemeinen Wissenstests. Hier stehen sprachlogische, aber auch inhaltliche Kompetenzen auf dem Prüfstand. Vier Auswahlmöglichkeiten unterstützen Sie bei der vorliegenden Aufgabe bei der Suche nach der richtigen Lösung:*

*a) Die Gerade ist als Teil des Vierecks ähnlich zu sehen wie die Kurve als Teil des Kreises. Mit einer „Fläche" oder einem „Quadrat" hat eine Kurve nichts zu tun, ebenso wenig, bei näherer Betrachtung, mit einem „Kreis". Richtige Antwort:* ***C****.*

*b) Die Räder tragen das Auto auf dem Boden, die Tragflächen das Flugzeug in der Luft. „Motor" und „Düsen" als Antriebskräfte scheiden deshalb aus, der „Pilot" als menschlicher Faktor ebenso, da er im ersten Verhältnis (Auto – Räder) nicht enthalten ist: Richtige Antwort:* ***B****.*

*c) Der Begriff „Dichtung" weist im Gegensatz zur Reportage auf subjektive Züge und eine Vielzahl künstlerischer Ausdrucksmittel hin. Gleiches gilt für ein Gemälde im Gegensatz zum Foto, das in der Aufgabe begriffslogisch wie die Reportage auf die objektive Wiedergabe der Wirklichkeit zielt. Die Option „Lyrik" kommt hier nicht in Frage, da Lyrik eine literarische Gattung bezeichnet, „Kunst" ist zu allgemein, „Plakat" weniger treffend als „Foto". Richtige Antwort:* ***B****.*

*d) Hier geht es um eine Art „Zähmung". Der vormals wilde, unregulierte Fluss wird in einem Kanal „gezähmt". Der Garten „zähmt", formt die Natur, für die hier die (natürliche) „Wiese" steht mit einer Vielzahl von Pflanzen und auch Unkraut. Die Optionen „Rasen", „Weg" und „Park" als Ergebnis menschlicher Eingriffe in die Natur kommen hier nicht in Frage. Richtige Antwort:* ***A****.*

## 29 Schätzaufgaben

Hier geht es weniger um das genaue Ausrechnen, was mehr Zeit beanspruchen würde, sondern um gutes Schätzen!

▶ Wählen Sie aus den jeweiligen Auswahllisten den richtigen Wert aus und notieren Sie den betreffenden Kennbuchstaben im Lösungsbogen.

| Zahlenreihen: | | Auswahllisten: | | | | | | | |
|---|---|---|---|---|---|---|---|---|---|
| a) | 5768 + 5911 + 987 = **?** | **A** | 12684 | **B** | 13764 | **C** | 10975 | **D** | 12666 |
| b) | 17986 – 8916 – 565 = **?** | **A** | 7805 | **B** | 9505 | **C** | 8505 | **D** | 9976 |
| c) | 59 x 61 = **?** | **A** | 3509 | **B** | 3609 | **C** | 3599 | **D** | 3587 |
| d) | 0,25 x 0,04 = **?** | **A** | 0,01 | **B** | 0,1 | **C** | 0,111 | **D** | 1 |

**Meine Lösung:**

Tragen Sie jeweils den Kennbuchstaben ein:

a) __________ 2 P.**

b) __________ 2 P.**

c) __________ 2 P.**

d) __________ 2 P.**

## 30 Logik

▶ a) Ergänzen Sie die folgenden Zahlenreihen logisch und notieren Sie jeweils die gesuchte Zahl im Lösungsbogen.

Zahlenreihen:

| | | | | | | | |
|---|---|---|---|---|---|---|---|
| a) | 2 | 7 | 12 | 14 | 19 | **?** | |
| b) | 407 | 394 | 379 | 362 | **?** | | |
| c) | 3 | 6 | 18 | 36 | 108 | **?** | |
| d) | 1020 | 255 | 510 | 170 | 510 | 255 | **?** |

**Meine Lösung:**

a) Ergänzen Sie jeweils die gesuchte Zahl:

a) __________ 2 P.**

b) __________ 2 P.**

c) __________ 2 P.**

d) __________ 2 P.**

## 29 Schätzaufgaben

Tragen Sie jeweils den Kennbuchstaben ein:

| | | |
|---|---|---|
| a) **D** | 2 Punkte | 2 P.** |
| b) **C** | 2 Punkte | 2 P.** |
| c) **C** | 2 Punkte | 2 P.** |
| d) **A** | 2 Punkte | 2 P.** |

*Schätzaufgaben können natürlich auch berechnet werden, wenn man die Zeit dazu hat. In der Regel fallen aber mehrere Antwortmöglichkeiten gleich beim groben Überschlag heraus. „Vorteilhaft Rechnen" hilft dabei sicherlich:*

*a) Hier hilft ein kleiner Trick: Wenn man die jeweils letzten Zahlen addiert (8+1+7), dann muss bei der gesuchten Lösung eine „6" stehen, was nur bei **D** der Fall ist. Option B (13764) wäre ohnehin zu hoch, Option C (10975) zu niedrig, wie ein grober Überschlag schon deutlich macht.*

*b) Die Hunderterstellen bei den beiden ersten Zahlen (17986 und 8916) sind fast gleich, so dass man davon abstrahieren kann. 17000 – 8000 = 9000. Davon abgezogen rund 500 gibt 8500, was schnell zu Lösung **C** hinführt.*

*c) 3587 scheidet sofort aus, da als Ergebnis der vorliegenden Multiplikation (59 x 61) am Ende der gesuchten Zahl immer eine 9 stehen muss. Gleicht man die beiden Faktoren einander an (also 60 x 60), muss der Wert möglichst nah bei 3600 liegen. Richtige Lösung demnach **C** (3599).*

*d) Ein Viertel multipliziert mit 4 Hundertstel wird sicher weniger und kann nicht „1" (D) sein. Drei Stellen hinter dem Komma wie bei C (0,111) scheiden auch aus als mögliches Ergebnis der vorliegenden Multiplikation. Verschiebe ich die Zahlen nach dem Komma vor das Komma (x 100), da ich mich hinter dem Komma unsicher fühle, und multipliziere ich 25 x 4, kommt umgehend 100 heraus. Dieses Ergebnis muss nun nur noch um zwei Stellen hinter das Komma zurückgeführt werden. Richtige Lösung demnach: **A** (0,01) und nicht B (0,1). Gute Schätzer können dies natürlich auch intuitiv lösen!*

## 30 Logik

a) Ergänzen Sie jeweils die gesuchte Zahl:

| | | |
|---|---|---|
| a) **24** | 2 Punkte | 2 P.** |
| b) **343** | 2 Punkte | 2 P.** |
| c) **216** | 2 Punkte | 2 P.** |
| d) **1020** | 2 Punkte | 2 P.** |

*Aufgaben zur Logik, wie allenthalben aus Konzentrations- oder Intelligenztests bekannt, erfreuen sich in Prüfungssituationen großer Beliebtheit. Auch in diesem Jahr wurden daher wieder mehrere dieser Aufgaben gestellt. Bei a) geht es dabei um <u>Zahlenreihen</u>, bei b) um <u>symbolische Reihen</u>, die am Ende mit Hilfe einer Auswahlliste fortgesetzt werden sollen:*

***a)***

*a) Hier wird <u>addiert</u>. Die Zahlenreihe folgt dem Muster + 5, + 5,+ 2, + 5, also muss nun + 5 folgen. Richtige Lösung demnach: **24**.*

*b) Hier wird <u>subtrahiert</u>. Zunächst – 13, dann – 15, dann – 17. Die nächste Zahl, die man abziehen müsste, wäre also 19. Das Ergebnis ist **343**.*

*c) Die angegebenen Zahlen werden <u>multipliziert</u>, und zwar zuerst mit 2, dann mit 3, dann wieder mit 2, dann mit 3. Konsequenterweise muss man 108 mit 2 multiplizieren, das Ergebnis ist **216**.*

*d) Diese letzte Aufgabe ist vom Muster her die ungewöhnlichste. Es wird abwechselnd mit unterschiedlichen Zahlen <u>dividiert</u> und <u>multipliziert</u>. Zuerst wird 1020 durch vier geteilt, Ergebnis 255. 255 wird dann mal zwei gerechnet, Ergebnis 510. Dann wird durch 3 geteilt und dann mal drei gerechnet. Am Ende wird durch zwei geteilt und mal vier gerechnet, das Ergebnis lautet **1020**.*

▶ b) Ergänzen Sie die nachfolgenden Reihen logisch. Vermerken Sie den jeweils korrekten Kennbuchstaben aus den daneben abgebildeten Auswahllisten.

Reihen: Auswahllisten:

a)

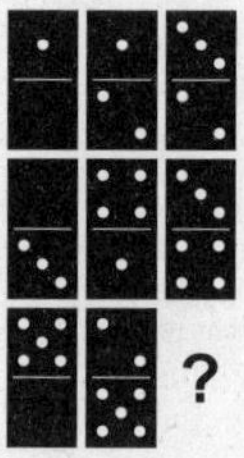

A B C D E F

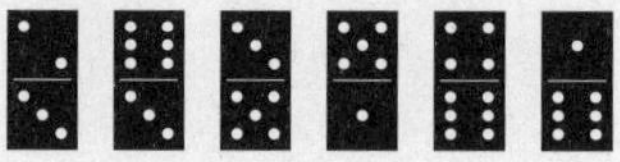

b)

A B C D

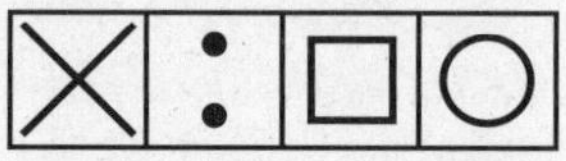

c)

A B C D

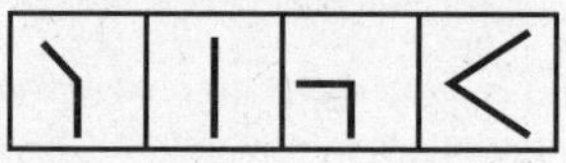

d)

A B C D E

e)

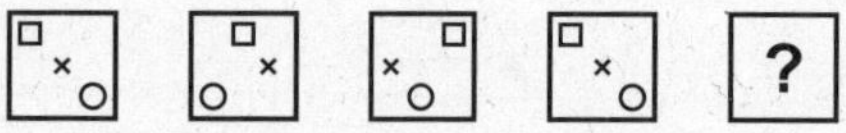

A B C D E

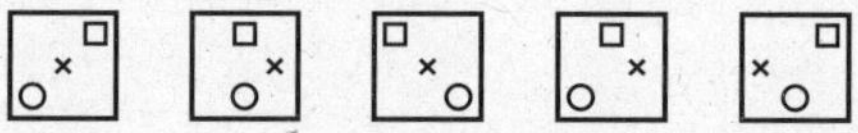

f)

A B C D E

g)

A B C D E

**Meine Lösung:**

b) Tragen Sie jeweils den Kennbuchstaben ein:

a) ____________ 2 P.**

b) ____________ 2 P.**

c) ____________ 2 P.**

d) ____________ 3 P.***

e) ____________ 3 P.***

f) ____________ 3 P.***

g) ____________ 3 P.***

b) Tragen Sie jeweils den Kennbuchstaben ein:

| | | |
|---|---|---|
| a) **B** | 2 Punkte | 2 P.** |
| b) **C** | 2 Punkte | 2 P.** |
| c) **B** | 2 Punkte | 2 P.** |
| d) **B** | 3 Punkte | 3 P.*** |
| e) **D** | 3 Punkte | 3 P.*** |
| f) **E** | 3 Punkte | 3 P.*** |
| g) **A** | 3 Punkte | 3 P.*** |

***b)***

*a) Die Lösung lautet:* ***Bild B*** *der Auswahlreihe. In den drei Reihen aus Dominosteinen wird nach rechts jeweils 2 auf den Gesamtwert des vorangehenden Dominosteins addiert. Also: Erste Reihe = 1, dann plus 2 = 3, dann plus 2 = 5. Zweite Reihe: 3, dann plus 2 = 5, dann plus 2 = 7. Dritte Reihe 5, dann plus 2 = 7, dann – logisch! – plus 2 = 9.*

*b) Es wird von links nach rechts stets ein Strich hinzugefügt, daher müssen in der Lösungsform vier Striche erscheinen. Die Lösung ist* ***Bild C*** *der Auswahlreihe, das Quadrat.*

*c) Wie bei einer (gegenläufig funktionierenden) Uhr klappt der Zeiger um je ein Achtel gegen den Uhrzeigersinn nach oben. Die Lösung ist daher:* ***Bild B*** *der Auswahlreihe.*

*d) Die Bilder zeigen jeweils zwei Säulen, die nach und nach wechselseitig durch jeweils ein schwarzes Feld ergänzt werden, beginnend mit der rechten Säule in Bild 2 unten, fortgesetzt in Bild 3 in der linken Säule an selber Stelle, gefolgt von rechts oben in der rechten Säule in Bild 4. Folgen wir dieser Logik ist in Bild 5 wieder die linke Säule dran, die ergänzt werden muss. Dies kann nur noch durch einen mittleren Balken geschehen. Richtige Lösung demnach:* ***Bild B*** *der Auswahlreihe. Alle anderen Bilder der Auswahlliste scheiden aus.*

*e) In einem großen Quadrat befinden sich drei Symbole (Quadrat, x und Kreis), die sich in Bild 2–4 auf ihrer jeweiligen Ebene bewegen und dabei jeweils unterschiedliche Positionen einnehmen: links, Mitte, rechts. Verfolgt man die Bewegungen des Quadrats (links, Mitte, rechts, links), dann wird klar, dass es im fehlenden Bild wieder mittig stehen muss. Folgt man den Bewegungen des x (Mitte, rechts, links, Mitte), dann wird klar, dass es am Ende wie in Bild 2 wieder rechts stehen muss. Beim Kreis (rechts, links, Mitte, rechts) ist logisch, dass es am Ende nach der den Verschiebungen zugrunde liegenden Logik wieder links stehen muss. Als richtige Antwort kommt deshalb nur* ***Bild D*** *der Auswahlreihe in Frage, identisch mit Bild 2.*

*f) Bild 1 zeigt ein großes Quadrat, das in vier gleich große Dreiecke aufgeteilt ist. Sie sehen vier Symbole (Kreuz, Dreieck, Kreis und Quadrat), die drei Dreiecken zugeordnet sind, ein Dreieck bleibt hier wie im Folgenden immer leer. Verfolgen Sie die Bewegungen der Symbole, werden Sie in Bild 2–4 unterschiedliche Bewegungen feststellen, die in Bild 5 nach der zugrunde liegenden Logik fortgesetzt werden müssen. Das Kreuz wechselt in Bild 2 von links nach rechts, in Bild 3 wieder nach links, dann erneut nach rechts, muss am Ende folglich wieder rechts stehen. Das Dreieck steht in Bild 1 im linken Dreieck und bewegt sich in der Folge gegen den Uhrzeigersinn durch das untere, rechte und obere Dreieck und kommt in Bild 5 demnach wieder an seiner Ausgangsposition an. Der Kreis bewegt sich in umgekehrter Richtung durch alle Teile des Quadrats und muss schlussendlich wieder unten stehen. Das Quadrat beschreibt keine Kreisbahn, sondern pendelt wie das Kreuz (nur in umgekehrter Richtung) von rechts nach links, von links nach rechts, von rechts nach links und muss folglich am Ende wieder rechts stehen. Richtige Lösung demnach:* ***Bild E*** *der Auswahlreihe.*

*g) Analog zu Aufgabe e) wandern in der Bilderfolge die drei an unterschiedlichen Stellen (links, Mitte, rechts) gesetzten Symbole (Kreis, Ball, Dreieck). Verfolgen Sie die jeweiligen Veränderungen in den drei Spalten und setzen Sie sie für Bild 5 fort, wird klar, dass die richtige Schlussformation* ***Bild A*** *der Auswahlreihe sein muss. Der Kreis verschiebt sich von der Mitte zunächst nach links, dann nach rechts und wieder in die Mitte und muss am Ende demnach wieder links stehen. Der Ball steht anfangs links, wandert dann nach rechts und in die Mitte, dann zurück nach links und steht folglich in Bild 5 wieder rechts. Das Dreieck beginnt rechts, wandert über die Mitte nach links und springt in Bild 4 zurück nach rechts. Endposition: Mitte!*

## 31 Abhandlung

**Thema: Es läuft derzeit nicht gut für Münzen und Scheine: Die Bundesregierung will Bargeld-Zahlungen auf 5.000 Euro begrenzen, die Europäische Zentralbank hat 2016 bereits beschlossen, die 500-Euro-Banknote abzuschaffen. Eine Diskussion um die Abschaffung des Bargeldes ist entbrannt.**

▶ Nehmen Sie Stellung zu dieser Entwicklung. Entfalten Sie **drei** Argumente zu diesem aktuellen Thema.

*Von der Beifügung einer Gliederung sowie von Einleitung und Schluss – wie sie bei Schulaufsätzen üblich sind – ist abzusehen. Bitte setzen Sie **nach jedem Argument eine Leerzeile** und achten Sie auf eine ansprechende **äußere Form.***

*Für die Bearbeitung wird eine Arbeitszeit von **75 Minuten** vorgeschlagen. Benutzen Sie für Ihre Ausführungen die Seiten 9 bis 11 des **Lösungsbogens**.*

## 31 Abhandlung

**Thema: Es läuft derzeit nicht gut für Münzen und Scheine: Die Bundesregierung will Bargeld-Zahlungen auf 5.000 Euro begrenzen, die Europäische Zentralbank hat 2016 bereits beschlossen, die 500-Euro-Banknote abzuschaffen. Eine Diskussion um die Abschaffung des Bargeldes ist entbrannt.**

Nehmen Sie Stellung zu dieser Entwicklung. Entfalten Sie **drei** Argumente zu diesem aktuellen Thema.

*Korrekturhinweise:*

*Die Aufgabenstellung **fordert keine** erschöpfende dialektische Erörterung, die schulmäßig das Pro und Kontra zum vorgegebenen Thema entwickelt und am Ende einer Synthese mit Lösungsvorschlag zuführt. **Erwartet wird** eine differenzierte und in sich runde Stellungnahme, die sich auf einem für den Einstieg in die dritte Qualifikationsebene angemessenen Reflexionsniveau bewegt. Hierbei könnten **u. a.** folgende Aspekte aufgegriffen und diskutiert werden:*

***Für** eine Abschaffung des Bargeldes sprechen beispielsweise:*

- *Zeitersparnis durch Wegfall von Wegen zur Bank bzw. zum Bankautomaten, um Bargeld einzuzahlen oder abzuheben*
- *keine unmittelbare Verlustgefahr von Geldwerten: Schutz durch PIN bzw. Möglichkeit der Sperrung der Geldkarte*
- *Verhinderung der Geldwäsche von organisierten Banden bzw. aus illegalen Geschäften, z. B. im Bereich des Drogenhandels, der Zwangsprostitution oder dem internationalen Terrorismus (Hinweis: Umfang der Geldwäsche allein in Deutschland p. a. ca. 100 Mrd. Euro!)*
- *Eindämmung der Schattenwirtschaft, z. B. im Bereich des Immobilien-, Kunst- und Gebrauchtwagenhandels oder des Handwerks (dadurch Erhöhung der Steuereinnahmen)*
- *Verhinderung von Banküberfällen oder Geldautomaten-Sprengungen sowie von Überfällen am Geldautomaten; Rückgang der Raubkriminalität*
- *Kostenersparnis: Münzen und Scheine müssen geprägt und gedruckt werden. 2014 z. B. kostete der Druck von Scheinen der Bundesbank fast 100 Mio. Euro. Hinzu kommt der Aufwand für den Transport von der Bundesbank zu den Geschäftsbanken sowie zum Einzelhandel (und zurück), begleitet von den damit verbundenen Sicherheitsvorkehrungen. Alle mit diesem Kreislauf verbundenen Kosten gehen letztlich zu Lasten des Steuerzahlers, Bankkunden bzw. Verbrauchers.*
- *Einfachheit und Akzeptanz des bargeldlosen Zahlungsverkehrs: Das Bezahlen mit Karte geht leicht und erfreut sich großer Akzeptanz in der Bevölkerung, wie das Beispiel Skandinavien zeigt, wo nur mehr ein Viertel aller Einkäufe in bar abgewickelt wird. (Zum Vergleich: Deutschland = 80 %)*
- *Wirtschafts- und Geldpolitik: Die Abschaffung von Bargeld würde die private Hortung von Geld verhindern. Sparer und Betriebe könnten durch Straf- bzw. Minuszinsen auf Ersparnisse leichter zu Investitionen bewegt werden.*

***Gegen** eine Abschaffung des Bargeldes sprechen u. a.:*

- *rasche und unkomplizierte Abwicklung des Zahlungsverkehrs, nicht zuletzt bei kleinen Beträgen*
- *jederzeitige Durchführbarkeit des Zahlungsverkehrs durch Unabhängigkeit von (mitunter störanfälligen) Überweisungsmedien, z. B. Kartenlesegeräte der Verkäufer, Telefon, Geldkarte oder Smartphone*
- *geringe Akzeptanz eines ausschließlich bargeldlosen Zahlungsverkehrs in der Bevölkerung*
- *Sicherheit von Bargeld (begrenztes Verlustrisiko)*
- *Datenschutz: keine Speicherung des Zahlungsverkehrs im Internet, Verhinderung von Datenmissbrauch und Profilbildung zum Zweck der Überwachung und Kontrolle*
- *Unübersichtlichkeit des Ausgabeverhaltens mit Geldkarte, Gefahr der höheren Verschuldung*
- *Enthaltsamkeit gegenüber digitalen Medien und Online-Banking v. a. der älteren Generation*
- *Bewahrung der Freiheit der Bürger gegenüber Banken und Regierung durch die Möglichkeit, Geld auch privat ansparen zu können, ohne Investitionszwang und bei Vermeidung von Bankgebühren und ggf. Straf- bzw. Minuszinsen*

*Die **besondere Qualität** einer Abhandlung zeigt sich, wenn in der Ausführung neben der Alltagsebene auch allgemein wirtschaftliche, gesellschaftliche und politische Aspekte zur Sprache kommen. Gleiches gilt für die begründete Abwägung von Einzelmaßnahmen, wie sie der Themastellung entnommen werden können.*

**Bewertungskriterien „Inhalt" und „Argumentation" (= I/A)**

- Themarelevanz und Vielfalt der Bezüge
- Differenziertheit der Argumentation
- Anschaulichkeit der Beispiele
- Übersichtlichkeit des Aufbaus
- Stichhaltigkeit der Logik
- Adäquatheit des Abstraktionsniveaus
- Klarheit der Aussage

**Bewertungskriterien „Sprache" und „Form" (= S/F)**

- Angemessenheit der Wortwahl
- Korrektheit von Grammatik und Satzbau
- „Lesbarkeit"
- Korrektheit von Rechtschreibung und Zeichensetzung
- Schriftbild und äußere Form

## Abkürzungen für die Korrektur

Bei der Korrektur sind folgende **Korrekturzeichen** zu verwenden:

**A** = Ausdruck
**Bz** = Bezug
**Gr** = Grammatik
**R** = Rechtschreibung
**Sb** = Satzbau
**Wh** = Wiederholung
**Z** = Zeichensetzung

## Benotung

Für beide Bewertungsdimensionen („Inhalt"/„Argumentation" und „Sprache"/„Form") ist jeweils eine Note zu vergeben. Die Benotung richtet sich nach folgender **Notenskala** (§ 27 APO):

sehr gut (1) = eine besonders hervorragende Leistung,
gut (2) = eine Leistung, die die durchschnittlichen Anforderungen übertrifft,
befriedigend (3) = eine Leistung, die in jeder Hinsicht durchschnittlichen Anforderungen entspricht,
ausreichend (4) = eine Leistung, die trotz ihrer Mängel durchschnittlichen Leistungen noch entspricht,
mangelhaft (5) = eine an erheblichen Mängeln leidende, im Ganzen nicht brauchbare Leistung,
ungenügend (6) = eine völlig unbrauchbare Leistung.

**Punkteermittlung**

Die aus der Korrektur resultierenden Noten sind entsprechend der nachstehenden Tabelle in Punkte umzurechnen. Innerhalb einer Note können nur jeweils drei Abstufungen vorgenommen werden, um dadurch ggf. auch Plus- oder Minus-Tendenzen zum Ausdruck zu bringen.

| Note | Punkte | |
|---|---|---|
| | I/A | S/F |
| 1 | 39 – **42** – 45 | 13 – **14** – 15 |
| 2 | 30 – **33** – 36 | 10 – **11** – 12 |
| 3 | 21 – **24** – 27 | 7 – **8** – 9 |
| 4 | 12 – **15** – 18 | 4 – **5** – 6 |
| 5 | 3 – **6** – 9 | 1 – **2** – 3 |
| 6 | **0** | **0** |

Im **Bewertungsschema Abhandlung** (s. Lösungsbogen S. 11) sind jeweils die vergebene Note und die Punktezahl anzugeben sowie in einer stichwortartigen Bemerkung die Erwägungen für die Benotung aufzuzeigen.

| | | |
|---|---|---|
| Gesamtpunkte der Aufgabe 31 (max. 60 Punkte) | | |
| Gesamtpunkte der Aufgabe 1 bis 30 (max. 240 Punkte) | | |
| Gesamtpunkte der Aufgaben 1 bis 31 (max. 300 Punkte) | | |

# 4 DIE PRÜFUNGSAUFGABEN FÜR DAS EINSTELLUNGSJAHR 2018

MIT LÖSUNGEN UND HINWEISEN

Als Übung lesen Sie die Aufgaben auf den linken Seiten sorgfältig durch.

Decken Sie dabei die rechte Seite jeweils ab und tragen Sie unter „Meine Lösung" die Ihrer Meinung nach richtige Lösung ein.

Vergleichen Sie Ihre Antwort dann mit der Musterlösung auf der rechten Seite.

**Text** Dieser Text ist für die Bearbeitung der Aufgaben Nummer 1 bis 5 notwendig.

# Guido Bohsem: Der große Gleichmacher

**Abschnitt 1**

Als Apple am 29. Juni 2007 das iPhone präsentierte, war das ein Aufbruch in eine neue Zeit. Die Digitalisierung hatte ihren bislang sichtbarsten Ausdruck gefunden. Das Gerät machte einen neuen Zugang zu den Informationen der Welt möglich, die nun an jedem Ort verfügbar waren (mit Ausnahme der Bahnstrecke von Hamburg nach Berlin vielleicht). Das Smartphone steht wie kaum ein anderes Instrument für die Vernetzung der Menschen untereinander, und es steht für die Vernetzung der Maschinen. Es war die erste globale Manifestation des Internet of Everything. Galt das Smartphone anfangs als Luxus, gibt es inzwischen Geräte, die weniger als 85 Euro kosten und jede Menge leisten. Aus dem Spielzeug einer digitalen Elite ist ein Produkt geworden, das jeder nutzen kann.

**Abschnitt 2**

Die Verfügbarkeit des Smartphones ist beispielhaft für einen zentralen Effekt, den die Digitalisierung auf die Gesellschaft hat. Sie macht sie gleicher, auch gerechter. Die Digitalisierung ist der größte Gleichmacher unserer Zeit. Sie revolutioniert Produktionsprozesse, sie automatisiert Abläufe und macht alle freier.

**Abschnitt 3**

Geht es um Gleichheit, richtet sich das Augenmerk vor allem auf die großen Unterschiede beim Einkommen und beim Vermögen. Doch dabei wird oft vergessen, dass zum Thema Gleichheit auch die sogenannte Teilhabe gehört. Gleichheit definiert sich eben nicht nur im Unterschied von Arm und Reich, sondern auch über den Zugang zu Bildung, Information, kulturellen Leistungen, ja, sogar über die Möglichkeit Konsumgüter zu erhalten. Gleichheit hat mit gleichen Chancen zu tun. Die Chance auf den guten oder besseren Job, die Möglichkeit, seine Arbeit mit der Familie zu verbinden, die Gelegenheit, sein begrenztes Umfeld zu weiten und neue Wege zu entdecken und zu gehen.

**Abschnitt 4**

Das Internet hat bereits einen gewaltigen Beitrag zur Gleichheit geleistet. Einst war der große Brockhaus der teure Stolz im Bücherschrank eines jeden bildungsbürgerlichen Haushalts. Heute stellt das Internet das Wissen der Welt kostenlos zur Verfügung. Der Brockhaus passt in die Hosentasche. Es gibt ihn inzwischen nämlich auch als App.

**Abschnitt 5**

Wer möchte, kann sich über das Internet für wenig Geld in die Vorlesungen der besten Universitäten der Welt einschreiben. Man kann umsonst Konzerte hören, an Theaterabenden teilhaben, Filme schauen, Nachrichten lesen. Ja, sogar Amazon hat zu mehr Gleichheit beigetragen. Wer in den 1990er-Jahren auf dem Land lebte, musste noch lange Wege in die nächste Stadt auf sich nehmen, um seltene oder ungewöhnliche Dinge kaufen zu können. Heute ist auch das exotischste Produkt in ungeheurer Vielfalt leicht zu erstehen. Es ist nur noch einen Klick entfernt.

**Abschnitt 6**

Dieser Trend zu mehr Gleichheit wird sich fortsetzen, je mehr die Digitalisierung voranschreitet und je mehr die Menschen lernen, das Internet nicht nur für lustige Filmchen, den Austausch von Belanglosigkeiten oder den Konsum von Pornografie zu nutzen. Zentral wird sein, dass die Digitalisierung unsere Arbeitswelt entscheidend verbessern und für mehr Gerechtigkeit sorgen wird.

**Abschnitt 7**

Ein paar Beispiele: Schon in den vergangenen Jahrzehnten ist die Zahl der Menschen, die im Job zu Tode kommen, deutlich gesunken. Das hat auch damit zu tun, dass Maschinen die wirklich gefährlichen Arbeiten übernehmen. Sie werden das in Zukunft noch viel häufiger tun, weil die Fortschritte in der Entwicklung von leistungsfähigen Robotern und Sensoren sie noch besser dazu in die Lage versetzen werden. Die neue Technik wird somit eine Ungleichheit der Arbeitswelt beseitigen, die in sicherere und gefährliche Jobs geteilt war.

**Abschnitt 8**

Die Digitalisierung wird die Gleichheit von Frau und Mann fördern. Eine immer intensivere Zusammenarbeit von Mensch und Maschine ermöglicht es zudem Frauen, in Arbeitswelten vorzudringen, die derzeit zumeist nur Männern offenstehen – einfach, weil sie physisch zu anstrengend sind. Je enger Menschen mit Maschinen zusammenarbeiten können, desto weniger Kraft braucht der Mensch und desto geringer ist der Unterschied, ob ein Mann oder eine Frau den Job erledigt.

**Abschnitt 9**

Auch für die Familie werden sich die neuen technologischen Möglichkeiten segensreich auswirken. Die Digitalisierung führt schon jetzt dazu, dass sich Tätigkeiten zu Hause erledigen lassen, für die früher die Fahrt ins Büro notwendig war. Das lässt mehr Raum für die Betreuung der Kinder. Dabei geht es nicht nur um ein Mehr an Heimarbeit. Nein, interessant dürften vor allem die Mischformen werden – weil es leichter möglich ist, Arbeitszeit flexibel über den Tag zu verteilen.

**Abschnitt 10**

Aber auch das tägliche Leben wird durch die Digitalisierung fairer und gerechter. Sie wird zum Beispiel im Gesundheitswesen dazu führen, dass Patienten besser behandelt werden – egal, welchen gesellschaftlichen Status sie haben. Schon heute gibt es Krankenhäuser, die Röntgenbilder und Aufnahmen aus dem CT nicht mehr nur von den eigenen Ärzten begutachten lassen. Sie schicken die problematischen Fälle zu den Besten ihres Fachs. Gut behandelt wird nicht mehr nur der, der zufällig in der Nähe des Spezialisten wohnt. Der Spezialist ist auch für Menschen in ländlichen Regionen verfügbar.

**Abschnitt 11**

Die Liste ließe sich weiter fortsetzen. Die Aussichten sind großartig. Trotz der Aussicht auf eine bessere Welt sind die Menschen nicht zuversichtlich, sondern sorgen sich. Verbreitet ist vor allem die Furcht, die Roboter würden den Menschen die Arbeit wegnehmen, dass die Maschinen Jobkiller werden. Sie wird beflügelt durch eine einflussreiche Studie der Oxford-Wissenschaftler Carl Frey und Michael Osborne aus dem Jahr 2013. Darin postulieren die Wissenschaftler, dass die Digitalisierung 47 Prozent der Jobs überflüssig machen werde. Inzwischen wurde ihre These von zahlreichen anderen Untersuchungen infrage gestellt, die in der Regel sogar mehr Jobs durch die Digitalisierung erwarten.

**Abschnitt 12**

Das Problem des digitalen Wandels ist nicht der Wandel an sich. Es ist seine Geschwindigkeit. Ändert sich die Berufswelt langsam, kommt es auch bei den Beschäftigten zu wenig Ausfällen. Die Frage wird sein, ob die Arbeitnehmer damit Schritt halten können. Denn so einfach ist es nicht, eine ganz neue Tätigkeit zu erlernen und das schon gar nicht mehrmals im Berufsleben. Das geht nur mit grundlegender Bildung und stetiger Fortbildung im Sinn der Digitalisierung.

**Abschnitt 13**

Es gibt noch einiges zu tun, damit der Gleichmacher Digitalisierung nicht zum Jobkiller wird. In vielen Ländern gehören Codieren und Programmieren bereits zur Grundschulbildung, etwa in Estland, Belgien oder Finnland. Der Umgang mit Algorithmen wird gelehrt. Die US-Universität Stanford erarbeitet derzeit zusammen mit Google ein Programm, das schon Kindergarten-Kindern spielerisch die Denkstrukturen des sogenannten Codings beibringt. Hierzulande hat das Schulsystem noch nicht auf den zukünftigen Bedarf reagiert. Das ist gefährlich, weil dieses digitale Grundwissen eine große Rolle in den neuen Jobs spielen wird. Wachsen die Kinder ohne auf, werden sie auch in der gleicheren, digitalen Welt benachteiligt.

*(Süddeutsche Zeitung, 3./4. September 2016, Nr. 204, S. 24, abgeändert)*

**Hinweise:**

**Beachten Sie, dass unter Aufgabe 29 (Seite 204) eine Abhandlung zu fertigen ist. Planen Sie hierfür eine Bearbeitungszeit von etwa 75 Minuten ein.**

**Vor der Beantwortung der nachfolgenden Fragen Nrn. 1–5 lesen Sie bitte den Text „Der große Gleichmacher" (Text auf Seite 132 f.) aufmerksam durch.**

## 1 Inhalt des Textes

▶ Kreuzen Sie im Lösungsbogen an, ob es im Text **„Der große Gleichmacher"** um die folgenden Themen **hauptsächlich, eher beiläufig/punktuell** oder **überhaupt nicht** geht.

**1** Reaktionen der Menschen auf den technischen Fortschritt

**2** Zunehmende Gefahr von Hacker-Angriffen

**3** Veränderung der Lebens- und Arbeitswelt im Zeitalter der Digitalisierung

**4** Rechtliche Fragestellungen im Zeitalter des Internets

**5** Medienbildung an deutschen Schulen

**6** Ausgleich der Lebensbedingungen zwischen Stadt und Land

**7** Das Smartphone als Schlüsselerfindung der Gegenwart

**8** Vereinbarkeit von Familie und Beruf

**9** Fake News

**Meine Lösung:**

| Kreuzen Sie an: | 1 | 2 | 3 | 4 | 5 | 6 | 7 | 8 | 9 |
|---|---|---|---|---|---|---|---|---|---|
| hauptsächlich | ☐ | ☐ | ☐ | ☐ | ☐ | ☐ | ☐ | ☐ | ☐ |
| eher beiläufig/punktuell | ☐ | ☐ | ☐ | ☐ | ☐ | ☐ | ☐ | ☐ | ☐ |
| überhaupt nicht | ☐ | ☐ | ☐ | ☐ | ☐ | ☐ | ☐ | ☐ | ☐ |

9 P.

| KORREKTURRAND NUR FÜR DEN KORREKTOR | |
|---|---|
| Erst- | Zweit- |
| korrektor | |
| rot | grün |
| 9 P. | |

## 1 Inhalt des Textes

| Kreuzen Sie an: | 1 | 2 | 3 | 4 | 5 | 6 | 7 | 8 | 9 |
|---|---|---|---|---|---|---|---|---|---|
| hauptsächlich | | | X | | | | X | | |
| eher beiläufig/punktuell | X | | | | X | X | | X | |
| überhaupt nicht | | X | | X | | | | | X |

je 1 Punkt, insgesamt 9 Punkte
kein Punkt für jede Spalte mit mehr als einem Kreuz

*Tipp: Beachten Sie vor Beginn und während der Textarbeit die Arbeitsschritte in Kap. 2.1.1 dieses Buches!*

*Die erste Aufgabe zum Basistext der Auswahlprüfung überprüft Ihr Textverständnis hinsichtlich des Inhalts der Vorlage. Hier gilt es nach einem ersten überfliegend-orientierenden Lesen („Worum geht es überhaupt?") durch eine genau an den Aufgaben orientierte Lektüre zu entscheiden, ob die bei Nr. 1 bis 9 genannten Themen:*

- *mehrmals im Text vorkommen und diesen dominieren (dann: „hauptsächlich"),*
- *eher am Rande und dabei nur kurz angesprochen werden (dann: „eher beiläufig/punktuell") oder*
- *überhaupt nicht Gegenstand der Vorlage sind (dann: „überhaupt nicht").*

*Bei der genauen Lektüre werden Sie feststellen:*

*keine Entsprechung zum Text:*

*Bereits beim ersten Lesen wird klar, dass die zunehmende Gefahr von Hacker-Angriffen (Thema 2) oder rechtliche Fragestellungen im Zeitalter des Internets (Thema 4) an keiner Stelle des Textes Erwähnung finden. Die seit dem Amtsantritt von US-Präsident Donald Trump allerorten diskutierten „Fake News" (Thema 9) werden im Text von Guido Bohsem ebenfalls nicht angesprochen. Demnach können diese Themen schnell als erledigt abgehakt werden. Bleiben nur noch sechs Aussagen, die es zu überprüfen gilt.*

*hauptsächlich:*

*Ebenso schnell dürften Sie bereits beim ersten oder zweiten Lesen erkennen, dass im Zentrum des Artikels fraglos die Themen Nr. 3 und 7 stehen – die Veränderung der Lebens- und Arbeitswelt im Zeitalter der Digitalisierung (Thema 3) sowie das Smartphone als Schlüsselerfindung der Gegenwart (Thema 7). Beide Themen sind vom Anfang bis zum Schluss des Textes präsent.*

*eher beiläufig/punktuelle Erwähnung:*

- *Thema 1: Abschnitt 11 weist auf die Sorgen vieler Menschen hin, durch Roboter am Arbeitsplatz ersetzt zu werden und dadurch ihren Arbeitsplatz zu verlieren.*
- *Thema 5: Abschnitt 12 leitet am Ende zum Thema „Bildung im digitalen Zeitalter" über, das in Abschnitt 13 im Mittelpunkt steht. Für deutsche Schulen wird hier im internationalen Vergleich ein deutlicher Nachholbedarf festgestellt.*
- *Thema 6: Der Ausgleich der Lebensbedingungen zwischen Stadt und Land klingt erstmals in Abschnitt 5 (Z. 25 f.) an, der die Verbesserung der Einkaufssituation der ländlichen Bevölkerung durch Amazon hervorhebt. In Abschnitt 10 (Z. 52 f.) wird die Verbesserung der medizinischen Versorgung betont, die durch moderne Kommunikationsmedien auch der Landbevölkerung zugute kommt.*
- *Thema 8: Die bessere Vereinbarkeit von Familie und Beruf wird erstmals in Abschnitt 3 (Z. 17) erwähnt und in Abschnitt 9 weiter ausgeführt. Hauptthema des Artikels ist sie aber ebenso wenig wie die Themen 1, 5 oder 6.*

## 2 Textaufbau

In welchem Abschnitt ...

**A** fordert der Autor ein Umdenken der Bildungspolitik?

**B** fasst der Autor seine Einschätzung zur zentralen These des Textes kompakt zusammen?

**C** findet sich eine Auseinandersetzung mit wissenschaftlichen Positionen?

**D** werden die Standpunkte politischer Parteien in Deutschland dargestellt?

**E** beschreibt der Autor den positiven Einfluss der Digitalisierung auf die Work-Life-Balance?

**F** wird der Zentralbegriff der Argumentation des Autors geklärt?

**G** wird dargestellt, wie die Digitalisierung zu einer Verringerung der Risiken in der Arbeitswelt beiträgt?

**H** wird aufgezeigt, wie durch Digitalisierung wohnortbedingte Nachteile bei der medizinischen Versorgung abgebaut werden können?

▶ Tragen Sie jeweils die Nummer des zutreffenden Textabschnitts in den Lösungsbogen ein.

Hinweis:
Eine Frage hat keine Entsprechung zum Text. Vermerken Sie dies im Lösungsbogen beim betreffenden Kennbuchstaben mit der Ziffer 0.

**Meine Lösung:**

Tragen Sie jeweils die Nummer des zutreffenden Textabschnitts ein:

| | A | B | C | D | E | F | G | H |
|---|---|---|---|---|---|---|---|---|
| **Abschnitt** | | | | | | | | |

8 P.

## 2 Textaufbau

Tragen Sie jeweils die Nummer des zutreffenden Textabschnitts ein:

| | A | B | C | D | E | F | G | H |
|---|---|---|---|---|---|---|---|---|
| **Abschnitt** | **13** | **2** | **11** | **0** | **9** | **3** | **7** | **10** |

je 1 Punkt, insgesamt 8 Punkte | 8 P.

*Aufgabe 2 hängt eng mit Aufgabe 1 zusammen. Sinnabschnitte sollen verortet werden, um so Ihr Verständnis für den Textaufbau testen zu können. Hierbei ist sicher ein nochmaliges Lesen erforderlich. Die Bildung von Zwischenüberschriften erleichtert die Lösung der Aufgabe:*

A *Für ein Umdenken in der Bildungspolitik spricht sich der Autor in Abschnitt 13 aus, in dem er eine intensivere Vermittlung digitalen Grundwissens fordert.*

B *Die Digitalisierung mache die Welt gleicher und gerechter. Diese zentrale These Bohsems findet sich kompakt in Abschnitt 2.*

C *Eine Auseinandersetzung mit wissenschaftlichen Positionen findet sich in Abschnitt 11, in dem der Autor das Ergebnis einer einflussreichen Studie der Universität Oxford zusammenfasst und mit Blick auf zahlreiche andere Studien infrage stellt.*

D *Die Standpunkte politischer Parteien kommen im Text überhaupt nicht vor. Deshalb an dieser Stelle: 0.*

E *Den positiven Einfluss der Digitalisierung auf die Work-Life-Balance beschreibt der Autor in Abschnitt 9 am Beispiel der besseren Vereinbarkeit von Familie und Beruf durch die Ermöglichung von Heimarbeit und die flexible Verteilung der Arbeitszeit über den Tag.*

F *Die Digitalisierung mache die Welt gleicher, lautet die zentrale These des Autors. „Gleichheit" ist infolgedessen der Zentralbegriff seiner Argumentation. Er wird in Abschnitt 3 differenziert und erläutert.*

G *Um die Verringerung der Risiken der Arbeitswelt durch die Übernahme gefährlicher Arbeiten durch Maschinen und Roboter geht es in Abschnitt 7.*

H *Die Verbesserung der medizinischen Versorgung auch des flachen Landes durch digitale Kommunikationsmedien ist Thema von Abschnitt 10.*

## 3 Meinung des Autors

▶ Kreuzen Sie im Lösungsbogen an, welche der folgenden Aussagen der im Text zutage tretenden Meinung des Autors **entsprechen**, welche ihr **nicht entsprechen** und welche dem Text **nicht zu entnehmen** sind.

**Aussagen:**

**1** Kinder- und Jugendmedienschutz ist heute dringender denn je.

**2** Das Smartphone vertieft den digital gap in der Gesellschaft.

**3** Eine generelle Furcht vor Robotern ist unangebracht.

**4** Frauen gehören zu den Verlierern der digitalen Revolution.

**5** Computerspiele stellen einen wichtigen Wirtschaftsfaktor dar.

**6** Medienbildung ist ein Gebot der Stunde.

**7** Gut, dass der Brockhaus digital zu haben ist.

**8** Das Internet ist ein Ort vielfältiger Möglichkeiten.

**Meine Lösung:**

| Kreuzen Sie an: | **1** | **2** | **3** | **4** | **5** | **6** | **7** | **8** |
|---|---|---|---|---|---|---|---|---|
| entspricht der Meinung des Autors | | | | | | | | |
| entspricht nicht der Meinung des Autors | | | | | | | | |
| nicht dem Text zu entnehmen | | | | | | | | |

8 P.

## 3 Meinung des Autors

Kreuzen Sie an:

| | 1 | 2 | 3 | 4 | 5 | 6 | 7 | 8 |
|---|---|---|---|---|---|---|---|---|
| entspricht der Meinung des Autors | | | X | | | X | X | X |
| entspricht nicht der Meinung des Autors | | X | | X | | | | |
| nicht dem Text zu entnehmen | X | | | | X | | | |

je 1 Punkt, insgesamt 8 Punkte
kein Punkt für jede Spalte mit mehr als einem Kreuz

8 P.

*Hier sollen die Aussagen 1 bis 8 mit der im Text zu Tage tretenden Meinung des Autors verglichen werden. Verschaffen Sie sich hierfür zunächst einen Überblick über die zur Überprüfung vorgelegten Aussagen und scheiden Sie dabei jene aus, von denen Sie sicher sind, dass sie mit dem Text nichts zu tun haben und somit auch keinen Aufschluss über die Meinung des Autors geben. Der Vergleich nach erneuter zielgenauer Lektüre ergibt folgendes Ergebnis:*

*nicht dem Text zu entnehmen:*

- *Aussage 1: Um den Kinder- und Medienschutz im digitalen Zeitalter geht es in diesem Text an keiner Stelle.*
- *Aussage 5: Der Text nennt zahlreiche Anwendungen, die Smartphone und Internet ermöglichen. Computerspiele werden dabei nicht erwähnt. Insofern äußert sich der Autor auch nicht zu deren Bedeutung als Wirtschaftsfaktor.*

*entspricht nicht der Meinung des Autors:*

- *Aussage 2: Der Begriff „digital gap" beschreibt die Spaltung der Gesellschaft in User und Nicht-User digitaler Medien, die, so die Aussage, durch das Smartphone vertieft werde. Bohsem ist hier ganz anderer Ansicht. Die zunehmende Digitalisierung unserer Gesellschaft mache diese gleicher und komme allen zugute – so der Tenor des gesamten Artikels, der bereits im Titel anklingt.*
- *Aussage 4: Frauen gehören zu den Verlierern der digitalen Revolution? Der Autor sieht sie als Gewinner, da sie nun in Arbeitswelten vordringen können, die bislang Männern vorbehalten waren, wie Abschnitt 8 deutlich macht.*

*entspricht der Meinung des Autors:*

- *Aussage 3: Roboter übernehmen gefährliche Arbeiten (Abschnitt 7), ihr Einzug in die Arbeitswelt wird von Bohsem demnach positiv gesehen. Roboter als Jobkiller, wie es zwei Oxford-Wissenschaftler sehen? Keineswegs. In Abschnitt 11 verweist der Autor auf Studien, die zu gänzlich anderen Ergebnissen kommen: Die Digitalisierung als Job-Motor!*
- *Aussage 6: Ja, Medienbildung, beginnend in Kindergarten und Schule, ist für den Autor ein Gebot der Stunde, um im digitalen Zeitalter mithalten zu können. Vgl. hierzu Abschnitt 13.*
- *Aussage 7: Abschnitt 4 begrüßt, dass es den Brockhaus, das bekannteste und umfänglichste deutsche Universallexikon, nun auch als App gibt.*
- *Aussage 8: Die Abschnitte 4 bis 6 unterstreichen das Internet als Ort vielfältiger Möglichkeiten auch jenseits der Arbeitswelt.*

## 4 Eigenschaften und Merkmale des Textes

Welche Eigenschaften und Merkmale kennzeichnen den Text **„Der große Gleichmacher"**? **Sechs** der nachfolgenden Antwortmöglichkeiten treffen zu.

▶ Kreuzen Sie im Lösungsbogen die zutreffenden Kennbuchstaben an.

*Der Text von Guido Bohsem ist …*

**A** eine Reportage zu einem aktuellen Thema.

**B** überwiegend kritisch.

**C** weitgehend affirmativ.

**D** Teil der politischen Berichterstattung einer bekannten Wochenzeitung.

**E** einer auflagenstarken Tageszeitung entnommen.

**F** abwägend, indem er durchweg unterschiedliche Positionen zur Diskussion stellt.

**G** ein Essay mit ausgeprägt philosophischem Charakter.

**H** durch eine klare Werthaltung des Autors gekennzeichnet.

**I** normativ.

**K** am Ende auch appellativ.

**L** streng wissenschaftlich argumentierend.

**M** an vielen Stellen anschaulich und konkret.

**N** eingangs auch witzig.

**O** typisch für ein Fachmagazin der Computerszene.

**Meine Lösung:**

Kreuzen Sie an:

| | A | B | C | D | E | F | G | H | I | K | L | M | N | O | |
|---|---|---|---|---|---|---|---|---|---|---|---|---|---|---|---|
| zutreffend | ☐ | ☐ | ☐ | ☐ | ☐ | ☐ | ☐ | ☐ | ☐ | ☐ | ☐ | ☐ | ☐ | ☐ | 6 P. |

## 4 Eigenschaften und Merkmale des Textes

Kreuzen Sie an:

| | A | B | C | D | E | F | G | H | I | K | L | M | N | O |
|---|---|---|---|---|---|---|---|---|---|---|---|---|---|---|
| zutreffend | | | X | | X | | | X | | X | | X | X | |

je 1 Punkt, insgesamt 6 Punkte 6 P.

Bei mehr als sechs Kreuzen: 1 Punkt Abzug pro zusätzlichem Kreuz (niedrigster Endpunktwert 0)

*Konzentrieren Sie sich bei einem erneuten Textdurchgang nun auf die Textart der Vorlage und überprüfen Sie dabei die Antwortmöglichkeiten A bis O. Markieren Sie Ihre Prüfergebnisse zunächst mit Bleistift im Bogen „Aufgabenstellung", bevor Sie Ihr Resultat in den Lösungsbogen übertragen, wo nur die Kennbuchstaben der zutreffenden Antwortmöglichkeiten anzukreuzen sind. Setzen Sie dort max. 6 (!) Kreuze, wie der Bewertungsanleitung im Lösungsbogen zu entnehmen ist. Die schrittweise Markierung im Bogen „Aufgabenstellung" hilft, einen schnellen Überblick über die noch vorhandenen Optionen zu erhalten, und ermöglicht die ggf. erforderliche Schlusskorrektur. Am Ende Ihrer Analyse werden Sie feststellen:*

*Nicht zutreffend sind die Aussagen:*

*A Der Text widmet sich zwar einem aktuellen Thema, aber nicht in Form einer Reportage, die Eindrücke vermittelt, die der Autor vor Ort selbst gewonnen hat, z. B. bei einer Reise in ein fernes Land oder Krisengebiet (Reisereportage) oder bei einem Besuch von Industriebetrieben (Industriereportage). Der Autor einer Reportage vermittelt dem Leser das Gefühl, das Berichtete selbst erlebt zu haben. Auch dies ist hier nicht der Fall.*

*B Guido Bohsem steht der Digitalisierung äußerst positiv gegenüber und unterstreicht in seinem Artikel durchweg deren Vorteile. Bedenken wie in Abschnitt 11 werden rasch zur Seite geschoben.*

*D Der Text ist der Süddeutschen Zeitung entnommen, die Montag bis Samstag erscheint, also eine Tageszeitung ist. Um Politik im engeren Sinn geht es hier nicht, vielmehr um eine zentrale technologische Entwicklung der Gegenwart und ihre Auswirkungen auf Industrie und Bevölkerung.*

*F Unterschiedliche Positionen zum Siegeszug der Digitalisierung klingen allenfalls in Abschnitt 11 an. Von einer durchgehenden Abwägung von Pro- und Contra-Argumenten kann hier keine Rede sein.*

*G Der Bezeichnung „Essay" könnte man unter Umständen noch zustimmen, stellt der Text doch eine mehr oder minder geistreiche Abhandlung dar, in der sich ein Autor auf persönliche Weise in relativ freier Form mit einem gesellschaftlichen Phänomen auseinandersetzt. Von einem „ausgeprägt philosophischen Charakter" des Textes kann jedoch nicht gesprochen werden. Der Text ist überwiegend konkret und auf der Alltagsebene angesiedelt. Bezüge auf Philosophen oder philosophische Denkschulen findet man hier an keiner Stelle.*

*I Der Text berichtet über die Digitalisierung unserer Gesellschaft und wertet diese. Verhaltensregeln oder Normen (wie z. B. in Verordnungen oder Gesetzen) werden hier nicht aufgestellt.*

*L Eine „streng wissenschaftliche", d. h. durchgehend streng logische, ggf. auch empirisch oder auf anerkannte Autoritäten gestützte Argumentation liegt hier nicht vor und wäre für eine Tageszeitung auch ungewöhnlich.*

*O Die Süddeutsche Zeitung ist kein Fachmagazin der Computerszene. Sie richtet sich an ein breites Publikum und verzichtet deshalb auf Fachwortschatz, der nur Insidern geläufig ist.*

*Als Resultat des Ausschlussverfahrens verbleiben sechs mutmaßlich „richtige" Merkmale, die Sie aber im Einzelnen noch überprüfen sollten:*

*Zutreffend sind die Aussagen:*

*C „Affirmativ" ist das Gegenteil von „kritisch" und bezeichnet demzufolge eine positive bzw. bejahende Haltung zum in Frage stehenden Thema, hier zur Digitalisierung, die vom Autor durchweg positiv als „großer Gleichmacher" gesehen wird, der das Leben der Menschen in vielerlei Hinsicht verbessert.*

*E Die Süddeutsche Zeitung (SZ) ist mit rund 294.000 verkauften Exemplaren (3. Quartal 2017) die mit Abstand auflagenstärkste seriöse überregionale Tageszeitung in Deutschland, gefolgt von der Frankfurter Allgemeinen Zeitung (FAZ) und Die Welt.*

*H Der Autor bejaht das Vordringen der Digitalisierung durchgehend und begrüßt die hieraus resultierenden Vorteile. Als zentraler Wert wird die Gleichheit betont, deren Dimensionen in Abschnitt 3 kompakt zusammengefasst werden.*

*K Ein „appellativer" Text stellt Forderungen auf, hier – vgl. Abschnitt 13 – die Forderung nach einer Intensivierung der digitalen Bildung.*

*M Beispiele, die die Anschaulichkeit eines Textes ausmachen, finden sich hier ab Abschnitt 4 zuhauf. Am Anfang von Abschnitt 7 werden diese sogar („Ein paar Beispiele:") ausdrücklich angekündigt.*

*N Der Witz in Abschnitt 1 steckt in der Klammer (Z. 3 f.), die auf die oft verspottete digitale Rückständigkeit der Deutschen Bahn Bezug nimmt, hier fehlende Internetverbindungen auf der Hauptstrecke Hamburg – Berlin, eine Lachnummer angesichts der Möglichkeiten des iPhones.*

## 5 Synonyme und Antonyme

▶ Ordnen Sie im Lösungsbogen den nachfolgenden **Wörtern mit den Kennzahlen 1 bis 4** jeweils den Kennbuchstaben des Wortes aus der Auswahlliste mit **gleicher** Bedeutung und den **Wörtern mit den Kennzahlen 5 bis 8** mit **entgegengesetzter** Bedeutung zu.

**Wörter:**

| | | | |
|---|---|---|---|
| **1** | Manifestation (Z. 5/6) | **5** | global (Z. 5) |
| **2** | Teilhabe (Z. 13/14) | **6** | Produktion (Z. 11) |
| **3** | exotisch (Z. 27) | **7** | physisch (Z. 40) |
| **4** | postulieren (Z. 58) | **8** | flexibel (Z. 47) |

**Auswahlliste:**

| | | | | | |
|---|---|---|---|---|---|
| **A** | analog | **G** | digital | **N** | Partizipation |
| **B** | ausgefallen | **H** | Internet | **O** | Konsum |
| **C** | behaupten | **I** | körperlich | **P** | seelisch |
| **D** | Bildung | **K** | lokal | **Q** | starr |
| **E** | Demokratie | **L** | Mehrheit | **R** | vertraut |
| **F** | Demonstration | **M** | festlegen | **S** | Vertrieb |

**Meine Lösung:**

Ordnen Sie die betreffenden Kennbuchstaben zu:

| 1 | 2 | 3 | 4 | 5 | 6 | 7 | 8 |
|---|---|---|---|---|---|---|---|
| | | | | | | | |

8 P.

## 5 Synonyme und Antonyme

Ordnen Sie die betreffenden Kennbuchstaben zu:

| 1 | 2 | 3 | 4 | 5 | 6 | 7 | 8 |
|---|---|---|---|---|---|---|---|
| F | N | B | C | K | O | P | Q |

je 1 Punkt, insgesamt 8 Punkte 8 P.

*Bei dieser zweiteiligen Aufgabe geht es um Ihren Wortschatz. Bei den Wörtern 1 bis 4 sollen zu Stellen aus dem Text von Guido Bohsem aus einer Auswahlliste Synonyme (Wörter oder Ausdrücke mit gleicher oder ähnlicher Bedeutung), bei den Wörtern 5 bis 8 Antonyme (Wörter oder Ausdrücke mit entgegengesetzter Bedeutung) zugeordnet werden. Hier hilft der Sinn der jeweiligen Textstelle bzw. die Feststellung der Wortart (hier: Nomen/Hauptwort oder Adjektiv/Eigenschaftswort), die zugeordnet werden soll. Wenn Sie diejenigen Wörter aus der Auswahlliste streichen, bei denen Sie ganz sicher sind, wird die Aufgabe nach und nach immer leichter, da übersichtlicher:*

***Synonyme:***

1 ***Manifestation*** *(Z. 5/6): Hier kommt nur eines der acht Nomen der Auswahlliste (D, E, F, H, L, N, O, S) in Frage. Sinnvoll im Kontext nur Demonstration (F). Bei der Präsentaion des iPhones 2007 wurden dessen Möglichkeiten „demonstriert", d. h. gezeigt, vorgestellt.*

2 ***Teilhabe*** *(Z. 13/14): Hier kommt als Synonym nur das Fremdwort Partizipation (N) in Frage, das Sie ggf. auch aus dem Sozialkundeunterricht kennen. Die anderen Nomen der Auswahlliste machen keinen Sinn. Wer Latein gelernt hat, weiß: „pars" (lat.) = Teil, so auch in „partizipieren", „partikular" oder „partiell".*

3 ***exotisch*** *(Z. 27): Exotische Produkte sind das Gegenteil von Massenware und waren in der Vergangenheit nur in Spezialläden in der Stadt erhältlich. Über Amazon & Co. können sie nun auch zuhause von der Landbevölkerung erworben werden, leicht und schnell. Kennbuchstabe demnach: B, ausgefallen.*

4 ***postulieren*** *(Z. 58): Die Auswahlliste bietet als mögliches Synonym die Verben C („behaupten") und M („festlegen") an. Demnach richtiger Kennbuchstaben C. „Behaupten" unterstreicht die Zweifel Bohsems an den Ergebnissen der Oxford-Studie von 2013 zu den negativen Auswirkungen der Roboterisierung.*

***Antonyme:***

5 ***global*** *(Z. 5): Klar, das Gegenteil ist lokal (K), den jeweiligen Ort betreffend und nicht die ganze Welt. Wer Latein gelernt hat, weiß: „locus" (lat.) = Ort. Deshalb sprechen wir auch vom Lokalteil einer Zeitung, der ausschließlich Vorkommnissen am Ort gewidmet ist.*

6 ***Produktion*** *(Z. 11): hier passt nur das Nomen Konsum (O), das im Gegensatz zur Herstellung von Waren deren Verbrauch bezeichnet.*

7 ***physisch*** *(Z. 40): Physisch anstrengende Arbeit belastet den Körper, psychisch anstrengende Arbeit die Seele („Psyche" griech. = Seele), davon abgeleitet Psychologie, wörtlich übersetzt die Seelenkunde. Psychisch = seelisch (P) als Gegenbegriff zu „physisch".*

8 ***flexibel*** *(Z. 47): Bei der Vereinbarung flexibler Arbeitszeiten kann der Arbeitnehmer wählen, wann er arbeiten will. Starre (Q) Arbeitszeiten legen dies fest. Der Arbeitnehmer muss sich zwingend danach richten, z. B. im Verkauf nach den Öffnungszeiten des Geschäfts.*

## 6 Nebensätze

▶ Überprüfen Sie in den Sätzen a) bis e) im Lösungsbogen, ob diese einen Nebensatz enthalten. Unterstreichen Sie ggf. jeweils den Nebensatz eindeutig und vollständig. Bestimmen Sie zusätzlich dessen Art oder vermerken Sie, dass kein Nebensatz vorliegt, indem Sie jeweils den passenden Kennbuchstaben des zugehörigen Fachbegriffs bzw. Ausdrucks aus der nachfolgenden Auswahlliste ergänzen.

**Auswahlliste:**

| | | | | | |
|---|---|---|---|---|---|
| **A** | Temporalsatz | **E** | Kausalsatz | **I** | Konzessivsatz |
| **B** | Lokalsatz | **F** | Finalsatz | **K** | kein Nebensatz |
| **C** | Relativsatz | **G** | Konditionalsatz | | |
| **D** | Modalsatz | **H** | Konsekutivsatz | | |

**Meine Lösung:**

Unterstreichen Sie ggf. den Nebensatz und tragen Sie bei a) bis e) jeweils den passenden Kennbuchstaben ein:

a) Als Apple am 29. Juni 2007 das iPhone präsentierte, war das ein Aufbruch in eine neue Zeit. (Z. 1)

passender Kennbuchstabe: ☐

b) Aus dem Spielzeug einer digitalen Elite ist ein Produkt geworden, das jeder nutzen kann. (Z. 7 f.)

passender Kennbuchstabe: ☐

c) Geht es um Gleichheit, richtet sich das Augenmerk vor allem auf die großen Unterschiede beim Einkommen und beim Vermögen. (Z. 12 f.)

passender Kennbuchstabe: ☐

d) Man kann umsonst Konzerte hören, an Theaterabenden teilhaben, Filme schauen, Nachrichten lesen. (Z. 24 f.)

passender Kennbuchstabe: ☐

e) Sie werden das in Zukunft noch viel häufiger tun, weil die Fortschritte in der Entwicklung von leistungsfähigen Robotern und Sensoren sie noch besser dazu in die Lage versetzen werden. (Z. 35 f.)

passender Kennbuchstabe: ☐

9 P.

## 6 Nebensätze

Unterstreichen Sie ggf. den Nebensatz und tragen Sie bei a) bis e) jeweils den passenden Kennbuchstaben ein:

a) Als Apple am 29. Juni 2007 das iPhone präsentierte, war das ein Aufbruch in eine neue Zeit. (Z. 1)

passender Kennbuchstabe: **A**

b) Aus dem Spielzeug einer digitalen Elite ist ein Produkt geworden, das jeder nutzen kann. (Z. 7 f.)

passender Kennbuchstabe: **C**

c) Geht es um Gleichheit, richtet sich das Augenmerk vor allem auf die großen Unterschiede beim Einkommen und beim Vermögen. (Z. 12 f.)

passender Kennbuchstabe: **G**

d) Man kann umsonst Konzerte hören, an Theaterabenden teilhaben, Filme schauen, Nachrichten lesen. (Z. 24 f.)

passender Kennbuchstabe: **K**

e) Sie werden das in Zukunft noch viel häufiger tun, weil die Fortschritte in der Entwicklung von leistungsfähigen Robotern und Sensoren sie noch besser dazu in die Lage versetzen werden. (Z. 35 f.)

passender Kennbuchstabe: **E**

jeweils 1 Punkt für den richtigen Kennbuchstaben;
bei a), b), c) und e): je 1 Punkt für die richtige und vollständige Unterstreichung
0 Punkte bei richtigem Kennbuchstaben, aber fehlerhafter oder fehlender Unterstreichung
insgesamt 9 Punkte

9 P.

*Hier gilt es Nebensätze zu bestimmen. Dabei sollte man wissen: Ein Nebensatz kann nicht alleine stehen. Er ist dem Hauptsatz untergeordnet und wird mit ihm z. B. durch eine Konjunktion (Bindewort) oder ein Relativpronomen (rückbezügliches Fürwort: der, die, das – welcher, welche, welches) verbunden. Er kann vor, aber auch nach dem Hauptsatz stehen und ist immer durch ein Komma von ihm getrennt. Doch Vorsicht: Nebensätze haben zwar immer ein Komma oder mehrere, dies gilt aber auch für Aufzählungen oder Appositionen (Beifügungen), die keinen Nebensatz bilden. Wichtig auch: Das Verbum steht beim Nebensatz im Regelfall immer am Ende!*

*Die jeweilige Konjunktion oder das Relativpronomen bestimmen die Art des Nebensatzes. Hierbei gilt es, eine Vielzahl unterschiedlicher Nebensatzarten zu unterschieden, deren lateinische Bezeichnungen Sie im Bogen „Aufgabenstellung" bei A–K aufgelistet finden.*

- ***Satz a):** Die Konjunktion „als" leitet den nachgestellten Nebensatz ein, der hier dem Hauptsatz vorausgeht. „Als" beschreibt ein zeitliches Verhältnis und leitet deshalb einen Temporalsatz (A) ein. (lat. tempus = Zeit!).*
- ***Satz b):** Einfach. Hier verbindet das Relativpronomen „das" (man könnte auch „welches" dafür sagen) den nachgestellten Nebensatz mit dem Hauptsatz. Deshalb Kennbuchstaben C, Relativsatz.*
- ***Satz c):** Hier wird einleitend ohne Konjunktion eine Bedingung genannt („Geht es um Gleichheit", …), deshalb liegt hier ein Konditionalsatz. (lat. conditio = Bedingung!) vor, Kennbuchstaben: F. Der Satz weist eine Wenn – dann – Struktur auf.*
- ***Satz d):** Hier finden sich viele Kommata, die allerdings keine Unterordnungen markieren, sondern eine Reihung von Internetangeboten. Demnach hier: Kennbuchstabe: K, kein Nebensatz.*
- ***Satz e):** Hier wird („weil"!) nach dem Hauptsatz ein Grund angegeben, warum Roboter in Zukunft gefährliche Arbeiten übernehmen werden. Folglich liegt ein Kausalsatz (lat. causa = Grund) vor, Kennbuchstabe: E.*

*Hinweis: Beachten Sie den Bewertungshinweis, der die korrekte und eindeutige Unterstreichung der Nebensätze fordert! Nur so können Sie hier punkten!*

## 7 „Irrläufer"

**Ein** Begriff gehört jeweils **nicht** in die Reihe.

▶ Bestimmen Sie den „Irrläufer". Begründen Sie kurz Ihre Entscheidung, indem Sie zunächst das gemeinsame Merkmal der anderen Namen oder Begriffe und dann das Unterscheidungsmerkmal des „Irrläufers" nennen.

a) multiplizieren – dividieren – codieren – addieren – subtrahieren

b) Wi-Fi – Android – GPS – Bluetooth – Mobile Daten – NFC

c) Teilzeit – Gleitzeit – Elternzeit – Immatrikulation – Sabbatical

**Meine Lösung:**

a) „Irrläufer": ______________________

Begründung

andere: ______________________

Irrläufer: ______________________

b) „Irrläufer": ______________________

Begründung

andere: ______________________

Irrläufer: ______________________

c) „Irrläufer": ______________________

Begründung

andere: ______________________

Irrläufer: ______________________

9 P.

## 7 „Irrläufer"

a) „Irrläufer": **codieren**

Begründung

andere: **Grundrechenarten** (o. Ä.)

Irrläufer: **programmieren, Erstellung von Computerprogrammen** (o. Ä.)

b) „Irrläufer": **Android**

Begründung

andere: **Funktionen/Angebote eines Smartphones/Daten- bzw. Signalübertragung** (o. Ä.)

Irrläufer: **Betriebssystem (des Smartphones)** (o. Ä.)

c) „Irrläufer": **Immatrikulation**

Begründung

andere: **Arbeitszeitmodelle** (o. Ä.)

Irrläufer: **Einschreibung an einer Hochschule** (o. Ä.)

bei jeder Teilaufgabe je 1 Punkt für die Nennung des Irrläufers, des gemeinsamen Merkmals und des Unterscheidungsmerkmals
jeweils 0 Punkte bei falschem Irrläufer
insgesamt 9 Punkte 9 P.

*Der „Irrläufer" ist ein beliebter Aufgabentypus der Auswahlprüfung, denn er erlaubt nicht nur das Abfragen einfacher Kenntnisse, sondern erfordert zudem eine Begründung, warum ein bestimmter Begriff, Name bzw. Sachverhalt nicht in die Reihe passt. Zur Lösung dieses Aufgabentypus ist es deshalb notwendig, das „Schwarze Schaf" der Reihe herauszufiltern und das Unterscheidungsmerkmal zu notieren.*

a) *Vier der fünf Begriffe stammen aus der Mathematik und sind seit der Grundschule als Grundrechenarten jedem bekannt: multiplizieren, dividieren, addieren, subtrahieren.* ***Codieren*** *hingegen meint allgemein die Verschlüsselung einer Nachricht mithilfe eines Zeichensystems (Code), in der Informatik die Umwandlung von Informationen in eine für Maschinen verarbeitbare und über Netzwerke kommunizierbare Form. Synonym: programmieren.*

b) *Der Kunstbegriff Wi-Fi bezeichnet ein Firmenkonsortium, das Geräte mit Funkschnittstellen zertifiziert, und wurde in Analogie zu Hi-Fi gebildet. Daneben wird Wi-Fi als Synonym für WLAN benutzt, also den kabellosen Internetzugang. Das Global Positioning System (GPS) ist ein globales Navigationssatellitensystem zur Positionsbestimmung. Bluetooth bezeichnet einen Industriestandard für die Datenübertragung über kurze Distanz per Funktechnik. Über das Angebot Mobile Daten kann man im Inland vom Smartphone auf das Internet zugreifen, auch wenn kein WLAN verfügbar ist. NFC (Abk. für Near Field Communication) ist ein neuer Funkstandard zur drahtlosen Datenübertragung. Im Gegensatz zu den genannten Funktionen eines Smartphones oder Arten der Datenübertragung bezeichnet* ***Android*** *neben einer Software-Plattform für mobile Endgeräte ein Smartphone-Betriebssystem.*

c) *Wer Teilzeit arbeitet, reduziert die tarifvertraglich festgelegte bzw. branchenübliche Vollarbeitszeit. Bei Gleitzeit wird dem Arbeitnehmer ein Zeitkorridor zugestanden, in dem er seine Arbeit einbringen kann. Elternzeit bezeichnet einen Zeitraum unbezahlter Freistellung von der Arbeit nach der Geburt eines Kindes. Ein Sabbatical ist ein Arbeitszeitmodell für einen längeren Sonderurlaub.* ***Immatrikulation*** *bezeichnet im Gegensatz zu den genannten Arbeitszeitmodellen die Einschreibung an einer Hochschule.*

*Hinweis: Detaillierte Tipps und weiteres Übungsmaterial zum Umgang mit „Irrläufern" finden Sie in Kap. 3.4 („Irrläufer") im Allgemeinen Teil unseres Vorbereitungsbuches.*

## 8 Digitalisierung und Arbeitsplätze

Die nachfolgenden Grafiken beziehen sich auf mögliche Folgen der Automatisierung in verschiedenen Branchen und Ländern sowie auf den Frauenanteil und das Lohngefälle zwischen Frauen und Männern in verschiedenen Branchen.

▶ Überprüfen Sie, ob die nach den Grafiken folgenden Aussagen aus diesen so **vollständig** oder **teilweise zu entnehmen** bzw. **vollständig falsch** oder **nicht zu entnehmen** sind. Notieren Sie Ihr Ergebnis im Lösungsbogen.

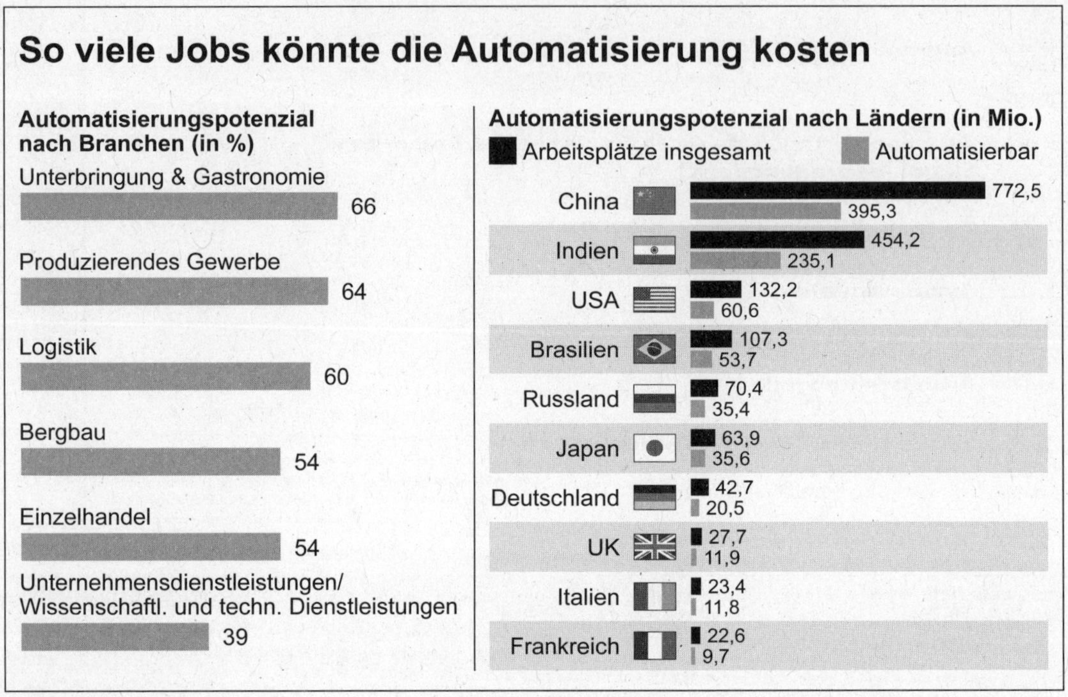


*(Quelle: McKinsey/statista)*

### Gender wage gap and women's participation

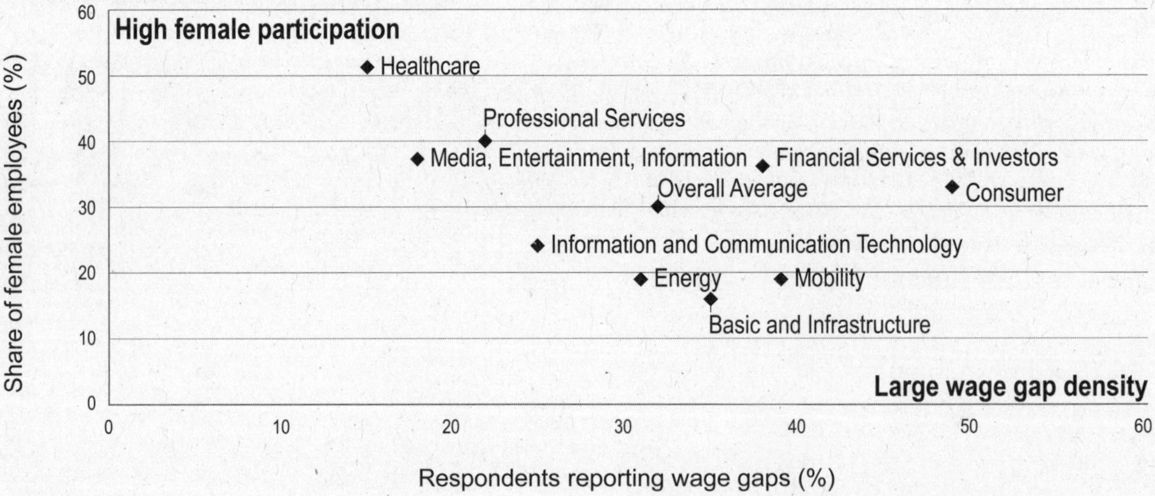


Source: Future of Jobs Survey, World Economic Forum.

*Manchmal gibt es bei der Auswahlprüfung auch längere Einzelaufgaben. Die zu überprüfenden Aussagen zu den beiden Grafiken von Aufgabe 8 finden Sie auf S. 150.*

**Aussagen:**

**1** Im Bereich der Informations- und Kommunikationstechnologie sind mehr als 75 Prozent der Beschäftigten Männer.

**2** In China ist das Automatisierungspotenzial bei den Arbeitsplätzen der Branche Unterbringung & Gastronomie am größten.

**3** Zusammengerechnet übersteigt die Zahl der automatisierbaren Arbeitsplätze in den Branchen Einzelhandel und Unternehmensdienstleistungen/wissenschaftliche und technische Dienstleistungen die Anzahl solcher Arbeitsplätze im produzierenden Gewerbe.

**4** Im Durchschnitt gaben über 30 Prozent aller Befragten ein Lohngefälle zwischen Frauen und Männern an.

**5** In allen ausgewiesenen Ländern sind deutlich mehr als ein Drittel der Arbeitsplätze automatisierbar und in keinem dieser Länder weniger als ein Viertel nicht automatisierbar.

**6** In den Sektoren Energie und Mobilität sind zusammen mehr Frauen beschäftigt als in der Branche Media/Entertainment/Information.

**7** Die Sparte, der der Bereich Unterhaltung zugeordnet ist, verfügt bei ihren Beschäftigten über den zweithöchsten Frauenanteil.

**8** In allen untersuchten Ländern besteht ein mehr oder minder deutliches Automatisierungspotenzial. Deshalb werden die Lohnunterschiede zwischen Männern und Frauen weiter zunehmen.

**Meine Lösung:**

| Kreuzen Sie an: | **1** | **2** | **3** | **4** | **5** | **6** | **7** | **8** |
|---|---|---|---|---|---|---|---|---|
| vollständig zu entnehmen | ☐ | ☐ | ☐ | ☐ | ☐ | ☐ | ☐ | ☐ |
| teilweise zu entnehmen | ☐ | ☐ | ☐ | ☐ | ☐ | ☐ | ☐ | ☐ |
| vollständig falsch | ☐ | ☐ | ☐ | ☐ | ☐ | ☐ | ☐ | ☐ |
| nicht zu entnehmen | ☐ | ☐ | ☐ | ☐ | ☐ | ☐ | ☐ | ☐ |

8 P.

## 8 Digitalisierung und Arbeitsplätze

Kreuzen Sie an:

| | 1 | 2 | 3 | 4 | 5 | 6 | 7 | 8 |
|---|---|---|---|---|---|---|---|---|
| vollständig zu entnehmen | X | | | X | X | | | |
| teilweise zu entnehmen | | | | | | | | X |
| vollständig falsch | | | | | | | X | |
| nicht zu entnehmen | | X | X | | | X | | |

je 1 Punkt, insgesamt 8 Punkte
kein Punkt für jede Spalte mit mehr als einem Kreuz

8 P.

*Die Digitalisierung ist seit geraumer Zeit ein Megathema und wird wie ehemals die Dampfmaschine, das Fließband, die Elektrifizierung und die Elektronik Wirtschaft und Gesellschaft revolutionieren. Im Zuge von Industrie 4.0 werden aktuell nicht nur Qualität, Wettbewerbsfähigkeit und Rentabilität der Produktion diskutiert, sondern auch die Auswirkungen auf Beschäftigung, Lohn und die Zukunft von Berufsgruppen.*

*Bei den Grafiken zum Automatisierungspotenzial (Grafik 1: nach Branchen, Grafik 2: nach Ländern) und zum Gehaltsunterschied in Dienstleistungsbranchen in Abhängigkeit vom Anteil weiblicher Beschäftigter (Grafik 3) sollen zunächst die Aussagen 1 bis 8 erfasst und anschließend nach dem Muster „vollständig zu entnehmen – teilweise zu entnehmen – vollständig falsch – nicht zu entnehmen“ überprüft werden. Geprüft wird dabei die Fähigkeit, aus einer Grafik bzw. Statistik Informationen herauszulesen bzw. Aussagen daraufhin zu überprüfen, ob sich diese aus den Grafiken ableiten lassen. Verschaffen Sie sich daher zunächst einen Überblick über Aufbau und Inhalt der Grafiken. Reaktivieren Sie dabei Ihr aus Schule und Medien bekanntes Grundwissen über die Digitalisierung und ihre gesellschaftlichen Auswirkungen.*

*vollständig zu entnehmen:*

- *Aussage 1: Die einzige inhaltliche Bezugsquelle in der Vorlage ist Grafik 3 (*Gender wage gap and women's participation*), da die beiden anderen Grafiken lediglich das Automatisierungspotenzial thematisieren. Grafik 3 hingegen stellt für verschiedene Dienstleistungsbranchen einen Zusammenhang zwischen dem Ausmaß des Lohnunterschieds anhand von Befragungen (x-Achse) und dem Anteil weiblicher Beschäftigter (y-Achse) her. Wie sich leicht ablesen lässt, liegt der Anteil weiblicher Beschäftigter für die Branche „Information and Communication Technology“ bei knapp unter 25 % (ablesbar an der y-Achse), d. h. der Anteil der Männer in dieser Branche liegt bei über 75 %.*
- *Aussage 4: Die Kategorie „Overall Average“ misst den Gesamtdurchschnitt und gibt in Grafik 3 (x-Achse) mit Blick auf die Aussage an, dass mehr als 30 % der Befragten (*respondents*) Lohnunterschiede (*wage gaps*) zwischen Mann und Frau angaben.*
- *Aussage 5: Relevant ist hier Grafik 2. Hier lässt sich überschlagsweise relativ leicht feststellen, dass in allen Ländern das Automatisierungspotenzial bei Arbeitsplätzen deutlich über 33 Prozent liegt, beispielsweise China: 395,3/772,5 ≈ 0,51 = 51 % > 33 %. Gleichzeitig gibt es kein Land, in dem der Anteil der nicht automatisierbaren Arbeitsplätze unter 25 % liegt, beispielsweise Deutschland: (42,7–20,5)/42,7 ≈ 0,51 = 51 % > 25 %. Etwas Kopf- und Prozentrechnen schadet bei dieser Aufgabe nicht. Zwischenergebnisse könnten im Aufgabenbogen mit Bleistift an den Rand der jeweiligen Länderzeile notiert werden.*

*teilweise zu entnehmen:*

- *Aussage 8: Grafik 2 lässt sich schnell entnehmen, dass in allen aufgeführten Ländern ein mehr oder weniger großes Automatisierungspotenzial besteht. Keiner Grafik lässt sich aber ein kausaler Zusammenhang entnehmen, dass aufgrund des existierenden Automatisierungspotenzials der Lohnunterschied zwischen männlichen und weiblichen Beschäftigten weiter zunehmen wird, zumal Grafik 3 lediglich einen Ist-Zustand beschreibt und keine Prognose für die Zukunft darstellt.*

*vollständig falsch:*

- *Aussage 7: Die Sparte Unterhaltung (= Entertainment) wird in Grafik 3 thematisiert. Dort lässt sich leicht ablesen, dass der Anteil der Frauen in den Branchen „Professional Services“ und „Healthcare“ höher ist, d. h. die Sparte Unterhaltung hat nur den dritthöchsten Frauenanteil.*

*nicht zu entnehmen:*

- *Aussage 2: Das Automatisierungspotenzial nach Ländern, darunter China, wird in Grafik 2 dargestellt. Im Gegensatz zu Grafik 1 wird hier jedoch keine Unterscheidung nach Branchen vorgenommen. Umgekehrt wird in Grafik 1 zwar das Automatisierungspotenzial der Branche „Unterbringung und Gastronomie“ thematisiert, aber nicht länderspezifisch. Insgesamt kann die Aussage deshalb, unabhängig davon, ob sie nun richtig oder falsch ist, keiner Grafik entnommen werden.*
- *Aussage 3: Grafik 1 zeigt das* prozentuale *Automatisierungspotenzial nach Branchen auf. Daraus kann aber kein Rückschluss auf* absolute *Zahlen gezogen werden.*
- *Aussage 6: Das Thema „weibliche Beschäftigte“ wird nur in Grafik 3 angesprochen. Dort wird aber keine Aussage über die Anzahl der Frauen gemacht, die in den einzelnen Branchen beschäftigt sind. Die Grafik enthält lediglich Prozentangaben. Auch hier gilt: Auf die genaue Aussage der x- und y-Achse achten! Absolute Zahlen nicht mit Prozentangaben verwechseln!*

## 9 Deutsche im Netz

Die Internetnutzung dominiert den Alltag im deutschsprachigen Raum. Das zeigt die aktuelle Mediennutzungsstudie für die DACH-Region des Bundesverbandes Digitale Wirtschaft (BVDW) e. V.

▶ Überprüfen Sie die folgenden Aussagen zum vorliegenden Schaubild und kreuzen Sie im Lösungsbogen an, welche **richtig**, welche **falsch** und welche der Grafik **nicht zu entnehmen** sind. Gehen Sie bei Ihrer Bewertung davon aus, dass sich die ausgewiesenen Zahlen jeweils nur auf die Deutschen beziehen, die bereits online sind.

*(Quelle: „Digitale Nutzung der DACH-Region, 2016". Kooperationsstudie des Bundesverbandes Digitale Wirtschaft (BVDW) e. V. mit IAB Austria und IAB Switzerland)*

**Aussagen:**

**1** Teilweise bereiten Konsumenten Anschaffungen im Offline-Handel durch eine gezielte Online-Recherche vor.

**2** Mobiler Konsum des World Wide Web ist unter deutschen Onlinern kaum verbreitet.

**3** Die deutschen Onliner buchen die Hälfte ihrer Urlaube und Reisen per Internet.

**4** Rund jeder vierte deutsche Onliner empfängt oder sendet E-Mails täglich über sein Smartphone.

**5** Es gibt weniger deutsche Onliner, die Urlaube und Reisen im Internet buchen, als solche, die Einkäufe per Bezahl-App erledigen.

**6** Das Smartphone wird von deutschen Onlinern häufiger zum Surfen im Internet verwendet, als es für das Abrufen von E-Mails genutzt wird.

**Meine Lösung:**

| Kreuzen Sie an: | 1 | 2 | 3 | 4 | 5 | 6 |
|---|---|---|---|---|---|---|
| richtig | ☐ | ☐ | ☐ | ☐ | ☐ | ☐ |
| falsch | ☐ | ☐ | ☐ | ☐ | ☐ | ☐ |
| nicht zu entnehmen | ☐ | ☐ | ☐ | ☐ | ☐ | ☐ |

6 P.

## 9 Deutsche im Netz

Kreuzen Sie an:

| | 1 | 2 | 3 | 4 | 5 | 6 |
|---|---|---|---|---|---|---|
| richtig | X | | | X | | |
| falsch | | X | | | X | |
| nicht zu entnehmen | | | X | | | X |

je 1 Punkt, insgesamt 6 Punkte
kein Punkt für jede Spalte mit mehr als einem Kreuz

6 P.

*Hier müssen die Aussagen 1 bis 6 zu einem Schaubild über die Internetnutzung der deutschen Bevölkerung verglichen werden nach dem bekannten Muster „richtig“ – „falsch“ – „nicht zu entnehmen“. Bei diesem Aufgabentypus empfiehlt es sich, zunächst das Thema („Der deutsche Onliner“) und den Aufbau bzw. die Aussagedimensionen des Schaubilds festzustellen. Dabei werden Sie fünf Dimensionen feststellen, visualisiert durch entsprechende Icons: die Zahl der Smartphone-Nutzer über Internet, Themenfelder der Recherche, Nutzung von Bezahl-App, Empfang und Versand von E-Mails sowie die Buchung von Reisen und Urlauben über das Internet. Hinsichtlich der Mengenangaben ist darauf zu achten, dass es sich hierbei um absolute Zahlen (33 Mio.) oder Prozentangaben handelt, letztere in Form einer genauen Zahl (26 %), eines Bruchs (4 von 10) oder einer allgemeinen Verhältnisangabe mithilfe einer substantivierten Ordinalzahl (jeder Dritte, jeder Zweite). So vorbereitet wird die Überprüfung der Aussagen keine Probleme bereiten. Doch auch diese müssen zunächst genau gelesen werden, um zum richtigen Ergebnis zu gelangen:*

- ***Aussage 1** bezieht sich auf die Information, dass „4 von 10 sich online über Kleidung, Schuhe und Accessoires informieren, bevor sie diese Produkte im Ladengeschäft kaufen“. Die Aussage „teilweise bereiten Konsumenten Anschaffungen […] vor“ ist daher richtig, denn „teilweise“ beschreibt durchaus den Wert „4 von 10“, auch wenn sie sehr allgemein gehalten ist.*
- *Wenn man verschiedene Informationen aus der Abbildung miteinander verbindet, zum Beispiel dass 33 Mio. Deutsche das Internet über ein Smartphone nutzen oder dass jeder zweite der deutschen Onliner seine Reisen und Urlaube über das Internet bucht, dann ist **Aussage 2** wohl klar als falsch zu beurteilen. Die Buchung von Reisen und Urlauben gehört sehr wohl zum „Mobilen Konsum“. Und wenn jedem Dritten das Bezahlen mit einer Bezahl-App bekannt ist, dann nehmen sicher viele Deutsche am Online-Handel teil. Von einer geringen („kaum“!) Nutzung des WWW für Einkaufszwecke kann deshalb nicht gesprochen werden.*
- *Um Urlaube und Reisen geht es auch bei **Aussage 3**, die jedoch sprachlich eventuell in die Irre führt, hier ist Vorsicht geboten! Die Aussage „die Hälfte ihrer Urlaube und Reisen“ buchen Deutsche im Internet ist dem Text nicht zu entnehmen, in der Abbildung steht lediglich, dass „jeder zweite“ Reisen und Urlaube bucht, nicht jedoch welche Anzahl an Reisen und Urlauben gebucht wird.*
- ***Aussage 4**: „Rund jeder vierte deutsche Onliner“ empfange oder sende täglich E-Mails per Smartphone – diese Angabe entspricht relativ gut dem Wert von 26 %, der in der Abbildung angegeben ist, die Aussage ist damit richtig.*
- ***Aussage 5** ist knifflig. Wenn allerdings nur jedem Dritten (also in etwa 33 %) das Bezahlen mit einer Bezahl-App bekannt ist, dann können logischerweise auch nicht mehr als maximal 33 % der deutschen Onliner per Bezahl-App Einkäufe erledigen. Da aber etwa 50 % („jeder zweite“) der Onliner Reisen und Urlaube über das Internet buchen (und damit deutlich mehr Menschen als überhaupt das Zahlen per Bezahl-App kennen), muss die Aussage als falsch bezeichnet werden.*
- ***Aussage 6** ist dem Schaubild nicht zu entnehmen, da dort an keiner Stelle eine Aussage über die Häufigkeit der Internetnutzung getroffen wird.*

## 10 Vorreiter der Medienbildung in Europa

Belgien, Estland und Finnland werden im Text von Bohsem als Vorbilder der Medienbildung in Europa genannt.

▶ a) Bestimmen Sie die Position der Länder Belgien, Estland und Finnland auf der nachfolgenden Karte. Notieren Sie den jeweiligen Kennbuchstaben im Lösungsbogen.

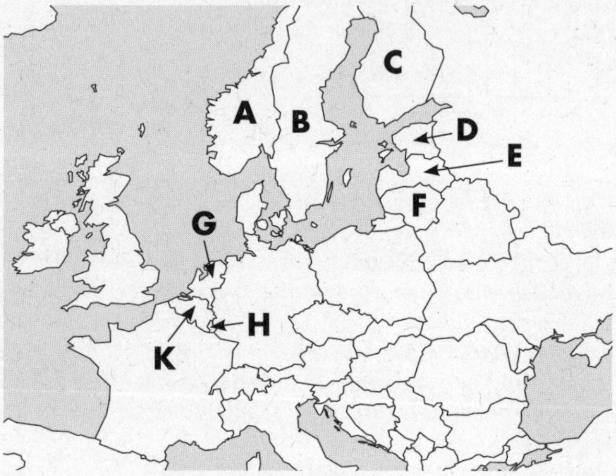


*www.shutterstock.com*

▶ b) Weisen Sie die Daten (Stand: 2015) der Auswahlliste den drei Ländern zu. Notieren Sie die jeweiligen Kennbuchstaben im Lösungsbogen.

**Auswahlliste:**

| | | | |
|---|---|---|---|
| **A** | 45.000 km² Fläche | **D** | 11,3 Mio. Einwohner |
| **B** | 5,5 Mio. Einwohner | **E** | 1,3 Mio. Einwohner |
| **C** | 31.000 km² Fläche | **F** | 338.000 km² Fläche |

**Meine Lösung:**

a) Tragen Sie jeweils den zutreffenden Kennbuchstaben ein:

Belgien ☐

Estland ☐

Finnland ☐

3 P.

b) Tragen Sie jeweils den zutreffenden Kennbuchstaben ein:

| | **Fläche** | **Einwohner** |
|---|---|---|
| Belgien | ☐ | ☐ |
| Estland | ☐ | ☐ |
| Finnland | ☐ | ☐ |

6 P.

## 10 Vorreiter der Medienbildung in Europa

a) Tragen Sie jeweils den zutreffenden Kennbuchstaben ein:

| | |
|---|---|
| Belgien | K |
| Estland | D |
| Finnland | C |

je 1 Punkt, insgesamt 3 Punkte 3 P.

b) Tragen Sie jeweils den zutreffenden Kennbuchstaben ein:

| | **Fläche** | **Einwohner** |
|---|---|---|
| Belgien | C | D |
| Estland | A | E |
| Finnland | F | B |

je 1 Punkt, insgesamt 6 Punkte 6 P.

*Wissen und Kompetenzen aus dem Fach Erdkunde/Geographie können im Auswahltest immer gut gebraucht werden. Bei Aufgabe 10 müssen bei a) die Vorreiter der Medienbildung in Europa auf einer Europakarte positioniert werden, denen bei b) Länderdaten zugeordnet werden sollen:*

***a)***

*Belgien, Estland und Finnland – alle drei Länder gehören der Europäischen Union an und sind wichtige Partner Deutschlands. Da sie aber zu den kleineren Ländern innerhalb der EU zählen bzw. recht geringe Einwohnerzahlen aufweisen, ist eine Zuordnung nicht immer ganz leicht. Am ehesten dürfte die Zuordnung Belgiens gelingen, einem Nachbarland Deutschlands. Der zutreffende Kennbuchstabe ist K. Finnland (C) liegt bekanntermaßen im hohen Norden und ist das östlichste der drei skandinavischen Länder. Es grenzt im Westen an B (= Schweden), im Osten an Russland, das auf der Karte keinen Kennbuchstaben hat. Die baltischen Staaten Estland, Lettland und Litauen (Reihenfolge von Nord nach Süd) werden leicht verwechselt, Estland entspricht dem Kennbuchstaben D.*

***b)***

*Sind die Länder richtig positioniert, fällt die Zuweisung der korrekten **Flächenwerte** mit Blick auf die Karte nicht sonderlich schwer. Belgien als kleinstes Land hat dann mit 31.000 km² Fläche Kennbuchstaben C, Estland als etwas größeres Land den Kennbuchstaben A. Fraglos größtes Land ist Finnland (Kennbuchstaben F), es ist fast so groß wie Deutschland und reicht von der Ostsee bis weit über den nördlichen Polarkreis.*

*Hinsichtlich der **Einwohnerzahlen** ergibt sich folgendes Bild: Obwohl Belgien das flächenmäßig kleinste der drei Länder ist, so hat es doch die meisten Einwohner. Mehrere größere Städte Belgiens dürften bekannt sein: Brüssel, Den Haag, Antwerpen etc. Insgesamt leben in Belgien über 11 Millionen Menschen (Buchstabe D). Estland hingegen hat am wenigsten Einwohner und außer Tallinn, der Hauptstadt, keine großen Städte, Kennbuchstabe E. Finnland hat über 5 Millionen Einwohner, von denen über eine Million alleine im Ballungsraum Helsinki leben (Kennbuchstabe B).*

## 11 Digitalisierung international

Die nachfolgende Tabelle zeigt ausgewählte statistische Kennziffern verschiedener Länder für das Jahr 2015 bzw. 2016.

▶ Tragen Sie im Lösungsbogen für die Zeilen 1 bis 6 jeweils den Kennbuchstaben des betreffenden Landes aus der Auswahlliste ein.

**Auswahlliste:**

**A** USA
**B** Deutschland
**C** Japan
**D** China
**E** Südkorea
**F** Großbritannien

| | **Internet-nutzer** (in Prozent) | **Industrie-Roboter** (je 10.000 Angestellte) | **Breitband-Internet-anschlüsse** (je 100 Einwohner) | **reales BIP***) (in Prozent zum Vorjahr) | **Einwohner** (in Mio.) | **Fläche** ($km^2$) |
|---|---|---|---|---|---|---|
| 1 | 89,8 | 531 | 40,2 | 2,7 | 50,6 | 100.284 |
| 2 | 74,6 | 176 | 31,5 | 2,6 | 321,4 | 9.826.675 |
| 3 | 93,3 | 305 | 30,5 | 0,5 | 127 | 377.835 |
| 4 | 87,6 | 301 | 37,2 | 1,5 | 81,4 | 357.376 |
| 5 | 50,3 | 36 | 18,3 | 6,6 | 1.371 | 9.571.302 |
| 6 | 92,0 | 71 | 37,7 | 1,8 | 65,1 | 219.331 |

*) 2016

*(Quelle: wko.at; ifr.org)*

**Meine Lösung:**

Ordnen Sie die Kennbuchstaben zu:

| 1 | 2 | 3 | 4 | 5 | 6 |
|---|---|---|---|---|---|
| | | | | | |

6 P.

## 11 Digitalisierung international

Ordnen Sie die Kennbuchstaben zu:

| 1 | 2 | 3 | 4 | 5 | 6 |
|---|---|---|---|---|---|
| E | A | C | B | D | F |

je 1 Punkt, insgesamt 6 Punkte 6 P.

*Aufgaben mit statistischen Kennziffern zu aktuellen Trends, hier: Digitalisierung, sind mittlerweile ein echter Klassiker der Auswahlprüfung. Jeder, der den Politik- und Wirtschaftsteil einer Tageszeitung wie FAZ und SZ, einer Wochenzeitung wie Die Zeit, Die Woche und Frankfurter Allgemeine Sonntagszeitung oder eines Online-Portals wie beispielsweise www.spiegel.de, www.zeit.de, www.wirtschaftswoche.de oder www.faz.net aufmerksam und regelmäßig verfolgt, wird bei der Zuordnung von geographischen und sozioökonomischen Daten zu Ländern, die aktuell im Fokus der Berichterstattung stehen, keine Probleme haben, so auch hier:*

*Tipps:*
- *Es reicht, fünf der sechs Länder eindeutig zu identifizieren. Das sechste ergibt sich dann im Ausschlussverfahren.*
- *Häufig lässt sich bereits aufgrund einer oder zwei Kennziffern ein Land eindeutig identifizieren bzw. ausschließen, bei der vorliegenden Aufgabe beginnend mit China (Einwohner) und den USA (Einwohner/Fläche), gefolgt von Deutschland (Einwohner) und Südkorea, dem hinsichtlich der Spalten Fläche und Einwohner kleinsten Staat der Auswahlliste. Gehen Sie deshalb bei diesem Aufgabentyp immer von den jeweiligen Extremwerten aus.*

***Zeile 1 = Südkorea (E):***
- *hochautomatisierter Industriestaat, daher sehr hohe Anzahl an Industrierobotern je 10 000 Angestellte*
- *Internet: hohe Nutzerzahlen, sehr gute Breitband-Verbindungen*
- *flächenmäßig und mit Blick auf die Spalte Einwohner kleinster Staat der Auswahlliste*

***Zeile 2 = USA (A):***
- *neben China flächenmäßig größter Staat, aber:*
- *deutlich geringere Einwohnerzahl als China und*
- *deutlich geringeres reales Wirtschaftswachstum als das boomende Reich der Mitte*

***Zeile 3 = Japan (C):***
- *sehr schwaches reales Wirtschaftswachstum seit einigen Jahren, aber:*
- *hochentwickeltes Industrieland mit vergleichsweise hohem Automatisierungsgrad*
- *sehr hoher Grad der Internetnutzung*
- *Fläche ähnlich Deutschland, aber deutlich mehr Einwohner*

***Zeile 4 = Deutschland (B):***
- *Fläche ähnlich Japan, aber deutlich weniger Einwohner*
- *ca. 81 Millionen Einwohner (eindeutige Identifikation!)*
- *reales BIP von 1,5 Prozent*

***Zeile 5 = China (D):***
- *mit 1.371 Mio. Einwohnern bevölkerungsreichstes Land der Erde*
- *neben den USA flächenmäßig größter Staat der Auswahlliste*
- *hohes Wirtschaftswachstum (Exportweltmeister!), aber:*
- *als Schwellenland vergleichsweise wenige Breitband-Internetanschlüsse*
- *bislang geringer Automatisierungsgrad, da (noch) vergleichsweise geringe Löhne*

***Zeile 6 = Großbritannien (F):***
- *Ausschlussverfahren – oder Blick auf:*
- *Fläche und Bevölkerung kleiner als das vergleichbare Deutschland*
- *hoher Grad der Internetnutzung und viele Breitband-Internetanschlüsse*
- *Zahl der Industrieroboter vergleichsweise gering, da Großbritannien als stark deindustrialisiert gilt (hoher Anteil des Dienstleistungssektors)*

## 12 Industrie 4.0

▶ Ergänzen Sie den nachfolgenden Lückentext. Tragen Sie im Lösungsbogen jeweils die Kennzahl der passenden Ergänzung aus der Auswahlliste ein.

**Auswahlliste:**

| | | | | | |
|---|---|---|---|---|---|
| **1** | the World | **9** | Mechanisierung | **17** | Biowissenschaft |
| **2** | Bernie Ecclestone | **10** | Mercedes-Benz | **18** | Silicon |
| **3** | Dead | **11** | Reformation | **19** | Deutschland |
| **4** | Ingenieurwissenschaft | **12** | James Watt | **20** | Aufklärung |
| **5** | Amerika | **13** | Death | **21** | Elektrizität |
| **6** | Elon Musk | **14** | Informationstechnologie | **22** | Walter P. Chrysler |
| **7** | Digitalisierung | **15** | England | **23** | Mechanik |
| **8** | Automatisierung | **16** | Everything | **24** | Henry Ford |

**Lückentext:**

Der Begriff „Industrie 4.0" verweist auf historische Phasen der Industrialisierung und verspricht eine vierte industrielle Revolution einzuleiten. Die erste industrielle Revolution entstand im 18. Jahrhundert im Zeitalter der **(a)** und bestand in der **(b)** der Produktion durch Wasser- und Dampfkraft. Epochemachend wirkte sich die Verbesserung der Dampfmaschine durch **(c)** aus. **(d)** wurde zum Mutterland der Industrie.

Kennzeichen der zweiten industriellen Revolution zu Beginn des 20. Jahrhunderts war die Massenfertigung, ermöglicht durch die industrielle Nutzung der **(e)**. Nicht zuletzt durch die Einführung der Fließbandfertigung wurde der amerikanische Automobilfabrikant **(f)** zu einem Symbol der neuen Zeit.

Die dritte industrielle Revolution setzte in den 1960er-Jahren ein und wird auch digitale Revolution genannt. Der Siegeszug der Elektronik und **(g)** ebnete den Weg zur speicherprogrammierbaren Steuerung und somit zur **(h)** der Produktion.

Mit der Industrie 4.0 steht die Wirtschaft nun an der Schwelle zur vierten industriellen Revolution. Dort verzahnt sich die Produktion noch mehr mit modernster Informations- und Kommunikationstechnologie zur Smart Factory. Technische Grundlage hierfür sind intelligente und digital vernetzte Systeme, die direkt miteinander kommunizieren. Das „Internet of Things" erweitert sich zum „Internet of **(i)**". Im **(k)** Valley wurden und werden hierfür entscheidende Weichen gestellt.

**Meine Lösung:**

Tragen Sie jeweils die zutreffende Kennzahl ein:

| (a) | (b) | (c) | (d) | (e) | (f) | (g) | (h) | (i) | (k) |
|---|---|---|---|---|---|---|---|---|---|
| | | | | | | | | | |

10 P.

## 12 Industrie 4.0

Tragen Sie jeweils die zutreffende Kennzahl ein:

| (a) | (b) | (c) | (d) | (e) | (f) | (g) | (h) | (i) | (k) |
|---|---|---|---|---|---|---|---|---|---|
| 20 | 9 | 12 | 15 | 21 | 24 | 14 | 8 | 16 | 18 |

je 1 Punkt, insgesamt 10 Punkte 10 P.

*Der Lückentext zum aktuell viel diskutierten Thema „Industrie 4.0" ruft Wissen aus dem Schulunterricht und vielen Medienberichten ab. Wer die Textvorlage genau liest, wird erkennen, dass hier vier Phasen der Industriegeschichte angesprochen werden, zu der es die Lücken (a) bis (k) zu füllen gilt.*

*Als Hilfestellung steht eine umfängliche Auswahlliste zur Verfügung, bei der man sich in der Regel zwischen zwei oder drei „ähnlichen" Begriffen entscheiden muss: Technische Begriffe, Namen und Ortsangaben. Deshalb empfiehlt es sich, sofern man sich seiner Sache nicht ganz sicher ist, bei den Lücken die jeweiligen Arten der Begriffe der Auswahlliste zu fokussieren, z. B. die Personen- oder Ortsnamen, wodurch die Zahl der in Frage kommenden Begriffe rasch reduziert und eine schnelle Lösung gefunden werden kann:*

*(a) Hintergrund der industriellen Revolution des 18. Jahrhunderts war fraglos das Denken der Aufklärung (20), die sich von der Metaphysik ab- und der empirisch beobachtbaren Natur zuwandte. Das Experiment wurde zur alleinigen Quelle der Erkenntnis.*

*(b) Kern der ersten industriellen Revolution war die Mechanisierung (9) der Produktion durch die Einführung von Maschinen und Maschinensystemen, die mit Wasser- und Dampfkraft betrieben wurden und zunehmend die Handarbeit des alten Handwerks in den Hintergrund drängte.*

*(c) Voraussetzung für eine rasche Entwicklung der Industrie war die Bereitstellung naturunabhängiger Energie, wie sie die Dampfmaschine lieferte, nachhaltig verbessert durch den schottischen Ingenieur James Watt (12). Die anderen in der Auswahlliste genannten Namen – vgl. Nr. 2, 6, 22 und 24 – gehören ins 20. Jahrhundert und haben mit der Dampfmaschine nichts zu tun.*

*(d) Mutterland der Industrie wurde England (15) – und behauptete seine führende Stellung bis zum Ende des 19. Jahrhunderts, als die USA und Deutschland die alte Industriemacht überholten.*

*(e) Die Massenfertigung der zweiten industriellen Revolution zu Beginn des 20. Jahrhunderts setzte die industrielle Nutzung der Elektrizität (21) voraus, die die hierfür benötigte Energie bereitstellte.*

*(f) Neue Wege zu Beginn des 20. Jahrhunderts beschritt der amerikanische Autohersteller Henry Ford (24), der in seinen Fabriken die Fließbandfertigung einführte und dadurch zum Vorbild der modernen Industrie wurde. Andere Namen der Auswahlliste kommen hier nicht in Betracht: Bernie Ecclestone (2) ist ein britischer Automobilsport-Funktionär und war bis 2017 Geschäftsführer der Formel-1-Holding SLEC; der Unternehmer und Investor Elon Musk (6) ist u. a. CEO des Fahrzeugherstellers Tesla, der auf die Produktion von Elektroautos spezialisiert ist; Walter P. Chrysler (22) ist wie Henry Ford ein bekannter amerikanischer Automobilhersteller, sein Name wird aber nicht mit der Einführung des Fließbands verbunden.*

*(g) Die digitale Revolution seit den 1960er-Jahren war neben der Elektronik vor allem das Werk der Informationstechnologie (14), die Ingenieur- (4) oder Biowissenschaft (17) hatte daran keinen Anteil.*

*(h) Wo Produktionsabläufe speicherprogrammiert werden können, ist der Weg zur Automatisierung (8) nicht weit. Digitalisierung (7) passt hier nicht, Mechanisierung (9) bezieht sich auf das 18. Jahrhundert (s. o.).*

*(i) Wer den Text von Bohsem noch im Kopf hat, wird hier die Fortentwicklung des „Internet of Things" zum „Internet of Everything" (16) setzen.*

*(k) Hier erlaubt sich die Auswahlliste einen kleinen Spaß: Dead (3) oder Death (13) Valley kommen hier natürlich nicht in Frage. Im Silicon (18) Valley bei San Francisco finden sich die bedeutendsten Impulsgeber der Industrie 4.0.*

*Detaillierte Hinweise und weiteres Übungsmaterial zum Umgang mit Lückentexten finden Sie in Kap. 3.3 (Lückentexte) im Allgemeinen Teil unseres Vorbereitungsbuches.*

## 13 Online-Shopping

▶ Überprüfen Sie nur anhand der nach den Fallvarianten abgedruckten Rechtsgrundlagen, ob die Aussagen zur jeweiligen Fallvariante **richtig**, **teilweise richtig** oder **falsch** sind, und vermerken Sie Ihr Ergebnis im Lösungsbogen. Es sind **ausschließlich** die angegebenen Vorschriften für die Falllösung zu berücksichtigen.

**Fall:**

Der volljährige Florian (F) bestellt auf der Internetseite von „Smartphonia.de" (S), einem Online-Händler für mobile Kommunikationsgeräte, ein Oberklasse-Smartphone.

**Variante 1:**

S hatte das Smartphone für 299 € in seine Website eingestellt.

**Aussage 1:**

Mit der Einstellung des Smartphones in die Homepage von S ist ein verbindliches Angebot im Sinne des § 145 BGB in Verbindung mit § 133 BGB zum Abschluss eines Kaufvertrags abgegeben worden.

**Variante 2:**

F bestellt das Smartphone, S bestätigt den Bestelleingang und schickt das Smartphone einige Tage später an die angegebene Lieferadresse.

**Aussage 2:**

Aufgrund zweier konkludenter Willenserklärungen gem. § 145 BGB in Verbindung mit § 133 BGB kommt es zum Abschluss eines Kaufvertrags.

**Variante 3** (im Anschluss an Variante 2):

F ordert das Smartphone mit persönlich eingraviertem Vor- und Nachnamen auf der Rückseite. Beim Auspacken des Smartphones kommen ihm dann Zweifel ob seiner Bestellung. Ihm gefällt das Gerät nicht so gut wie erwartet. Viel lieber würde er für den Geldbetrag eine Urlaubsreise machen. Er schickt daher das Smartphone mit dem Hinweis, er möchte vom Vertrag zurücktreten, zurück.

Hinweis: Für diese Variante wird der wirksame Abschluss eines Kaufvertrags unterstellt.

**Aussage 3:**

S kann die Rücknahme mit Verweis auf den zustande gekommenen Kaufvertrag verweigern. F kann jedoch seine Willenserklärung widerrufen.

**Variante 4:**

Auf der Website war der Preis des Smartphones mit 299 € ausgezeichnet. F, der ein einmaliges Schnäppchen wittert, bestellt das Gerät sofort. Als es ihm zugestellt wird, liegt dem Päckchen eine Rechnung über einen für F nicht akzeptablen Preis in Höhe von 699 € bei – das bestellte Smartphone war online versehentlich falsch ausgepreist worden.

**Aussage 4.1:**

F kann auf dem Kaufpreis von 299 € bestehen, weil ein Kaufvertrag durch Angebot und Annahme zustande gekommen ist und eine Anfechtung bisher nicht erklärt wurde.

**Aussage 4.2:**

S hat Anspruch auf den Kaufpreis von 699 €, weil er durch Beilegen der Rechnung mit dem korrekten Preis gem. § 133 BGB seinen Willen klar zum Ausdruck bringt und der Preis von 299 € für jeden klar erkennbar unrealistisch niedrig war.

*Die hier zu überprüfenden Aussagen zu der umfangreichen Aufgabe 13 befinden sich auf den Seiten 160 und 162.*

**Variante 5:**

F sieht das gleiche Smartphone bei eBay zum Startpreis von 9,99 €, bietet sofort mit und erwirbt es als Höchstbietender für 19 €. Der Verkäufer (V) will das Gerät trotz des bewusst eingestellten Startpreises zu dem dem von F gebotenen Preis allerdings nicht liefern, da der erzielte Preis weit unter dem üblichen Marktpreis läge und er daher nie vorhatte, das Gerät zu einem so niedrigen Preis zu verkaufen.

**Aussage 5:**

F hat Anspruch auf die Lieferung des Smartphones zum Preis von 19 €.

**Rechtsgrundlagen BGB:**

**§ 119**
**Anfechtbarkeit wegen Irrtums**

(1) Wer bei der Abgabe einer Willenserklärung über deren Inhalt im Irrtum war oder eine Erklärung dieses Inhalts überhaupt nicht abgeben wollte, kann die Erklärung anfechten, wenn anzunehmen ist, dass er sie bei Kenntnis der Sachlage und bei verständiger Würdigung des Falles nicht abgegeben haben würde.

[...]

**§ 133**
**Auslegung einer Willenserklärung**

Bei der Auslegung einer Willenserklärung ist der wirkliche Wille zu erforschen und nicht an dem buchstäblichen Sinne des Ausdrucks zu haften.

**§ 145**
**Bindung an den Antrag**

Wer einem anderen die Schließung eines Vertrags anträgt, ist an den Antrag gebunden, es sei denn, dass er die Gebundenheit ausgeschlossen hat.

**§ 312g**
**Widerrufsrecht**

(1) Dem Verbraucher steht bei außerhalb von Geschäftsräumen geschlossenen Verträgen und bei Fernabsatzverträgen ein Widerrufsrecht gemäß § 355 zu.

(2) Das Widerrufsrecht besteht, soweit die Parteien nichts anderes vereinbart haben, nicht bei folgenden Verträgen:

1. Verträge zur Lieferung von Waren, die nicht vorgefertigt sind und für deren Herstellung eine individuelle Auswahl oder Bestimmung durch den Verbraucher maßgeblich ist oder die eindeutig auf die persönlichen Bedürfnisse des Verbrauchers zugeschnitten sind,

[...]

**§ 355**
**Widerrufsrecht bei Verbraucherverträgen**

(1) Wird einem Verbraucher durch Gesetz ein Widerrufsrecht nach dieser Vorschrift eingeräumt, so sind der Verbraucher und der Unternehmer an ihre auf den Abschluss des Vertrags gerichteten Willenserklärungen nicht mehr gebunden [...]. Der Widerruf muss keine Begründung enthalten.

[...]

**Meine Lösung:**

| Kreuzen Sie an: | 1 | 2 | 3 | 4.1 | 4.2 | 5 |
|---|---|---|---|---|---|---|
| richtig | ☐ | ☐ | ☐ | ☐ | ☐ | ☐ |
| teilweise richtig | ☐ | ☐ | ☐ | ☐ | ☐ | ☐ |
| falsch | ☐ | ☐ | ☐ | ☐ | ☐ | ☐ |

12 P.**

## 13 Online-Shopping

| Kreuzen Sie an: | 1 | 2 | 3 | 4.1 | 4.2 | 5 |
|---|---|---|---|---|---|---|
| richtig | | X | | | | X |
| teilweise richtig | | | X | | | |
| falsch | X | | | X | X | |

je 2 Punkte, insgesamt 12 Punkte
kein Punkt für jede Spalte mit mehr als einem Kreuz

12 P.**

*Die Thematisierung des Kaufvertrags ist ein seit Langem häufig auftretender Klassiker der Auswahlprüfung. Keine Sorge: Auch mit dem Thema Online-Kauf werden lediglich Basiskenntnisse aus dem juristischen Bereich und die Fähigkeit zur Subsumtion abgefragt. Jeder (Fach-)Abiturient wurde mit dem Thema Kaufvertrag mindestens einmal im Rahmen seines Schullebens konfrontiert. Sie müssen also kein „Volljurist" sein, um diese Aufgabe zu bewältigen.*

*Wichtig: Beim vorliegenden Aufgabentypus geht es nicht um eine formal „saubere" juristische Lösung eines Rechtsfalles, sondern um die Überprüfung („richtig" – „teilweise richtig" – „falsch") von Aussagen anhand der Auszüge von den fünf hierzu grundlegenden Rechtsvorschriften des Bürgerlichen Gesetzbuches (BGB).*

*Verlangt wird also ein sorgfältiges Lesen und „Verstehen" des Inhalts der einschlägigen Paragraphen und eine Überprüfung, inwiefern die auf den skizzierten Rechtsfall bezogenen Aussagen auf Grundlage dieser Rechtsvorschriften belastbar sind:*

- ***Aussage 1** ist falsch: S hat mit der Einstellung des Smartphones in die Homepage kein verbindliches Angebot im Sinne des § 145 BGB in Verbindung mit § 133 BGB abgegeben. S weiß ja nicht, wie viele Käufer auf sein zahlenmäßig stets begrenztes Angebot treffen und dieses annehmen wollen. Hätte S ein entsprechendes Angebot gemacht, wäre er nach § 145 BGB an seinen Antrag gebunden, auch wenn er gar nicht so viele Smartphones verfügbar hätte. Nach § 133 BGB ist bei der Auslegung einer Willenserklärung der wirkliche Wille zu erforschen. Danach ist die Einstellung des Smartphone-Angebots lediglich eine* invitatio ad offerendum, *d. h. es ist eine Aufforderung an potenzielle Interessenten, ein konkretes Angebot an S zu machen. S kann dann einer konkreten Person zusagen, d. h. erst mit dieser Willenserklärung nimmt er das Angebot des konkreten Käufers an.*
- ***Aussage 2** ist richtig: F macht durch seine Willenserklärung ein konkretes Angebot an S. S nimmt das Angebot durch konkludentes Handeln, d. h. durch Verschicken des Smartphones an F, an (= Willenserklärung des S). Nach § 145 BGB in Verbindung mit § 133 BGB kommt es damit zu einem rechtsgültigen Kaufvertragsabschluss.*
- ***Aussage 3** ist teilweise richtig: Ein rechtsgültiger Kaufvertrag liegt vor (Voraussetzung nach Angabe). Da es sich um einen Fernabsatzvertrag handelt (Online-Bestellung), steht F als Verbraucher gem. § 312g Absatz 1 BGB in Verbindung mit § 355 BGB grundsätzlich ein Widerrufsrecht zu, d. h. F ist an seine Willenserklärung zunächst nicht mehr gebunden. Eine Begründung des F ist nicht erforderlich. Nach § 312g Abs. 2 Ziffer 1 BGB handelt es sich durch die Namensgravur um eine individuelle Sonderanfertigung, so dass im konkreten Fall ein Widerrufsrecht ausgeschlossen ist. Im Ergebnis bedeutet dies, dass S die Rücknahme mit Verweis auf den zustande gekommenen Kaufvertrag verweigern kann. F kann seine Willenserklärung dagegen nicht widerrufen, da ein Widerrufsrecht ausgeschlossen ist.*
- ***Aussage 4.1** ist falsch: Das Angebot des Händlers S ist zunächst nur als* invitatio ad offerendum *zu verstehen (vgl. Variante 1, Aussage 1). F macht danach zunächst ein Angebot, das in der Homepage des S zum Preis von 299,00 € gelistete Smartphone zu kaufen. Dieses Angebot trifft auf ein neues Angebot des S, der das Smartphone mit einem geänderten Kaufpreis in Höhe von 699,00 € an den F versendet, d. h. die Handlung des S ist nicht als Angebotsannahme zu verstehen, da keine konkludenten Willenserklärungen vorliegen (unterschiedliche Preisvorstellungen bei Angebot und „Annahme"). F kann damit nicht auf den Kaufpreis in Höhe von 299,00 € bestehen, da kein Kaufvertrag zustande gekommen ist.*
- ***Aussage 4.2** ist falsch: Ob der Preis für jeden klar erkennbar unrealistisch niedrig war, spielt im vorliegenden Fall keine Rolle. S kann auf den Kaufpreis in Höhe von 699,00 € nicht bestehen, da kein Kaufvertrag zustande gekommen ist (vgl. Begründung Aussage 4.1).*
- ***Aussage 5** ist richtig: Die Begründung liegt auf der Hand: Bei eBay & Co. ist für den Verkäufer von Anfang an klar, dass es für das jeweils angebotene Produkt nur einen einzigen Käufer geben kann – nämlich den Höchstbietenden. Diese Einschränkung führt dazu, dass es für den Verkäufer zu keiner überhöhten Nachfrage kommen kann, die seine Liefer- bzw. Auftragskapazitäten übersteigt. Aus diesem Grund hat sich die Rechtsprechung in zahlreichen Urteilen darauf festgelegt, dass bei eBay und ähnlich funktionierenden Internetplattformen keine* invitatio ad offerendum *wie im normalen Onlineshop vorliegt. Stattdessen stellt jedes angebotene Produkt auf derartigen Marktplätzen ein rechtsverbindliches Vertragsangebot dar. Das (zuletzt) abgegebene Höchstgebot führt dann als Vertragsannahme direkt zum Vertrag.*

## 14 Datenschutz in Europa

Das Thema „Datenschutz" spielt infolge der fortschreitenden Digitalisierung eine immer wichtigere Rolle.

▶ Entscheiden Sie für die nachfolgenden Aussagen, ob sie mit Blick auf die Verordnung (EU) 2016/679 des Europäischen Parlaments und des Rates **richtig** oder **falsch** bzw. dieser Verordnung **nicht zu entnehmen** sind. Vermerken Sie Ihr Ergebnis im Lösungsbogen.

**Aussagen:**

**1** Die Verordnung ist Ausdruck des Initiativrechts des Europäischen Parlaments.

**2** US-amerikanische Unternehmen können sich bei der Verarbeitung von personenbezogenen Daten von US-Bürgern mit Verweis auf ihren Hauptsitz in den USA auch nach Inkrafttreten der Verordnung auf die Datenschutzbestimmungen der USA berufen, sofern diese Daten nicht in der EU verarbeitet werden oder sich diese Personen nicht in der EU befinden.

**3** Falls sich ein 15-jähriger Teenager nach Inkrafttreten der Verordnung beim Internetdienst Facebook anmeldet, ist die Verarbeitung seiner personenbezogenen Daten im gesamten Gebiet der EU rechtswidrig, sofern die Erziehungsberechtigten nicht zustimmen oder der Mitgliedstaat, in dem der Teenager lebt, keine von der Verordnung abweichende Regelung getroffen hat.

**4** Die Datenschutz-Grundverordnung gilt im Falle von datenschutzrechtlichen Konflikten für Unternehmen, die ihre Dienste für Unionsbürger anbieten, nur, wenn der Firmenhauptsitz sich in der EU befindet.

**5** Ein vorrangig berechtigter Grund nach Art. 17 Abs. 1 Buchstabe c der Datenschutz-Grundverordnung ist beispielsweise das Recht auf freie Meinungsäußerung.

**6** Das Recht auf Vergessenwerden sorgt insofern für Rechtsunsicherheit, da es Jahre dauert, bis die Gerichte für eine Auslegung der Rechtsnormen sorgen werden.

**7** Die Richtlinie 95/46/EG tritt am zwanzigsten Tag nach Veröffentlichung der Verordnung (EU) 2016/679 im Amtsblatt der Europäischen Union in Kraft.

**8** Der 21-jährige Julian hat der Verarbeitung seiner personenbezogenen Daten einschließlich von Fotos durch Facebook zugestimmt. Als ihm bewusst wird, dass einige seiner Fotos unangemessen sind, glaubt er das Recht zu haben, dass diese Fotos ohne unangemessene Verzögerung gelöscht werden.

**VERORDNUNG (EU) 2016/679 DES EUROPÄISCHEN PARLAMENTS UND DES RATES**

vom 27. April 2016

zum Schutz natürlicher Personen bei der Verarbeitung personenbezogener Daten,
zum freien Datenverkehr und zur Aufhebung der Richtlinie 95/46/EG (Datenschutz-Grundverordnung)
(Text von Bedeutung für den EWR)

DAS EUROPÄISCHE PARLAMENT UND DER RAT DER EUROPÄISCHEN UNION —
gestützt auf den Vertrag über die Arbeitsweise der Europäischen Union, insbesondere auf Artikel 16,
auf Vorschlag der Europäischen Kommission,
nach Zuleitung des Entwurfs des Gesetzgebungsakts an die nationalen Parlamente,

[...]

in Erwägung nachstehender Gründe:

[...]

HABEN FOLGENDE VERORDNUNG ERLASSEN:

[...]

*Artikel 3*

**Räumlicher Anwendungsbereich**

(1) Diese Verordnung findet Anwendung auf die Verarbeitung personenbezogener Daten, soweit diese im Rahmen der Tätigkeiten einer Niederlassung eines Verantwortlichen oder eines Auftragsverarbeiters in der Union erfolgt, unabhängig davon, ob die Verarbeitung in der Union stattfindet.

(2) Diese Verordnung findet Anwendung auf die Verarbeitung personenbezogener Daten von betroffenen Personen, die sich in der Union befinden, durch einen nicht in der Union niedergelassenen Verantwortlichen oder Auftragsverarbeiter, wenn die Datenverarbeitung im Zusammenhang damit steht

a) betroffenen Personen in der Union Waren oder Dienstleistungen anzubieten, unabhängig davon, ob von diesen betroffenen Personen eine Zahlung zu leisten ist;

b) das Verhalten betroffener Personen zu beobachten, soweit ihr Verhalten in der Union erfolgt.

[...]

*Artikel 6*

**Rechtmäßigkeit der Verarbeitung**

(1) Die Verarbeitung ist nur rechtmäßig, wenn mindestens eine der nachstehenden Bedingungen erfüllt ist:

a) Die betroffene Person hat ihre Einwilligung zu der Verarbeitung der sie betreffenden personenbezogenen Daten für einen oder mehrere bestimmte Zwecke gegeben;

[...]

*Artikel 8*

**Bedingungen für die Einwilligung eines Kindes in Bezug auf Dienste der Informationsgesellschaft**

(1) Gilt Artikel 6 Absatz 1 Buchstabe a bei einem Angebot von Diensten der Informationsgesellschaft, das einem Kind direkt gemacht wird, so ist die Verarbeitung der personenbezogenen Daten des Kindes rechtmäßig, wenn das Kind das sechzehnte Lebensjahr vollendet hat. Hat das Kind noch nicht das sechzehnte Lebensjahr vollendet, so ist diese Verarbeitung nur rechtmäßig, sofern und soweit diese Einwilligung durch den Träger der elterlichen Verantwortung für das Kind oder mit dessen Zustimmung erteilt wird.

Die Mitgliedstaaten können durch Rechtsvorschriften zu diesen Zwecken eine niedrigere Altersgrenze vorsehen, die jedoch nicht unter dem vollendeten dreizehnten Lebensjahr liegen darf.

[...]

*Artikel 17*

**Recht auf Löschung („Recht auf Vergessenwerden")**

(1) Die betroffene Person hat das Recht, von dem Verantwortlichen zu verlangen, dass sie betreffende personenbezogene Daten unverzüglich gelöscht werden, und der Verantwortliche ist verpflichtet, personenbezogene Daten unverzüglich zu löschen, sofern einer der folgenden Gründe zutrifft:

a) Die personenbezogenen Daten sind für die Zwecke, für die sie erhoben oder auf sonstige Weise verarbeitet wurden, nicht mehr notwendig.

b) Die betroffene Person widerruft ihre Einwilligung, auf die sich die Verarbeitung gemäß Artikel 6 Absatz 1 Buchstabe a [...] stützte, [...].

c) Die betroffene Person legt [...] Widerspruch gegen die Verarbeitung ein und es liegen keine vorrangigen berechtigten Gründe für die Verarbeitung vor, [...].

d) Die personenbezogenen Daten wurden unrechtmäßig verarbeitet.

e) Die Löschung der personenbezogenen Daten ist zur Erfüllung einer rechtlichen Verpflichtung nach dem Unionsrecht oder dem Recht der Mitgliedstaaten erforderlich, dem der Verantwortliche unterliegt.

f) Die personenbezogenen Daten wurden in Bezug auf angebotene Dienste der Informationsgesellschaft gemäß Artikel 8 Absatz 1 erhoben.

[...]

*Artikel 99*

**Inkrafttreten und Anwendung**

(1) Diese Verordnung tritt am zwanzigsten Tag nach ihrer Veröffentlichung im Amtsblatt der Europäischen Union in Kraft.

(2) Sie gilt ab dem 25. Mai 2018.

Diese Verordnung ist in allen ihren Teilen verbindlich und gilt unmittelbar in jedem Mitgliedstaat.

[...].

**Meine Lösung:**

| Kreuzen Sie an: | 1 | 2 | 3 | 4 | 5 | 6 | 7 | 8 |
|---|---|---|---|---|---|---|---|---|
| richtig | ☐ | ☐ | ☐ | ☐ | ☐ | ☐ | ☐ | ☐ |
| falsch | ☐ | ☐ | ☐ | ☐ | ☐ | ☐ | ☐ | ☐ |
| nicht zu entnehmen | ☐ | ☐ | ☐ | ☐ | ☐ | ☐ | ☐ | ☐ |

8 P.

## 14 Datenschutz in Europa

Kreuzen Sie an:

| | 1 | 2 | 3 | 4 | 5 | 6 | 7 | 8 |
|---|---|---|---|---|---|---|---|---|
| richtig | | X | X | | | | | X |
| falsch | X | | | X | | | X | |
| nicht zu entnehmen | | | | | X | X | | |

je 1 Punkt, insgesamt 8 Punkte
kein Punkt für jede Spalte mit mehr als einem Kreuz

8 P.

*Dargestellt ist eine formal typische Verordnung des Europäischen Parlaments, die dem Amtsblatt der Europäischen Union entnommen ist und mit der Beamte im Rahmen ihrer Dienstausübung zunehmend häufiger konfrontiert werden. Diese Aufgabe ist damit besonders anforderungsaffin hinsichtlich des Tätigkeitsprofils eines Verwaltungsbeamten. Abgeprüft wird hier insbesondere die Fähigkeit, Paragraphen bzw. Artikel inhaltlich zu verstehen und aus ihnen korrekt Informationen zu entnehmen. Die zu überprüfenden Aussagen können hier mit Blick auf die EU-Verordnung „richtig", „falsch" oder dieser „nicht zu entnehmen" sein:*

***richtig:***

- *Aussage 2, da Art. 3 der EU-Verordnung nicht für US-Bürger außerhalb der EU gilt, deren Daten außerhalb der EU verarbeitet werden*
- *Aussage 3 aufgrund Art. 8 Abs. 1 in Verbindung mit Art. 3 der EU-Verordnung*
- *Aussage 8, da der volljährige Julian das Recht hat, dass die von ihm als unangemessen beurteilten Fotos unverzüglich gelöscht werden. Dies ergibt sich unmittelbar aus Art. 17 Abs. 1 Ziffer b der EU-Verordnung.*

***falsch:***

- *Aussage 1, da die Verordnung auf Vorschlag der Europäischen Kommission erfolgte (siehe Präambel vor Beginn des Artikels 3 „Räumlicher Anwendungsbereich")*
- *Aussage 4: Nach Art. 3 Abs. 2 der vorliegenden EU-Verordnung hat diese mit Blick auf die Verarbeitung personenbezogener Daten von Unionsbürgern hinsichtlich der Personendaten verarbeitenden Unternehmen globale Gültigkeit wegen des dort verankerten Marktortprinzips, d. h. das Sitzlandprinzip oder Niederlassungsprinzip des Unternehmens hat keine Gültigkeit mehr.*
- *Aussage 7: Nach Art. 99 Abs. 1 der vorliegenden EU-Verordnung tritt diese am zwanzigsten Tag nach ihrer Veröffentlichung im Amtsblatt der Europäischen Union in Kraft. Sie gilt aber gem. Art. 99 Abs. 2 erst ab dem 25. Mai 2018, d. h. erst ab diesem Zeitpunkt ist die Richtlinie 95/46/EG (Datenschutz-Grundverordnung) aufgehoben.*

***nicht zu entnehmen:***

- *Aussage 5, da sie weder Art. 17 Abs. 1 Buchstabe c der EU-Verordnung noch dieser Verordnung insgesamt entnommen werden kann*
- *Aussage 6, da sie bestenfalls eine Vermutung ist*

## 15 Onlinestudie

Überprüfen Sie die folgenden Aussagen zu den beiden Tabellen aus der ARD/ZDF-Onlinestudie 2015 und 2016.

▶ Kreuzen Sie im Lösungsbogen an, welche Aussagen **richtig**, welche **falsch** oder welche den beiden Materialien **nicht zu entnehmen** sind.

**Tab. 1 ARD/ZDF-Onlinestudie 2015:**
**Onlinenutzung nach Geschlecht, Altersgruppen, Berufstätigkeit und Bildung**
zumindest gelegentlich genutzt, in %

| | | Geschlecht | | Altersgruppen | | | | | | | Berufstätigkeit | | | | Schulbildung | | |
|---|---|---|---|---|---|---|---|---|---|---|---|---|---|---|---|---|---|
| zumindest gelegentlich … | Gesamt | Weibl. | Männl. | 14–19 J. | 20–29 J. | 30–39 J. | 40–49 J. | 50–59 J. | 60–69 J. | ab 70 J. | ab 60 J. | voll/teil | in Ausb. | nicht berufs. | VS/HS | WfS/Abi | Stud. |
| Ja | 80 | 76 | 83 | 100 | 98 | 94 | 92 | 83 | 67 | 38 | 50 | 92 | 100 | 57 | 63 | 89 | 94 |
| Nein | 21 | 24 | 17 | | 2 | 6 | 8 | 17 | 33 | 62 | 50 | 8 | | 43 | 37 | 11 | 6 |
| Gewichtete Basis (n) | 1.800 | 917 | 883 | 124 | 250 | 245 | 329 | 308 | 227 | 317 | 544 | 968 | 153 | 679 | 708 | 810 | 293 |

*(Quelle: http://www.ard-zdf-onlinestudie.de/fileadmin/Onlinestudie_2015/0915_Statistik.pdf)*

### Kommunikation und Mediennutzung rangieren in der Nutzungsdauer vorne

**Basis: Alle Befragten, Angaben in Prozent**

ARD ZDF Onlinestudie 2016

| Nutzungsdauern gestern | Gesamt | Frauen | Männer | 14–29 Jahre | 30–49 Jahre | 50–69 Jahre | ab 70 Jahre |
|---|---|---|---|---|---|---|---|
| Kommunikation im Internet | 39 % | 45 % | 35 % | 41 % | 42 % | 38 % | 17 % |
| Mediennutzung im Internet | 24 % | 20 % | 28 % | 29 % | 23 % | 21 % | 15 % |
| Informationssuche im Internet | 17 % | 17 % | 17 % | 14 % | 19 % | 22 % | 22 % |
| Spielen im Internet | 14 % | 12 % | 14 % | 13 % | 11 % | 11 % | 30 % |
| Transaktionen im Internet | 6 % | 5 % | 5 % | 4 % | 5 % | 8 % | 15 % |

Frage: Jetzt geht es darum, was Sie gestern im Internet gemacht haben und wie viel Zeit Sie damit verbracht haben …
Basis: Erwachsene ab 14 Jahren in Deutschland (2016: n = 1.508)
Quelle: ARD/ZDF-Onlinestudie 2016 (Dspr.Bev., 14+)

*(Quelle: http://www.ard-zdf-onlinestudie.de/fileadmin/Onlinestudie_2016/Kern-Ergebnisse_ARDZDF-Onlinestudie_2016.pdf)*

**Aussagen:**

**1** Bei den hierzu Befragten sinkt mit zunehmender Schulbildung der Anteil der zumindest gelegentlichen Onlinenutzer.

**2** Die hierzu befragten Frauen nutzten am ausgewerteten Tag öfter Medien im Internet, als dass sie im Internet recherchierten.

**3** Bei der Onlinenutzung zeigt sich 2015 eine deutliche digitale Kluft, weil in den ausgewiesenen Altersgruppen mit zunehmendem Lebensalter der Anteil derjenigen abnimmt, die eine zumindest gelegentliche Nutzung bejahen.

**4** Bei den hierzu Befragten erreichte die Dauer der Mediennutzung im Internet am ausgewerteten Tag im Schnitt einen Anteil von knapp einem Viertel.

**5** In beiden Tabellen liegen den dargestellten Ergebnissen jeweils die Daten von mehr als 2.000 befragten Personen zugrunde.

**6** Befragungen von ARD/ZDF werden generell erst bei Personen ab 14 Jahren durchgeführt.

**7** Bei den hierzu Befragten der Altersgruppe von 50 bis 69 Jahren führten am Auswertungstag jeweils acht Prozent der Frauen und Männer Transaktionen im Internet durch.

*Die Lösungen zu Aufgabe 15 finden Sie auf Seite 171.*

**Meine Lösung:**

| Kreuzen Sie an: | 1 | 2 | 3 | 4 | 5 | 6 | 7 |
|---|---|---|---|---|---|---|---|
| richtig | ☐ | ☐ | ☐ | ☐ | ☐ | ☐ | ☐ |
| falsch | ☐ | ☐ | ☐ | ☐ | ☐ | ☐ | ☐ |
| nicht zu entnehmen | ☐ | ☐ | ☐ | ☐ | ☐ | ☐ | ☐ |

7 P.

## 15 Onlinestudie

| Kreuzen Sie an: | 1 | 2 | 3 | 4 | 5 | 6 | 7 |
|---|---|---|---|---|---|---|---|
| richtig | | | X | X | | | |
| falsch | X | | | | X | | |
| nicht zu entnehmen | | X | | | | X | X |

je 1 Punkt, insgesamt 7 Punkte
kein Punkt für jede Spalte mit mehr als einem Kreuz

7 P.

*Die Entwicklung der Internetnutzung in Deutschland sowie der Umgang der Nutzer mit den Angeboten bilden seit 1997 die zentralen Fragestellungen der **ARD/ZDF-Onlinestudien**, die Licht in das Dunkel einer sich rasch wandelnden Medienlandschaft bringen sollen. Die Schwierigkeit der vorliegenden Aufgabe, bei der die Aussagen 1 bis 7 mit zwei Tabellen zur Onlinenutzung verglichen werden sollen, ergibt sich auch dadurch, dass diese sich auf unterschiedliche Zeiträume beziehen (Tabelle 1 auf das Jahr 2015, Tabelle 2 auf 2016).*

*Vor Lösen der Aufgabe erweist es sich als hilfreich, sich zunächst die Aussagedimensionen der jeweiligen Tabelle vor Augen zu führen. Dadurch fällt es leichter, die Entscheidung „richtig", „falsch" oder „nicht zu entnehmen" zu treffen. So erfasst **Tabelle 1** die Onlinenutzung spezifiziert nach Geschlecht, Altersgruppen, Berufstätigkeit und Bildung, während die **untere Tabelle** (Tab. 2) Auskünfte über die Nutzungsdauer bestimmter Formen der Onlinenutzung (Kommunikation, Mediennutzung, Informationssuche etc.) gibt und diese spezifiziert nach Geschlecht und bestimmten Altersgruppen, welche sich aber von denen der Tabelle 1 unterscheiden. In beiden Tabellen jedoch handelt es sich um Prozentangaben.*

*Wichtig für eine sichere und rasche Lösung der Aufgabe erweist sich auch der Blick auf den unterschiedlichen **Erhebungszeitraum** beider Statistiken. Während Tabelle 1 die zumindest gelegentliche Onlinenutzung im gesamten Jahr 2015 untersucht, beschränkt sich die Onlinenutzung in der unteren Tabelle auf nur einen (!) Auswertungstag.*

*Besonderes Augenmerk ist auf den **Inhalt der einzelnen Aussagen** zu legen. So kann sich eine Aussage zur Schulbildung (Aussage 1) nur auf Tabelle 1 beziehen, da dieses Kriterium nur dort genannt wird. Wenn zur Nutzung des Internets als Transaktionsmedium der Altersgruppe der 50- bis 69-Jährigen eine Aussage erfolgt (Aussage 7), wird man nur in der unteren Tabelle fündig. Nimmt die Aussage auf den „Auswertungstag" Bezug (Aussagen 2, 4 und 7), erübrigt sich eine Überprüfung von Tabelle 1, die ja, siehe oben, die Onlinenutzung für ein ganzes Jahr erfasst. So kann wertvolle Zeit gespart werden.*

*Nach diesen Vorüberlegungen einschließlich eines genauen Blicks auf die Angaben zur Basis der Befragungen ergeben sich folgende Lösungen:*

***richtig:***

- *Aussage 3: Die zumindest gelegentliche Onlinenutzung ist mit zunehmendem Alter konstant rückläufig (100 % bei der jüngsten Kohorte, 38 % bei der Altersgruppe ab 70 J.), sodass von einer deutlichen digitalen Kluft zwischen Jung und Alt gesprochen werden kann. Vgl. Tab. 1 Spalte Altersgruppen.*
- *Aussage 4: Ausweislich von Spalte 2 („Gesamt") der dritten Zeile von Tab. 2 sind 24 % der Befragten, also knapp ein Viertel, zur Mediennutzung am ausgewerteten Tag im Internet gewesen.*

***falsch:***

- *Aussage 1: Tab. 1, dort Spalten zur Schulbildung, weist auf das Gegenteil hin. Von VS/HS über WfS/Abi zu Stud. steigt der Prozentsatz von 63 auf 94 %.*
- *Aussage 5: Die Erhebung von Tab. 1 basiert auf 1800 Befragten (vgl. Spalte 2 „Gesamt"), die von Tab. 2 (vgl. Klammerzusatz in der Legende) auf 1508.*

***nicht zu entnehmen:***

- *Aussage 2: Tab. 2 gibt keine Auskunft über die Häufigkeit der Mediennutzung, sondern ausschließlich über den zeitlichen Anteil der Mediennutzung gegenüber anderen Anwendungen.*
- *Aussage 6: Bei den vorliegenden Onlinestudien wurden zwar Personen erst ab 14 Jahren befragt (vgl. die Spalten 14–19 J. in Tab. 1 und 2), daraus kann aber nicht geschlossen werden, dass dies eine generelle Altersgrenze bei Befragungen von ARD/ZDF ist und auch für alle Befragungen der beiden Rundfunkanstalten gilt.*
- *Aussage 7: Der in der Altersgruppe 50–69 Jahre vermerkte Prozentsatz 8 (Tab. 2, letzte Zeile) bezieht sich nicht auf die Größe der Gruppe, die Transaktionen im Internet durchführte, sondern den prozentualen Zeitanteil, den die Befragten dieser Altersgruppe im Rahmen ihrer Internetaktivitäten hierfür aufwandten.*

## 16 Krieg in Syrien

Seit 2011 herrscht Krieg in Syrien. Viele Flüchtlinge leben in Flüchtlingslagern benachbarter Länder. Aber auch aus anderen Ländern kommen Flüchtlinge nach Europa.

▶ Lokalisieren Sie die in der Länderliste aufgeführten Länder in der nachfolgenden Karte und ordnen Sie im Lösungsbogen jeweils den zutreffenden Kennbuchstaben aus der Karte der Kennzahl des betreffenden Landes zu.

**Abbildung:**

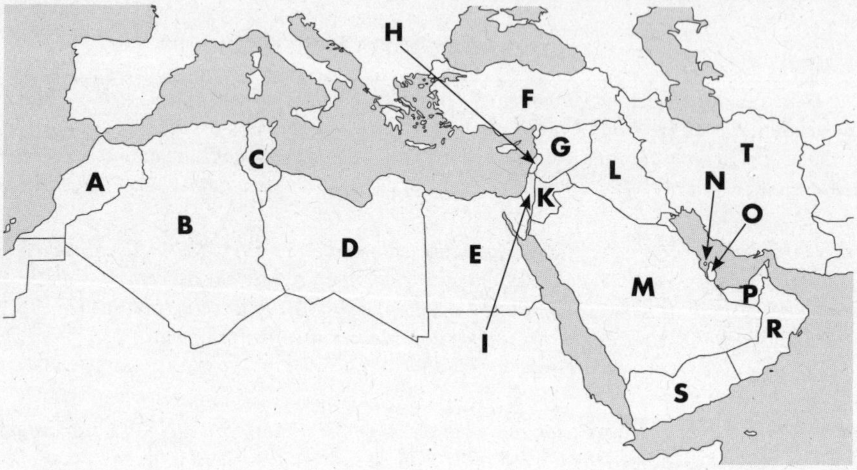


**Länderliste:**

**1** Syrien
**2** Türkei
**3** Jordanien
**4** Irak
**5** Iran

*www.shutterstock.com*

**Meine Lösung:**

Ordnen Sie die betreffenden Kennbuchstaben zu:

| 1 | 2 | 3 | 4 | 5 |
|---|---|---|---|---|
| | | | | |

5 P.

## 16 Krieg in Syrien

Ordnen Sie die betreffenden Kennbuchstaben zu:

| 1 | 2 | 3 | 4 | 5 |
|---|---|---|---|---|
| G | F | K | L | T |

je 1 Punkt, insgesamt 5 Punkte 5 P.

*Wie in vielen Auswahlprüfungen üblich wurde auch in diesem Jahr eine Kartenaufgabe zu einem politischen Brennpunkt in der Welt gestellt. Der Krieg in Syrien währt nun schon seit Jahren und nahezu täglich ist in den Medien von neuen Grausamkeiten in der Region zu lesen, in der zahlreiche Kräfte um Macht und Einfluss kämpfen. Die Karte von Aufgabe 16 bildet weitgehend den klassischen Kulturraum des Alten Orients ab, einschließlich der nordafrikanischen Maghrebstaaten Marokko (A), Algerien (B), Tunesien (C) und Libyen (D). Ägypten (E) bildet das Bindeglied zur arabischen Halbinsel bzw. dem Nahen Osten.* ***Syrien*** *entspricht hierbei dem Buchstaben G, die von Hunderttausenden syrischen Flüchtlingen aufgesuchten Nachbarländer* ***Türkei*** *im Norden dem Buchstaben F,* ***Jordanien*** *im Süden dem Buchstaben K. Die miteinander rivalisierenden Staaten* ***Irak*** *und* ***Iran*** *haben die Kennbuchstaben L bzw. T.*

## 17 Ressource Wasser

Wassermangel ist oft eine Ursache von Migration, da es sich hierbei um eine zunehmend gefährdete und knapper werdende Ressource handelt. Die Wissenschaft unterscheidet in diesem Zusammenhang mehrere sogenannte Syndrome oder Problemfelder.

▶ Weisen Sie den Kennbuchstaben der nachfolgend genannten Problemfelder jeweils die Kennzahl des betreffenden Syndroms aus der Auswahlliste zu und notieren Sie Ihr Ergebnis im Lösungsbogen.

**Auswahlliste:**

| | | | | | |
|---|---|---|---|---|---|
| **1** | Sahel-Syndrom | **3** | China-Syndrom | **5** | „Hoher Schornstein" |
| **2** | Favela-Syndrom | **4** | Dust-Bowl-Syndrom | **6** | Massentourismus |

**Problemfelder:**

**A** Industrielle Bodenbewirtschaftung; Pestizidbelastung

**B** Weiträumige Schadstoffverteilung; saurer Regen

**C** Landwirtschaftliche Übernutzung; Wasserverknappung

**D** Ungeregelte Urbanisierung; Gewässerbelastung

**E** Mangelhafte ökologische Standards; Gewässerverschmutzung

**F** Erschließung unberührter Naturräume; erhöhter Süßwasserbedarf

**Meine Lösung:**

Ordnen Sie die betreffenden Kennzahlen zu:

| A | B | C | D | E | F |
|---|---|---|---|---|---|
| | | | | | |

6 P.

## 17 Ressource Wasser

Ordnen Sie die betreffenden Kennzahlen zu:

| A | B | C | D | E | F |
|---|---|---|---|---|---|
| 4 | 5 | 1 | 2 | 3 | 6 |

je 1 Punkt, insgesamt 6 Punkte | 6 P.

*Eine (eventuell „die") entscheidende Ressource weltweit im 21. Jahrhundert wird das Wasser sein. Wassermangel ist oftmals eine Ursache von Armut und Krankheit und damit von Migration. Die Wissenschaft hat in diesem Zusammenhang verschiedene Problemfelder herausgearbeitet und als einschlägige „Syndrome" bezeichnet. Aufgabe ist es, den Problemfeldern A bis F die passenden Syndrome (Auswahlliste 1 bis 6) zuzuordnen:*

**A** *Eine industrielle Bodenbewirtschaftung führt in manchen Teilen der Erde zu einer tiefgreifenden Schädigung des Oberbodens und bei Winderosion zu Auswehung der Bodenkrume. Man spricht hier vom* ***Dust-Bowl-Syndrom****. Dust Bowl (dt. Staubschüssel) wurden in den 1930er-Jahren Teile der Great Plains in Nordamerika genannt, die von verheerenden Dürren und Staubstürmen betroffen waren. Auslöser dieses Phänomens war die weitflächige Rodung des Präriegrases, um die landwirtschaftlichen Erträge durch einen intensiven Weizenanbau zu erhöhen.* ***(A = 4)***

**B** *Das* ***Hoher-Schornstein-Syndrom*** *bezieht sich auf die Verteilung von Luftschadstoffen durch den Bau von hohen Schornsteinen, durch die Schadstoffe industrieller Herkunft in höhere Atmosphärenschichten verblasen und somit weiträumig verteilt werden können. Negative Folge dieses Verfahrens ist der saure Regen, einer der Hauptverursacher des Waldsterbens.* ***(B = 5)***

**C** *Landwirtschaftliche Übernutzung durch Ackerbau und Beweidung und die darauf folgende Wasserverknappung sind klassische Probleme der Sahelzone am Südrand der nordafrikanischen Wüste Sahara. Man spricht hier vom* ***Sahel-Syndrom****.* ***(C = 1)***

**D** *Eine ungeregelte Urbanisierung findet bei informellen Siedlungen statt, die Begriffe hierfür sind regional unterschiedlich: Slum (engl.) oder Favela (span.) zählen zu den gebräuchlichsten Begriffen. Letzterer gab dem* ***Favela-Syndrom*** *den Namen.* ***(D = 2)***

**E** *Mangelhafte ökologische Standards und eine zum Teil extreme Verschmutzung der Gewässer sind vor allem aus China bekannt. Deshalb* ***China-Syndrom****.* ***(E = 3)***

**F** *Die Erschließung unberührter Naturräume und der erhöhte Süßwasserbedarf für Touristen auch in süßwasserarmen Gegenden sind die Folgen der Erschließung immer weiterer Bereiche der Erde für den Massentourismus. Das* ***Massentourismus-Syndrom*** *sollte deshalb allen Reisenden in ferne Welten zu denken geben.* ***(F = 6)***

## 18 Migration

▶ Überprüfen Sie die Aussagen zum nachfolgenden Schaubild. Kreuzen Sie im Lösungsbogen an, welche davon **richtig**, **falsch** oder dem Schaubild **nicht zu entnehmen** sind.

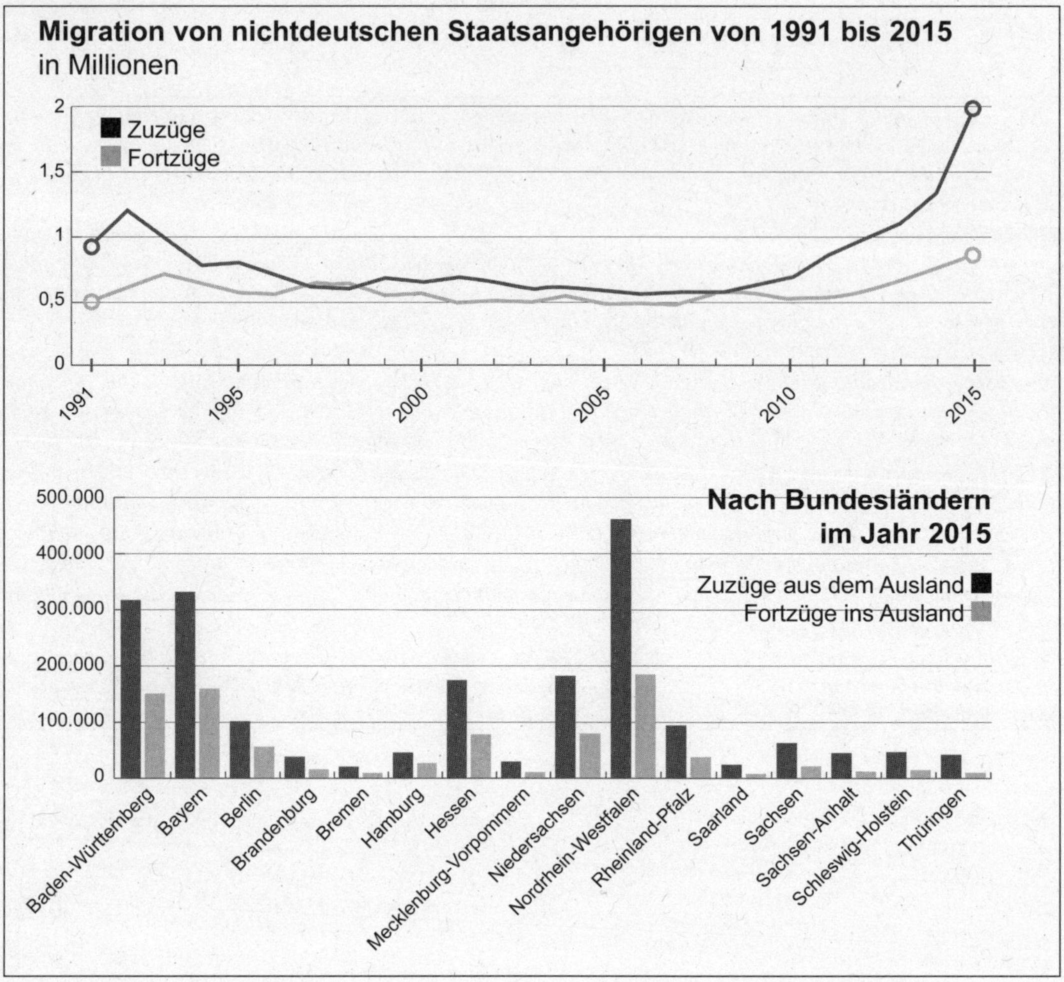


*(Quellen: SZ-Grafik; Statistisches Bundesamt)*

**Aussagen:**

**1** Im Vergleich zum Jahr 2014 hat sich der Zuzug nichtdeutscher Staatsangehöriger 2015 mehr als verdreifacht.

**2** Noch nie seit nahezu 25 Jahren sind so viele nichtdeutsche Staatsangehörige zugezogen wie 2015.

**3** Seit 2009 nimmt der positive Wanderungssaldo beständig zu.

**4** Im Jahr 2014 war es nicht möglich, mehr als 1,5 Mio. nichtdeutsche Staatsangehörige aufzunehmen.

**5** Die Grafik weist ausschließlich Zahlen zur Migration von Nicht-EU-Bürgern aus.

**6** Das EU-Türkei-Abkommen hat zu einer Beruhigung der Migrationsbewegung nach Deutschland geführt.

**7** Berlin wies 2015 unter den Stadtstaaten in absoluten Zahlen das höchste Wanderungsplus auf.

**8** War bis 2014 die wachsende Migration aus anderen EU-Ländern prägend, kommen infolge der Syrien-Krise seitdem vor allem Schutzsuchende nach Deutschland.

**Meine Lösung:**

| Kreuzen Sie an: | **1** | **2** | **3** | **4** | **5** | **6** | **7** | **8** |
|---|---|---|---|---|---|---|---|---|
| richtig | ☐ | ☐ | ☐ | ☐ | ☐ | ☐ | ☐ | ☐ |
| falsch | ☐ | ☐ | ☐ | ☐ | ☐ | ☐ | ☐ | ☐ |
| nicht zu entnehmen | ☐ | ☐ | ☐ | ☐ | ☐ | ☐ | ☐ | ☐ |

8 P.

## 18 Migration

| Kreuzen Sie an: | 1 | 2 | 3 | 4 | 5 | 6 | 7 | 8 |
|---|---|---|---|---|---|---|---|---|
| richtig | | X | X | | | | X | |
| falsch | X | | | | X | | | |
| nicht zu entnehmen | | | | X | | X | | X |

je 1 Punkt, insgesamt 8 Punkte
kein Punkt für jede Spalte mit mehr als einem Kreuz

8 P.

*Migration ist ein Dauerbrenner nicht nur in der politischen Auseinandersetzung, sondern auch bei der Auswahlprüfung der letzten Jahre, welche sich stets am aktuellen politischen Geschehen orientiert. Rechnen Sie also auch weiterhin mit dieser Thematik, die auch bei den Koalitionsverhandlungen nach der Bundestagswahl 2017 für politischen Zündstoff und Schlagzeilen gesorgt hat (vgl. Einwanderungs- bzw. Zuwanderungsgesetz für ausländische Fachkräfte).*

*Die beiden vorliegenden Diagramme des Statistischen Bundesamtes haben die Darstellung von Zuzügen und Fortzügen in Deutschland gemeinsam. Während das Liniendiagramm (oben) diese im Zeitraum von 1991 bis 2015 visualisiert, stellt das Säulendiagramm (unten) diese nur punktuell auf das Jahr 2015 bezogen dar und vergleicht die Zu- und Fortzüge nichtdeutscher Staatsangehöriger in den einzelnen Bundesländern.*

*Setzt man die Zuzüge mit den Fortzügen in Bezug, lässt sich der Wanderungssaldo eines Jahres sowohl für die einzelnen Bundesländer als auch für die gesamte Bundesrepublik ermitteln. Er gilt als positiv, wenn die Zuzüge höher als die Fortzüge sind, als negativ, wenn ihr Verhältnis zueinander umgekehrt ist (vgl. Aussage 3). Die mit „richtig“, „falsch“ oder „nicht zu entnehmen“ zu bewertenden acht Aussagen lassen sich bei genauer Analyse der beiden Grafiken eindeutig klassifizieren:*

***richtig:***

- ***Aussage 2:** 2015 erreichte die Zahl der Zuzüge annähernd 2 Millionen und übertraf damit das bisherige Spitzenjahr 1992 mit 1,2 Millionen Zuzügen.*
- ***Aussage 3:** Seit 2009 wandern beständig zunehmend mehr nichtdeutsche Staatsangehörige zu, als dass diese Deutschland verlassen, woraus eine Erhöhung des positiven Wanderungssaldos (s. o.) resultiert.*
- ***Aussage 7:** Im Vergleich zu den beiden weiteren Stadtstaaten Hamburg und Bremen betrug der positive Wanderungssaldo Berlins nahezu 50 000 Personen, also mehr als bei Bremen und Hamburg zusammengenommen. (Vorsicht: Hier geht es nur um einen Vergleich der Stadtstaaten! Aussage genau lesen!)*

***falsch:***

- ***Aussage 1:** Die Zunahme der Zuwanderung von 2014 zu 2015 entspricht allenfalls einer Verdoppelung, von 900 000 auf knapp 2 Millionen.*
- ***Aussage 5:** Beide Diagramme stellen die Migration nichtdeutscher Staatsangehöriger dar, inkludieren also auch EU-Bürger, die aber nicht gesondert ausgewiesen sind.*

***nicht zu entnehmen:***

- ***Aussage 4:** Beide Diagramme geben keine Auskunft über die Integrations- bzw. Aufnahmefähigkeit der Bundesrepublik Deutschland.*
- ***Aussage 6:** Diese Aussage kann schon deshalb nicht dem Material entnommen werden, weil das EU-Türkei-Abkommen erst nach dem dargestellten Erhebungszeitraum in Kraft trat. Über die Ursachen der Zu- und Fortzüge machen beide Diagramme aber ohnehin keine Aussagen.*
- ***Aussage 8:** Die Diagramme erlauben keine Schlussfolgerung hinsichtlich der Herkunftsländer der Zuwanderer.*

## 19 Protestantismus

▶ Ergänzen Sie den nachstehenden Lückentext. Tragen Sie Ihre Lösung in den Lösungsbogen ein.

**Lückentext:**

Ab dem Jahr ___(a)___ spaltete sich das westliche Christentum des Mittelalters in verschiedene Konfessionen. Die ___(b)___ wurde in Deutschland vor allem von Martin ___(c)___ angestoßen, der seine insgesamt 95 sogenannten ___(d)___ an die Tür der Schlosskirche zu ___(e)___ geschlagen haben soll. Zentrale Kritikpunkte waren der sogenannte ___(f)___handel Roms sowie der Vorwurf der Käuflichkeit kirchlicher Ämter.

**Meine Lösung:**

Tragen Sie Ihre Lösungen ein:

(a) ____________________ (d) ____________________

(b) ____________________ (e) ____________________

(c) ____________________ (f) ____________________

6 P.

## 19 Protestantismus

Tragen Sie Ihre Lösungen ein:

| | |
|---|---|
| (a) **1517** | (d) **Thesen** |
| (b) **Reformation** | (e) **Wittenberg** |
| (c) **Luther** | (f) **Ablass** |

je 1 Punkt (korrekte Schreibweise!), insgesamt 6 Punkte 6 P.

*Vor 500 Jahren: Der Lückentext „Protestantismus" ruft anlässlich des 500. Jahrestags des Beginns der Reformation historische Grundkenntnisse ab, die sicher aus dem Geschichts- und Religionsunterricht bekannt sind. Das Thema war während der Lutherdekade Gegenstand zahlreicher Ausstellungen, Veranstaltungen und einschlägiger Medienberichte.*

*Bei **(a)** kommt nur das Jahr 1517 in Frage, bei **(b)** der Begriff Reformation, die durch die Spaltung der Christenheit das Ende des Mittelalters markiert und das Zeitalter der Frühen Neuzeit bzw. der Konfessionskriege einleitete. Mann der Stunde war natürlich der rebellische und unbeugsame Augustinermönch und Theologieprofessor Martin **(c)** Luther, nicht zu verwechseln mit dem späteren Streiter für die Bürgerrechte der Schwarzen in den USA, Martin Luther King! Ausgangspunkt der Reformation war der **(d)** Thesenanschlag Luthers an der Schlosskirche zu **(e)** Wittenberg an der Elbe im heutigen Sachsen-Anhalt. Neben der Käuflichkeit kirchlicher Ämter (Simonie) richtete sich Luther vor allem gegen den **(f)** Ablasshandel der katholischen Kirche, dessen Einnahmen den Bau des gigantischen Petersdoms in Rom sicherstellen sollten, der wichtigsten Kirche des römischen Papstes und nachmals Zentrum der katholischen Christen in aller Welt. Wer gegen Geld einen Ablass erwarb, dem wurden in einem kirchlichen Gnadenakt zeitliche Sündenstrafen erlassen.*

## 20 Vor 100 Jahren

▶ Ergänzen Sie den nachstehenden Lückentext mit den passenden Begriffen aus der Auswahlliste. Tragen Sie die jeweilige Kennzahl in den Lösungsbogen ein.

**Auswahlliste:**

| | | | | | |
|---|---|---|---|---|---|
| **1** | Kommunisten | **6** | September | **11** | Sowjets |
| **2** | der Zentralrat | **7** | die Duma | **12** | Stalin |
| **3** | März | **8** | Marx | **13** | Zar |
| **4** | König | **9** | Oktober | **14** | Bolschewisten |
| **5** | Lenin | **10** | Präsident | **15** | der Parteirat |

**Lückentext:**

1917, drei Jahre nach Ausbruch des Ersten Weltkriegs, führten in Russland Versorgungsengpässe und die sich abzeichnende militärische Niederlage im März 1917 zum Ende der über 400 Jahre alten Monarchie. Der **(a)** dankte ab. In der Folge ebnete das russische Parlament, **(b)**, den Weg für einen liberalen Verfassungsstaat. In der **(c)** revolution aber ergriffen die **(d)**, der radikale Flügel der Sozialdemokratischen Arbeiterpartei Russlands, unter der Führung von Wladimir Iljitsch **(e)** und Leo Trotzki die Macht und legten den Grundstein für die Sowjetunion.

**Meine Lösung:**

Tragen Sie jeweils die zutreffende Kennzahl ein:

| (a) | (b) | (c) | (d) | (e) |
|---|---|---|---|---|
| | | | | |

5 P.

## 20 Vor 100 Jahren

Tragen Sie jeweils die zutreffende Kennzahl ein:

| (a) | (b) | (c) | (d) | (e) |
|---|---|---|---|---|
| 13 | 7 | 9 | 14 | 5 |

je 1 Punkt, insgesamt 5 Punkte 5 P.

*Vor 100 Jahren: Auch der Lückentext zum Epochenjahr 1917 ruft historische Grundkenntnisse ab, die aus dem Geschichtsunterricht bekannt sein sollten. Die Oktoberrevolution in Russland legte den Grundstein für den späteren Ost-West-Konflikt und ist deshalb Thema aller Geschichtslehrpläne. Zur Hilfestellung ist der Aufgabe eine Auswahlliste beigegeben, bei der man sich in der Regel zwischen zwei oder drei „ähnlichen" Begriffen entscheiden muss (vgl. hierzu oben Aufgabe 12 und Kap. 3.3 (Lückentexte) im Allgemeinen Teil unseres Vorbereitungsbuches).*

*(a) Bei Lücke (a) kommt nur der russische Zar (13) (abgeleitet wie Kaiser vom antiken Vorbild Cäsars) in Frage, der sich auf das oströmische Kaisertum berief – König (4) passt nicht, da zu niedrig angesetzt, der Präsident (10) oder die in der Auswahlliste genannten Namen ebenso wenig, da sie nicht der Information vom „Ende der über 400 Jahre alten Monarchie" entsprechen.*

*(b) Hier kann es sich auch aus grammatischen Gründen (Artikel!) nur um den Zentralrat (2), die Duma (7) oder den Parteirat (15) handeln. Der Bezug zum russischen Parlament legt Kennzahl 7 nahe, die Duma (dt. Gedanke), die direkt vom Volk gewählte 2. Parlamentskammer, das russische Unterhaus.*

*(c) Lücke (c) fragt nach dem Zeitpunkt der berühmtesten Revolution des 20. Jahrhunderts, wofür in der Auswahlliste März (3), September (6) oder Oktober (9) vorgeschlagen werden. Letzteres ist richtig, die März- oder Septemberrevolutionen gibt es nicht, erst im Oktober (9) 1917 wurden die Weichen für die revolutionäre Neuordnung Russlands gestellt.*

*(d) Der radikale Flügel der Sozialdemokratischen Arbeiterpartei Russlands nannte sich Bolschewisten (14), dt. Mehrheitler, auch wenn die Gruppe in der Minderheit war. Der Begriff Kommunisten (1) ist hier zu allgemein, der Begriff Sowjets (11) falsch, da diese die nach der Revolution in Russland errichteten Räte bezeichnen.*

*(e) Führer der Bolschewisten war fraglos Lenin (5), worauf bereits die beiden im Text genannten Vornamen (Wladimir Iljitsch) hindeuten, und nicht Josef Stalin (12), der Nachfolger Lenins, der in seiner Regierungszeit in Russland eine totalitäre Diktatur errichtete, der Millionen Menschen zum Opfer fielen.*

## 21 Wahljahr 2017

▶ Ergänzen Sie den nachfolgenden Lückentext. Tragen Sie im Lösungsbogen jeweils die zutreffenden Bezeichnungen, Namen oder die zutreffende Zahl ein (Lösungen jeweils ausgeschrieben und in der grammatisch richtigen Form!).

**Lückentext:**

Am 12. Februar 2017 wählte die __(a)__ den neuen deutschen Bundespräsidenten. SPD, CDU und CSU hatten sich als gemeinsamen Kandidaten auf Frank-Walter __(b)__ geeinigt, der bis dahin als __(c)__minister tätig war.

Am 26. März 2017 fanden Landtagswahlen in dem – nach den Stadtstaaten – flächenmäßig kleinsten deutschen Bundesland __(d)__ statt. Im Mai fanden kurz nacheinander Landtagswahlen im Bundesland __(e)__, dem nördlichsten Bundesland, sowie eine Woche später im bevölkerungsreichsten Bundesland __(f)__ statt. Als politischen Höhepunkt des Wahljahres kann man zweifellos die Bundestagswahl bezeichnen. Die Dauer der Legislaturperiode des Bundestags beträgt im Regelfall __(g)__ Jahre.

**Meine Lösung:**

Tragen Sie Ihre Lösungen ein:

(a) ____________________

(b) ____________________

(c) ____________________

(d) ____________________

(e) ____________________

(f) ____________________

(g) ____________________

7 P.

## 21 Wahljahr 2017

Tragen Sie Ihre Lösungen ein:

(a) **Bundesversammlung**

(b) **Steinmeier**

(c) **Außen/Bundes**

(d) **Saarland**

(e) **Schleswig-Holstein**

(f) **Nordrhein-Westfalen**

(g) **4/vier**

je 1 Punkt (korrekte Schreibweise!), insgesamt 7 Punkte 7 P.

*Superwahljahre wie 2017 hinterlassen meist auch ihre Spuren bei der Auswahlprüfung. So empfiehlt es sich auf jeden Fall, bei der Vorbereitung zu dieser Prüfung noch einmal die Wahlen des jeweiligen Jahres Revue passieren zu lassen. Mit dem nötigen Wissen über die Wahlereignisse des Jahres 2017 lässt sich auch der vorliegende Lückentext ohne Schwierigkeiten beantworten, da er auf das aktuelle politische Geschehen 2017 rekurriert.*

*Wahlen fanden 2017 auf Bundes- und Länderebene statt. Als besondere Wahl, weil von der eigens dafür einberufenen Bundesversammlung ausgeführt, galt die Wahl des Bundespräsidenten im Februar 2017. Nun bedarf es nur noch einiger Grundkenntnisse über die Bundesländer, um nötigenfalls die einzelnen Wahlen zu den Landtagen näher zu bestimmen:*

- *Bei (a) kommt nur die* ***Bundesversammlung*** *in Frage, ein Gremium, das aus den Mitgliedern des Bundestags und aus einer gleichen Anzahl von Mitgliedern, die von den Volksvertretungen der Länder gewählt werden, besteht. Die Bundesversammlung tritt nur zur Wahl des Bundespräsidenten zusammen.*
- *Bei (b) erleichtert die Vorgabe des Vornamens die Bestimmung des gewählten neuen Bundespräsidenten, nämlich (Frank-Walter)* ***Steinmeier****, der bis dahin als (c)* ***Außen****- bzw.* ***Bundes****minister tätig war.*
- *Bei Lücke (d) hilft der Hinweis auf das „kleinste Bundesland nach den Stadtstaaten“. Es kann sich hier nur um das* ***Saarland*** *handeln, auch wenn man sich nicht mehr an den im Text angegebenen Wahltermin erinnern kann.*
- *Bei (e) vertraut man auf geografische Grundkenntnisse, mit denen auch das „nördlichste Bundesland“, also* ***Schleswig-Holstein****, geortet werden kann.*
- *Ähnliches gilt bei (f). Während Bayern das flächenmäßig größte Bundesland darstellt, ist* ***Nordrhein-Westfalen*** *hinsichtlich seiner Bevölkerung das größte Land der Bundesrepublik.*
- *Bei (g) sollte man die* ***vier****jährige Legislaturperiode des Bundestags nicht verwechseln mit der fünfjährigen Legislaturperiode mancher Volksvertretungen der Länder, z. B. des Bayerischen Landtags.*

***Vorsicht!*** *Viele Punkte bei inhaltlich richtigen Antworten konnten nicht angerechnet werden, da die Namen z. B. der Bundesländer fehlerhaft geschrieben worden sind. Prägen Sie sich auf jeden Fall im Vorfeld ihrer Prüfung die richtige Schreibweise nicht nur der Bundesländer, sondern auch zentraler Begriffe und Namen ein. Selbst das Weglassen eines Bindestrichs bei Doppelnamen wie Nordrhein-Westfalen gilt schon als Punktverlust.*

## 22 Wahlsystem der Bundesrepublik Deutschland

▶ Überprüfen Sie die folgenden Aussagen. Kreuzen Sie im Lösungsbogen an, welche davon **richtig**, **teilweise richtig** oder **falsch** sind.

**Aussagen:**

**1** Mit der Erststimme wählt man eine bestimmte Person im eigenen Wahlkreis. Je Wahlkreis erhält nur die Person mit den meisten Erststimmen ein Direktmandat.

**2** Wie der Name bereits sagt, ist die Erststimme der Wähler die wichtigere.

**3** Die Landeslisten der Parteien sind bei der Bundestagswahl nicht flexibel, sodass die Wähler die von den Parteien festgelegte Rangfolge der Kandidaten nicht verändern können.

**4** Die bei der Wahl zur Verfügung stehende Erst- und Zweitstimme eröffnen die Möglichkeit des Stimmensplittings, d. h. der Wähler ist nicht verpflichtet, seine Erststimme einem Kandidaten der Partei zu geben, für die er sich mit der Zweitstimme entschieden hat.

**5** Falls eine Partei mehr Direktmandate erhalten hat, als ihr gemäß der Verteilung der Zweitstimmen zustehen, findet ein Ausgleich der Mandate statt.

**6** In einem Wahllokal darf in streng begrenzten Fällen während des Wahlgangs die Wahlurne geöffnet werden, um Unregelmäßigkeiten bei der Stimmabgabe rechtzeitig festzustellen.

**Meine Lösung:**

| Kreuzen Sie an: | 1 | 2 | 3 | 4 | 5 | 6 |
|---|---|---|---|---|---|---|
| richtig | ☐ | ☐ | ☐ | ☐ | ☐ | ☐ |
| teilweise richtig | ☐ | ☐ | ☐ | ☐ | ☐ | ☐ |
| falsch | ☐ | ☐ | ☐ | ☐ | ☐ | ☐ |

6 P.

## 22 Wahlsystem der Bundesrepublik Deutschland

| Kreuzen Sie an: | 1 | 2 | 3 | 4 | 5 | 6 |
|---|---|---|---|---|---|---|
| richtig | X | | X | X | X | |
| teilweise richtig | | | | | | |
| falsch | | X | | | | X |

je 1 Punkt, insgesamt 6 Punkte
kein Punkt für jede Spalte mit mehr als einem Kreuz

6 P.

*Die sechs Aussagen zum bundesrepublikanischen Wahlsystem, das als personifiziertes Verhältniswahlsystem gilt, betreffen Grundkenntnisse des Sozialkundeunterrichts. Die Aufgabenstellung ist dadurch wesentlich erleichtert, dass dieses Wahlsystem nicht erklärt werden muss, sondern lediglich vorformulierte Aussagen dazu überprüft werden müssen nach dem Muster „richtig", teilweise richtig" oder „falsch". Die folgenden Antworten werden Ihnen als Wähler nicht schwerfallen:*

***richtig:***

- ***Aussage 1**, weil die Erststimme das personifizierte Element der Verhältniswahl darstellt. Die relative Mehrheit für einen Kandidaten ist ausreichend, um ein Direktmandat zu erringen.*
- ***Aussage 3**, weil die Landeslisten der Parteien im Gegensatz zu manchen Landtagswahlen (z. B. in Bayern) fest, also nicht flexibel sind, sodass die Rangfolge der Kandidaten unabhängig vom Stimmenanteil aus der Erststimme grundsätzlich unverändert bleibt.*
- ***Aussage 4**, weil es dem Wähler freigestellt ist, unabhängig von der Vergabe seiner Zweitstimme einen persönlichen Kandidaten seiner Wahl die Stimme zu geben, also seine beiden Stimmen zu splitten. Er kann selbst auf die Vergabe der Erst- bzw. Zweitstimme verzichten, ohne dass dabei seine Stimmabgabe ungültig wird. Er verschenkt dabei nur eine der beiden Stimmen.*
- ***Aussage 5**, weil seit der Wahlrechtsänderung 2013 Ausgleichsmandate möglich sind. Diese werden für den Fall, dass eine Partei mehr Direktmandate erhalten hat, als ihr gemäß der Verteilung der Zweitstimme zustehen, verteilt, um Ungerechtigkeiten zu vermeiden, die aufgrund von Überhangmandaten für einzelne Parteien bei anderen Parteien entstehen können.*

***falsch:***

- ***Aussage 2**, weil die Zweitstimme die wichtigere ist, da die Zahl der Zweitstimmen für eine Partei maßgeblich für die Zahl ihrer Sitze im Bundestag ist.*
- ***Aussage 6**, weil in keinem Fall Wahlurnen während des Wahlgangs geöffnet werden dürfen.*

***teilweise richtig:***

- *Trifft auf **keine (!)** der Aussagen zu. (Hinweis: Nicht in jeder Zeile des Lösungsbogens muss immer ein Kreuz stehen!)*

## 23 Wer hat was gesagt?

▶ Ordnen Sie jedes der folgenden (aktuellen und historischen) Zitate seinem Urheber/seiner Urheberin zu. Tragen Sie dazu im Lösungsbogen jeweils beim Kennbuchstaben eines Zitats die Kennzahl der betreffenden Persönlichkeit aus der Auswahlliste ein (eine Persönlichkeit kann ggf. auch mehreren Zitaten zugeordnet werden).

**Auswahlliste:**

| | | | | | |
|---|---|---|---|---|---|
| **1** | Roman Herzog | **5** | John F. Kennedy | **9** | Donald Trump |
| **2** | Papst Franziskus | **6** | Angela Merkel | **10** | Frank-Walter Steinmeier |
| **3** | Willy Brandt | **7** | Michail Gorbatschow | **11** | Alexander Dobrindt |
| **4** | Ronald Reagan | **8** | Walter Ulbricht | **12** | Theresa May |

**Zitate:**

**A** „Brüssel irrt, die Maut kommt, Gerechtigkeit siegt."

**B** „Brexit heißt Brexit. Und wir werden einen Erfolg daraus machen."

**C** „Ein Bundespräsident darf kein Vereinfacher sein, er muss ein Mutmacher sein."

**D** „Mr. Gorbachev, open this gate. Mr. Gorbachev, tear down this wall."

**E** „Ich bin wie damals davon überzeugt, dass wir es schaffen, unserer historischen Aufgabe (...) gerecht zu werden. Wir schaffen das!"

**F** „Durch Deutschland muss ein Ruck gehen!"

**G** „Wer zu spät kommt, den bestraft das Leben!"

**H** „Ich bin ein Berliner!"

**Meine Lösung:**

Ordnen Sie die zutreffenden Kennzahlen zu:

| A | B | C | D | E | F | G | H |
|---|---|---|---|---|---|---|---|
| | | | | | | | |

8 P.

## 23 Wer hat was gesagt?

Ordnen Sie die zutreffenden Kennzahlen zu:

| A | B | C | D | E | F | G | H |
|---|---|---|---|---|---|---|---|
| 11 | 12 | 10 | 4 | 6 | 1 | 7 | 5 |

je 1 Punkt, insgesamt 8 Punkte

8 P.

*Dieser Aufgabentypus ist ein Novum. Aktuelle und historische Zitate sollen bestimmten Urhebern bzw. Urheberinnen zugeordnet werden. Dies setzt zum einen Kenntnisse aus dem Geschichtsunterricht voraus, zum anderen ein aktives Verfolgen aktueller Geschehnisse. Die Aufgabe ist aber dadurch wesentlich erleichtert, dass aus einer Auswahlliste bekannter Persönlichkeiten die zutreffenden Namen dem jeweiligen Zitat zuzuordnen sind. Alle angeführten Zitate sorgten für Furore, wurden nicht nur zum Tagesgespräch, sondern kehrten auch immer wieder in die öffentliche Berichterstattung zurück:*

- ***Zitat A**: geäußert von Verkehrsminister Alexander Dobrindt **(11)** am 11. September 2015 im Zusammenhang mit der PKW-Maut auf deutschen Autobahnen, gegen die seitens der EU-Kommission Einwände erhoben wurden.*
- ***Zitat B**: geäußert von der britischen Premierministerin Theresa May **(12)** in ihrer Birminghamer Rede (4. Oktober 2016), in der sie sich als neue Premierministerin nach dem Rücktritt David Camerons zum Austritt Großbritanniens aus der EU gemäß EU-Referendum bekannt hat.*
- ***Zitat C**: geäußert in der Antrittsrede des neu gewählten Bundespräsidenten Frank-Walter Steinmeier **(10)** vor der Bundesversammlung am 17. Februar 2017.*
- ***Zitat D**: geäußert vom amerikanischen Präsidenten Ronald Reagan **(4)** am 12. Juni 1987 in Berlin, um den sowjetischen Präsidenten Michail Gorbatschow zur Öffnung des Brandenburger Tors und der Berliner Mauer zu bewegen.*
- ***Zitat E**: geäußert von Bundeskanzlerin Angela Merkel **(6)** in einer Bundespressekonferenz am 31. August 2015 im Hinblick auf die Flüchtlingskrise in Europa und angesichts der Probleme bei der Aufnahme zahlreicher Flüchtlinge in Deutschland.*
- ***Zitat F**: geäußert von Bundespräsident Roman Herzog **(1)** am 26. April 1997 in Berlin, nachdem von der Euphorie über ein vereintes Deutschland angesichts wirtschaftlicher Probleme in den neuen Bundesländern nicht mehr viel zu spüren war.*
- ***Zitat G**: (angeblich so) geäußert vom damaligen Generalsekretär der KPdSU Michail Gorbatschow **(7)** am 6. Oktober 1989 bei einem Staatsbesuch zum 40. Gründungstag der DDR gegenüber westlichen Korrespondenten.*
- ***Zitat H**: geäußert vom amerikanischen Präsidenten John F. Kennedy **(5)** in Berlin am 26. Juni 1963, um nach dem Mauerbau seine Verbundenheit mit der geteilten Stadt zu unterstreichen.*

## 24 „Irrläufer"

**Ein** Begriff gehört jeweils **nicht** in die Reihe.

▶ Bestimmen Sie den „Irrläufer". Begründen Sie kurz Ihre Entscheidung, indem Sie zunächst das gemeinsame Merkmal der anderen Namen oder Begriffe und dann das Unterscheidungsmerkmal des „Irrläufers" nennen.

a) Kiwi-Koalition – Jamaica-Koalition – Große Koalition – Sozialliberale Koalition

b) Bündnis 90/Grüne – SPD – FDP – CDU – PEGIDA – Die Linke – AfD

**Meine Lösung:**

a) „Irrläufer": ____________________

Begründung

andere: ____________________

Irrläufer: ____________________

b) „Irrläufer": ____________________

Begründung

andere: ____________________

Irrläufer: ____________________

6 P.

## 24 „Irrläufer"

a) „Irrläufer": **Jamaica-Koalition**

Begründung

andere: **Koalition mit zwei Koalitionspartnern** (*o. Ä.*)

Irrläufer: **Koalition mit drei Koalitionspartnern** (*o. Ä.*)

b) „Irrläufer": **Pegida/PEGIDA**

Begründung

andere: **Parteien** (*auch:* **Beteiligung an Wahlen** *o. Ä.*)

Irrläufer: **Bürgerbewegung** (*auch:* **Verein** *oder* **keine Beteiligung an Wahlen** *o. Ä.*)

bei jeder Teilaufgabe je 1 Punkt für die Nennung des Irrläufers, des gemeinsamen Merkmals und des Unterscheidungsmerkmals
jeweils 0 Punkte bei falschem Irrläufer
insgesamt 6 Punkte 6 P.

*Der „Irrläufer" ist ein beliebter Aufgabentypus der Auswahlprüfung (vgl. Aufgabe 7). In Aufgabe 24 erscheint er zum zweiten Mal. Hier gilt es zwei Begriffsreihen aus dem Bereich der Politik zu überprüfen:*

***a)***

*Die vier Elemente der Reihe kennzeichnen alle verschiedene Koalitionsformen, die es entweder in der Geschichte der Bundesrepublik schon gegeben hat (vgl. Große Koalition aus CDU/CSU und SPD, Sozialliberale Koalition aus SPD und FDP) oder die in den vergangenen Jahren diskutiert und im Rahmen von Koalitionsgesprächen bereits verhandelt worden sind: Kiwi-Koalition aus CDU/CSU und Bündnis 90/Die Grünen (gen. nach der Kiwi-Frucht: außen schwarz, innen grün), Jamaica-Koalition aus CDU/CSU, FDP und Bündnis 90/Grüne (gen. nach den Farben der Flagge von Jamaica: schwarz, gelb, grün).*

*Der Blick auf die Zahl der jeweiligen Koalitionspartner verrät den „Irrläufer". Es ist die **Jamaica-Koalition**, die aus **drei (!) Koalitionspartnern** besteht, während bei den anderen genannten Koalitionen (Kiwi-, Sozialliberale-, Große Koalition) nur **zwei Koalitionspartner** zusammenfinden müssen. Die **CDU/CSU** wird hierbei als ein Koalitionspartner verstanden, handelt es sich doch um die sogenannte Union bzw. die Unionsparteien, die im Bundestag eine **gemeinsame Fraktion** bilden.*

***b)***

*Der Irrläufer aus dieser Reihe erschließt sich leicht, handelt es sich doch mit einer Ausnahme bei allen genannten Organisationen um **Parteien**, die sich regelmäßig **an Wahlen beteiligen** wie Bündnis90/Grüne, SPD, FDP, CDU, Die Linke und AfD, wozu sie aufgrund des Parteiengesetzes auch verpflichtet sind.*

***PEGIDA** aber ist keine Partei, beteiligt sich auch nicht an Wahlen, sondern versteht sich ausschließlich als **Bürgerbewegung**. Als Begründung für den Irrläufer wurde neben Bürgerbewegung auch **Verein** oder **keine Beteiligung an Wahlen** toleriert, während „Organisation" unzureichend ist, da dieser Begriff auch auf die Parteien als politische Organisationen zutreffen würde und deshalb kein wesentliches Unterscheidungsmerkmal für den Irrläufer darstellt.*

## 25 Bundespräsident

a) Auf den nachfolgenden Abbildungen A bis D sind Bundespräsidenten aus der Geschichte der Bundesrepublik abgebildet.

▶ Tragen Sie im Lösungsbogen jeweils die Kennzahl des zutreffenden Namens aus der Auswahlliste beim Kennbuchstaben der entsprechenden Abbildung ein.

**Abbildungen:**

A

B

C

D

*(Bildnachweise: A = BArch, Bild 146-1983-089-20 / o. Ang.; B = Deutsches Historisches Museum, Berlin; C = BArch, Bild 146-1991-039-11 / o. Ang.; D = Bundesregierung / Jesco Denzel)*

**Auswahlliste:**

| | | | |
|---|---|---|---|
| **1** | Horst Köhler | **5** | Gustav Heinemann |
| **2** | Joachim Gauck | **6** | Roman Herzog |
| **3** | Richard von Weizsäcker | **7** | Johannes Rau |
| **4** | Theodor Heuss | **8** | Walter Scheel |

▶ b) Kreuzen Sie im Lösungsbogen an, ob die folgenden Aussagen zum Amt und den Aufgaben bzw. Kompetenzen des Bundespräsidenten **richtig**, **teilweise richtig** oder **falsch** sind.

**Aussagen:**

**1** Der Bundespräsident ist das Staatsoberhaupt der Bundesrepublik Deutschland. Er kann im unmittelbaren Anschluss an seine erste Amtszeit maximal zweimal wiedergewählt werden.

**2** Die Amtszeit des Bundespräsidenten beträgt 5 Jahre.

**3** Der Bundespräsident ist Teil des Gesetzgebungsverfahrens. Er hat das Recht und die Pflicht, ein Gesetz vor der Ausfertigung verfassungsrechtlich zu überprüfen.

**4** Der dem Bundespräsidenten obliegende Vollzugsakt der Ausfertigung eines Gesetzes kann auch aus politischen Gründen verweigert werden.

**Meine Lösung:**

a) Ordnen Sie die betreffenden Kennzahlen zu:

| A | B | C | D |
|---|---|---|---|
| ☐ | ☐ | ☐ | ☐ |

4 P.

b) Kreuzen Sie an:

| | 1 | 2 | 3 | 4 |
|---|---|---|---|---|
| richtig | ☐ | ☐ | ☐ | ☐ |
| teilweise richtig | ☐ | ☐ | ☐ | ☐ |
| falsch | ☐ | ☐ | ☐ | ☐ |

4 P.

## 25 Bundespräsident

a) Ordnen Sie die betreffenden Kennzahlen zu:

| A | B | C | D |
|---|---|---|---|
| 4 | 6 | 3 | 2 |

je 1 Punkt, insgesamt 4 Punkte 4 P.

b) Kreuzen Sie an:

| | 1 | 2 | 3 | 4 |
|---|---|---|---|---|
| richtig | | X | X | |
| teilweise richtig | X | | | |
| falsch | | | | X |

je 1 Punkte, insgesamt 4 Punkte 4 P.
kein Punkt für jede Spalte mit mehr als einem Kreuz

*Dass bei der Auswahlprüfung 2017 die Bundespräsidentenwahl vom Februar desselben Jahres ihren Niederschlag findet, überrascht nicht, bemüht sich die Auswahlprüfung im Bereich Politik und Zeitgeschehen doch stets um aktuelle Bezüge. Als Warm-up werden bei **a)** vier Fotos ehemaliger deutscher Bundespräsidenten vorgelegt, denen aus einer Auswahlliste die entsprechenden Namen zugeordnet werden sollen. Bei **b)** gilt es in einem zweiten Schritt vier Aussagen zum Amt des Bundespräsidenten zu überprüfen:*

*a)*

- ***Foto A**: Theodor **Heuss (4)** – 1. Bundespräsident der Bundesrepublik (1949–1959), der das Amt prägte und wegen seiner Volksnähe im Volksmund liebevoll auch Papa Heuss genannt wurde.*
- ***Foto B**: Roman **Herzog (6)** – 7. Bundespräsident (1994–1999, u. a. im Gedächtnis geblieben durch seine Berliner Rede 1997, in der er für einen „Ruck durch Deutschland" und mehr Reformbereitschaft warb.*
- ***Foto C**: Richard von **Weizsäcker (3)** – 6. Bundespräsident (1984–1994), dessen Rede vom 8. Mai 1985 im Deutschen Bundestag zum 40. Jahrestag der Beendigung des Krieges in Europa im In- und Ausland für großes Aufsehen sorgte, da sie den 8. Mai 1945 als Tag der Befreiung vom Nationalsozialismus wertete und dadurch neue Akzente setzte.*
- ***Foto D**: Joachim **Gauck (2)** – 11. Bundespräsident (2012–2017), parteiloser Politiker und Theologe aus der ehemaligen DDR, der von 1990 bis 2000 an der Spitze der oft nach ihm benannten „Gauck-Behörde" stand, die die schriftliche Hinterlassenschaft des Ministeriums für Staatssicherheit (MfS) verwaltet und zugänglich macht. Dieses Foto dürfte wohl jedem Teilnehmer der Auswahlprüfung bekannt sein, der das politische Zeitgeschehen verfolgt.*

*b)*

*Die verfassungsrechtliche Stellung des Bundespräsidenten der Bundesrepublik Deutschland findet ihren Niederschlag im Grundgesetz (Art. 54 GG bis Art. 61 GG). Der Bundespräsident gilt dabei als Symbol der staatlichen Einheit. Diese Stellung darf jedoch nicht darüber hinwegtäuschen, dass seine politischen Möglichkeiten aufgrund der Erfahrungen mit der Ausgestaltung des Amtes des Reichspräsidenten in der Weimarer Republik („Ersatzkaiser") äußerst beschränkt sind, sodass er überwiegend repräsentative Aufgaben durch das Grundgesetz übertragen bekommen hat. Außerdem besitzt er aufgrund der Wahl durch die Bundesversammlung (keine Direktwahl durch das Volk) eine schwächere Legitimationsbasis als der Weimarer Reichspräsident. Nichtsdestoweniger ist das Amt mit einer Reihe substantieller Aufgaben verbunden, worauf die vier als „richtig", „teilweise richtig" oder „falsch" zu klassifizierenden Aussagen verweisen. Wer im Sozialkundeunterricht aufgepasst und die Wahl des Bundespräsidenten 2017 in den Medien verfolgt hat, dürfte hier wohl keine großen Schwierigkeiten haben:*

***richtig**:*

- ***Aussage 2**: weil im Gegensatz zur vierjährigen Legislaturperiode des Bundestags die Amtszeit des Bundespräsidenten fünf Jahre beträgt.*
- ***Aussage 3**: weil der Bundespräsident im Rahmen des Gesetzgebungsverfahrens neben dem Recht der Ausfertigung und Verkündigung von Gesetzen auch ein Prüfungsrecht hat. Daher prüft er, ob die ihm zur Ausfertigung vorgelegten Gesetze verfassungsmäßig zustande gekommen sind und nicht gegen das Grundgesetz verstoßen. Er ist damit Teil des Gesetzgebungsverfahrens. Wenn das Gesetz seiner Meinung nach formell gegen das Grundgesetz verstößt, kann der Bundespräsident die Ausfertigung dieses Gesetzes verweigern.*

***falsch**:*

- ***Aussage 4**: weil das oben beschriebene formale Prüfungsrecht in dieser Aussage fälschlicherweise zu einem politischen Prüfungsrecht erweitert wird, das die verfassungsrechtliche Kompetenz des Bundespräsidenten als sog. „Staatsnotar" überschreitet.*

***teilweise richtig**:*

- ***Aussage 1**: weil der Bundespräsident zwar als Staatsoberhaupt der Bundesrepublik Deutschland gilt, aber eine Wiederwahl nur einmal zulässig ist (vgl. hierzu die oben erwähnten Bundespräsidenten, die einmal wiedergewählt worden sind: Theodor Heuss und Richard von Weizsäcker).*

## 26 „The Winner is ..."

▶ Kreuzen Sie im Lösungsbogen an, ob die folgenden Aussagen zur Karikatur von Klaus Stuttmann vom 23.06.2016 **richtig**, **teilweise richtig** oder **falsch** sind.

*© Klaus Stuttmann*

**Aussagen:**

Die Karikatur ...

**1** setzt sich mit dem EU-Referendum in Großbritannien auseinander.

**2** plädiert für den Brexit.

**3** zeigt – vom Betrachter aus gesehen – David Cameron (links) und Donald Trump (rechts).

**4** setzt auch die neue britische Premierministerin, Theresa May, ins Bild.

**5** lobt den fairen Sportsgeist in der politischen Kultur Großbritanniens.

**Meine Lösung:**

| Kreuzen Sie an: | 1 | 2 | 3 | 4 | 5 |
|---|---|---|---|---|---|
| richtig | ☐ | ☐ | ☐ | ☐ | ☐ |
| teilweise richtig | ☐ | ☐ | ☐ | ☐ | ☐ |
| falsch | ☐ | ☐ | ☐ | ☐ | ☐ |

5 P.

## 26 „The Winner is ...“

Kreuzen Sie an:

| | 1 | 2 | 3 | 4 | 5 |
|---|---|---|---|---|---|
| richtig | X | | | | |
| teilweise richtig | | | X | | |
| falsch | | X | | X | X |

je 1 Punkte, insgesamt 5 Punkte
kein Punkt für jede Spalte mit mehr als einem Kreuz

5 P.

*2016 war, wie die Karikatur von Klaus Stuttmann vom 23. Juni 2016 augenscheinlich macht, ein schlechtes Jahr für Europa, weil in Großbritannien in einem Referendum 51,89 % der Wähler für den Austritt des Vereinigten Königreichs aus der Europäischen Union („Brexit“) stimmten. Die hinsichtlich des Referendums tagesaktuelle Karikatur macht diese Volksabstimmung zu ihrem Thema und nimmt kritisch Stellung dazu.*

*Aufgabe 26 verlangt weder eine eigenständige Interpretation noch eine detaillierte Kenntnis der dargestellten Vorgänge und Personen. Fünf Aussagen zur Karikatur sollen überprüft und dabei als „richtig“, „teilweise richtig“ oder „falsch“ gekennzeichnet werden. Wer die Debatten um den Brexit in den Medien verfolgt hat und mit Karikaturen umzugehen weiß (vgl. hierzu Kap. 3.6 in diesem Buch), wird rasch die richtigen Lösungen finden:*

***richtig:***

- ***Aussage 1:** weil die beiden Kontrahenten auf ihrem Trikot den „Union Jack“ tragen und damit der Boxkampf als Metapher für einen Machtkampf im Vereinigten Königreich erscheint. Dass es dabei um das EU-Referendum vom 23. Juni 2016 geht, zeigt die am Boden liegende Figur der Europa, leicht zuzuordnen durch die Aufschrift auf ihrer Schärpe.*

***falsch:***

- ***Aussage 2:** weil die Karikatur die EU in der Figur der Europa als bemitleidenswertes Opfer des Brexit personifiziert. Die kritische Haltung des Karikaturisten zum Ausgang des EU-Referendums steht dadurch außer Zweifel.*
- ***Aussage 4:** weil Theresa May in dieser Zeichnung überhaupt nicht dargestellt wird. Die am Boden liegenden Dame ist eine Personifikation Europas (s. o.), der rechte Boxer steht für den Brexit-Befürworter Boris Johnson, also einen Mann, dessen Haartracht nicht darüber hinwegtäuschen sollte. Die ehemalige EU-Befürworterin und aktuelle Premierministerin Theresa May stand bei den Kämpfen um das Referendum nicht in der ersten Reihe, muss nun aber die Folgen der Entscheidung tragen (vgl. Aufgabe 23, Aussage B).*
- ***Aussage 5:** weil es sich bei dem dargestellten Boxkampf, in dem Dritte zu Fall gebracht werden, mitnichten um einen fairen Sportsgeist handeln kann.*

***teilweise richtig:***

- ***Aussage 3:** weil es sich bei den dargestellten Personen zwar links um den damaligen Premier David Cameron handelt, beim rechten Kontrahent aber um seinen Gegner Boris Johnson, dessen Frisur jedoch leicht mit der von Donald Trump verwechselt werden kann, der allerdings erst im Januar 2017 als US-Präsident vereidigt wurde und beim EU-Referendum in Großbritannien keine Rolle spielte.*

## 27 Referendum

▶ Ergänzen Sie den folgenden Lückentext zur Karikatur von Michael Holtschulte aus der Süddeutschen Zeitung vom 22./23. April 2017 und tragen Sie Ihre Ergebnisse in den Lösungsbogen ein.

© Michael Holtschulte

**Lückentext:**

Die Karikatur nimmt Bezug auf das Referendum in der ___(a)___ am 16. April 2017, das durch den regierenden Staatspräsidenten dieses Landes, Recep Tayip ___(b)___, initiiert wurde, um ein ___(c)___system zu errichten.

Der Zeichner setzt sich kritisch mit dem Referendum auseinander, indem er in seiner Karikatur als positiven Aspekt des Referendums lediglich die Erweiterung des Wortschatzes der Deutschen herausstellt, was durch die Übernahme der beiden Schlüsselwörter des Referendums zum Ausdruck kommt: „Evet" für ___(d)___ und „Hayir" für ___(e)___. Der Kommentar am unteren Rand verrät zusätzlich die Verwendung des Stilmittels der ___(f)___.

**Meine Lösung:**

Tragen Sie Ihre Lösungen ein:

| | |
|---|---|
| **(a)** ______________ | **(d)** ______________ |
| **(b)** ______________ | **(e)** ______________ |
| **(c)** ______________ | **(f)** ______________ |

6 P.

## 27 Referendum

Tragen Sie Ihre Lösungen ein:

| | | | |
|---|---|---|---|
| (a) | **Türkei** | (d) | **Ja/ja** |
| (b) | **Erdogan** | (e) | **Nein/nein** |
| (c) | **Präsidial** | (f) | **Ironie** |

je 1 Punkt (korrekte Schreibweise!), insgesamt 6 Punkte 6 P.

*Auch in Aufgabe 27 geht es um eine Karikatur und ein Referendum, dieses Mal in der Türkei. Die Aufgabenstellung zur Karikatur von Michael Holtschulte (SZ) ist aber im Vergleich etwas anspruchsvoller gestaltet, da sechs Textlücken zu füllen sind – ohne eine Auswahlliste. Hier wird Wissen aus der Medienberichterstattung abgefragt. Dies kann zweifellos erwartet werden, da der (gescheiterte) Putschversuch von Teilen des türkischen Militärs Mitte Juli 2016 auch in den deutschen Medien ein Dauerthema war. Gleiches gilt für das Referendum vom 16. April 2017.*

*Dass es sich bei der Karikatur um einen Kommentar zum Referendum in der* ***Türkei (a)*** *handelt, darauf verweisen die Darstellung des Orts des im Bild dargestellten Dialogs (Döner-Bude), der orientalisch aussehende Verkäufer, die Sprechblasen mit türkischen Begriffen sowie der Kommentar am unteren Bildrand. Hinzukommt der Hinweis im Lückentext auf den Familiennamen des türkischen Staatspräsidenten –* ***Erdoğan (b)*** *– durch Angabe seiner beiden Vornamen. Dass dieser durch das Referendum seine Macht sichern und ausbauen wollte, dürfte bekannt sein. Das von ihm angestrebte Regierungssystem, über das im Referendum abgestimmt wurde, wird* ***Präsidialsystem (c)*** *genannt, da es dem Staatspräsidenten eine große Machtfülle verleiht. Die beiden türkischen Wörter aus dem Dialog der Szene können aus dem Zusammenhang geschlossen werden. „Evet“ meint „****Ja****“ (d), „Hayir“ „****Nein****“ (e), da deutsche Kunden in der Döner-Bude in der Regel einen Döner „mit allem“ bestellen, aber nicht zu scharf.*

*In Lücke (f) passt der Begriff* ***Ironie****. Dieses rhetorische Stilmittel, erkennbar durch Übertreibung (hier auch: klischeehafte Darstellung) und den jeweiligen Kontext, bringt die Kritik des Karikaturisten auf indirekte Weise zum Ausdruck, indem er das Gegenteil dessen sagt, was er meint („uneigentliche Rede“). Die Karikatur von Holtschulte gewinnt dem türkischen Referendum nur scheinbar gute Seiten ab. Die Intention des Karikaturisten ist es, indirekt auf mögliche, für die demokratische Entwicklung in der Türkei desaströse Auswirkungen aufmerksam zu machen. Er sollte Recht behalten, leider.*

## 28 Denksport und Konzentration

▶ a) Ergänzen Sie die folgenden Buchstaben- und Zahlenreihen logisch und tragen Sie jeweils den gesuchten Buchstaben bzw. die gesuchte Zahl im Lösungsbogen ein.

**1** W, T, Q, N, **?**

**2** A, B, D, H, **?**

**3** 4, 5, 10, 13, 52, 57, **?**

**4** 1, 8, 27, 64, 125, **?**

▶ b) Welche Buchstabengruppe ist nicht nach der gleichen Regel wie die übrigen zusammengesetzt? Tragen Sie die Kennzahl der betreffenden Gruppe in den Lösungsbogen ein.

**1** QRTS

**2** VWYX

**3** MNRS

**4** HIKJ

▶ c) Verändern Sie die Reihenfolge der Buchstaben so, dass sie jeweils einen Ausdruck aus dem Bereich der aktuellen Medienwelt ergeben. Tragen Sie jeweils das Wort im Lösungsbogen ein.

**1** EDINME

**2** TFKAEN

**3** KAEF

**4** TERTINEN

**5** OINATIPULMAN

**6** TAELURNGIDIGISI

**Meine Lösung:**

a) Ergänzen Sie den gesuchten Buchstaben bzw. die gesuchte Zahl:

**1** ________ 2 P.**

**2** ________ 2 P.**

**3** ________ 2 P.**

**4** ________ 2 P.**

b) Tragen Sie die Kennzahl ein: ☐ 3 P.***

c) Tragen Sie Ihre Lösungen ein:

**1** ____________________ 2 P.**

**2** ____________________ 2 P.**

**3** ____________________ 2 P.**

**4** ____________________ 2 P.**

**5** ____________________ 2 P.**

**6** ____________________ 2 P.**

## 28 Denksport und Konzentration

a) Ergänzen Sie den gesuchten Buchstaben bzw. die gesuchte Zahl:

| | | | |
|---|---|---|---|
| **1** | **K** | 2 Punkte | 2 P.** |
| **2** | **P** | 2 Punkte | 2 P.** |
| **3** | **342** | 2 Punkte | 2 P.** |
| **4** | **216** | 2 Punkte | 2 P.** |

b) Tragen Sie die Kennzahl ein: **3** — 3 Punkte — 3 P.***

c) Tragen Sie Ihre Lösungen ein:

| | | | |
|---|---|---|---|
| **1** | **Medien** | 2 Punkte | 2 P.** |
| **2** | **Fakten** | 2 Punkte | 2 P.** |
| **3** | **Fake** | 2 Punkte | 2 P.** |
| **4** | **Internet** | 2 Punkte | 2 P.** |
| **5** | **Manipulation** | 2 Punkte | 2 P.** |
| **6** | **Digitalisierung** | 2 Punkte | 2 P.** |

*Denksportaufgaben und Aufgaben zur Überprüfung der Konzentrationsfähigkeit erfreuen sich bei der Auswahlprüfung für den Einstieg in der dritten Qualifikationsebene im nichttechnischen Bereich der Leistungslaufbahn seit einigen Jahren zunehmender Beliebtheit. 2017 ging es in Aufgabe 28 bei a) um die Ergänzung von Buchstaben- und Zahlenreihen, bei b) um den Aufbau von Buchstabengruppen, bei c) und d) um die Bildung von Begriffen aus einer ungeordneten Buchstabenreihe bzw. einem Buchstabenraster, bei e) um die Ergänzung zweier Figurenreihen. Aufgabe f) zielte auf das räumliche Vorstellungsvermögen, Aufgabe g) erforderte die Identifikation von Ziffern und Symbolen, Aufgabe h) die Rekonstruktion eines Wochentags. Hinweise zur Bewältigung derartiger Aufgaben finden Sie im Kap. 3.8 im Allgemeinen Teil unseres Informations- und Arbeitsbuches.*

*a)*

*1 W, T, Q, N –* ***K***

*Erklärung: Die Buchstabenreihe entsteht dadurch, dass man ausgehend von W jeweils 3 Buchstaben in Richtung A zurückgeht, um schließlich bei K zu landen. Hier hilft das schnelle Aufschreiben des Alphabets im fraglichen Buchstabenbereich. So gehen Sie bei Buchstabenreihen auf Nummer sicher!*

*2 A, B, D, H –* ***P***

*Erklärung: A steht an Position 1 im Alphabet, B an Position 2, D an Position 4, H an Position 8. Fazit: Die Positionszahl dieser Buchstabenreihe verdoppelt sich jeweils, d. h. die nächste Position wäre 16, die Position des Buchstabens P. Auch hier hilft das schnelle Aufschreiben des Alphabets, um nicht den Überblick zu verlieren.*

*3 4, 5, 10, 13, 52, 57 –* ***342***

*Erklärung: In dieser Zahlenreihe wird immer abwechselnd addiert und multipliziert. Die zu addierende/multiplizierende Zahl wird mit jedem Schritt um eins erhöht: + 1, x 2, + 3, x 4, + 5, x 6. Schlaue Füchse checken das!*

*4 1, 8, 27, 64, 125 –* ***216***

*Erklärung: Jede Zahl ist eine Potenz mit dem Exponenten 3, wobei die Basis beginnend mit 1 mit jedem Schritt um eins erhöht wird ($1^3$, $2^3$, $3^3$, $4^3$, $5^3$, $6^3$). Nicht ganz einfach. Für Logiker jedoch keine Problem!*

*b)*

*Hier fällt eine der Buchstabengruppen 1 bis 4 aus dem Rahmen, da sie nicht nach der gleichen Regel wie die übrigen zusammengesetzt ist, die man jedoch erst einmal erkennen muss: Alle Reihen bestehen aus Vierergruppen. Bei den Reihen 1, 2 und 4 fällt auf, dass sie sich genau an die Reihenfolge des Alphabets halten und unmittelbar aufeinander folgende Buchstaben reihen, wobei die jeweils 3. und 4. Stelle vertauscht ist. Also QRTS statt QRST bei 1, VWYX statt VWXY bei 2 und HIKJ statt HIJK bei 3. Die Kombination* ***MNRS bei 3*** *fällt insofern aus der Reihe, da auf MN nach der Logik der anderen Reihen O und P folgen müssten und nicht R und S. Hier liegt demnach ein Sprung im Alphabet vor, R und S erscheinen zudem in der gewohnten Reihenfolge, wurden also nicht vertauscht.*

*c)*

*Bei dieser sprachspielerischen und eher leicht anmutenden Konzentrationsübung soll aus sechs offensichtlich durcheinander geratenen Buchstabenreihen jeweils ein Ausdruck aus der aktuellen Medienwelt gebildet werden. Hier muss bedacht werden, dass es sich dabei auch um Begriffe aus dem Englischen handeln könnte oder um einschlägige Fremd- und Fachwörter, was die Aufgabe etwas erschwert. Mit einiger Fantasie und in Kenntnis der aktuellen Mediendiskussion wird man hier jedoch durch Umstellungen schnell auf die gesuchten Begriffe kommen. Lösung s. o.*

▶ d) Kreuzen Sie im Lösungsbogen an, welche der Wörter aus der nachfolgenden Auswahlliste in der Buchstabenmatrix – waagerecht, senkrecht oder diagonal zu lesen in alle Richtungen – enthalten sind und welche nicht.

| | | | | | | | | | | | |
|---|---|---|---|---|---|---|---|---|---|---|---|
| G | H | F | T | R | B | Ä | G | E | C | P | L |
| E | D | A | H | B | N | U | Z | J | K | H | G |
| R | D | N | A | U | O | B | A | G | A | I | N |
| M | O | H | T | Ä | T | A | H | E | Ä | O | C |
| R | C | E | R | V | O | K | N | T | F | T | H |
| Z | A | H | E | T | Z | I | A | S | M | S | E |
| N | R | E | T | Z | U | E | R | E | Z | I | M |
| P | O | L | M | Z | J | K | Z | G | N | R | I |
| R | U | T | A | B | I | L | T | N | N | U | K |
| Ä | T | L | E | H | R | E | R | A | T | J | E |
| G | I | S | B | U | T | Z | L | G | C | K | R |
| T | S | V | G | E | N | S | W | I | R | T | N |

**Auswahlliste:**

**1** Lehrer

**2** Chemiker

**3** Genie

**4** Beamter

**5** Kern

**6** Ton

▶ e) Ergänzen Sie bei den nachfolgenden Figurenreihen 1 und 2 jeweils die fehlende neunte Figur aus den unter der betreffenden Figurenreihe abgebildeten Varianten 1 bis 4. Vermerken Sie im Lösungsbogen jeweils die betreffende Kennzahl.

Figurenreihe 1

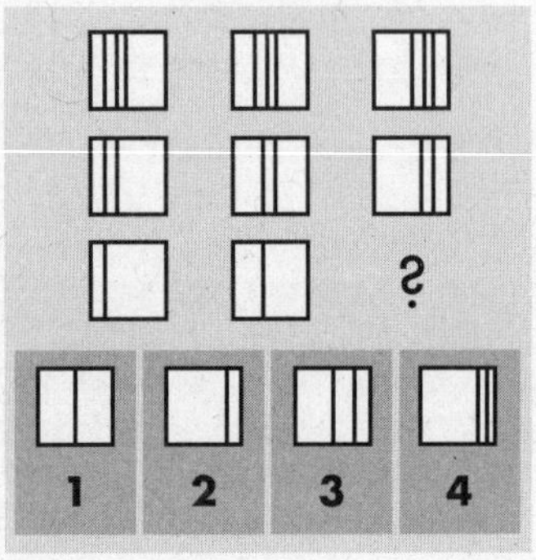


Figurenreihe 2

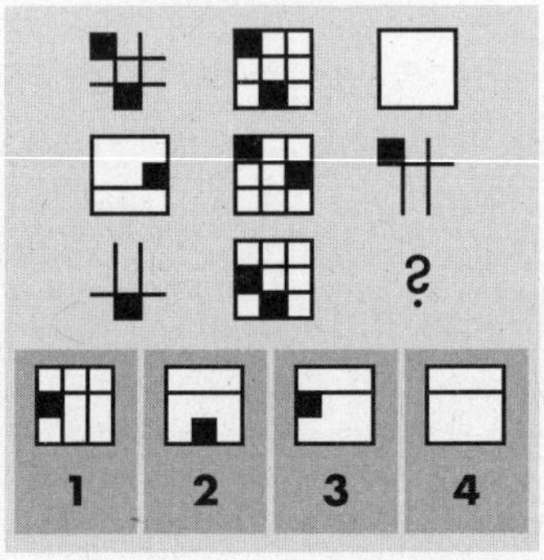


**Meine Lösung:**

d) Kreuzen Sie an:

| | **1** | **2** | **3** | **4** | **5** | **6** |
|---|---|---|---|---|---|---|
| enthalten | ☐ | ☐ | ☐ | ☐ | ☐ | ☐ |
| nicht enthalten | ☐ | ☐ | ☐ | ☐ | ☐ | ☐ |

6 P.

e) Tragen Sie jeweils die Kennzahl ein:

**Figurenreihe 1** ☐ 2 P.**

**Figurenreihe 2** ☐ 2 P.**

d) Kreuzen Sie an:

| | 1 | 2 | 3 | 4 | 5 | 6 |
|---|---|---|---|---|---|---|
| enthalten | X | X | | X | X | X |
| nicht enthalten | | | X | | | |

je 1 Punkt, insgesamt 6 Punkte
kein Punkt für jede Spalte mit mehr als einem Kreuz 6 P.

e) Tragen Sie jeweils die Kennzahl ein:

**Figurenreihe 1** **2** 2 Punkte 2 P.**

**Figurenreihe 2** **3** 2 Punkte 2 P.**

***d)***

*Man muss kein Genie sein, um beim aufmerksamen Durchforsten des Buchstabenrasters – waagrecht, senkrecht oder diagonal – festzustellen, dass hier die in der Auswahlliste vorgegebenen Begriffe Lehrer (1), Chemiker (2), Beamter (4), Kern (5) und Ton (6) enthalten sind, nicht aber Genie (3):*

| | | | | | | | | | | | |
|---|---|---|---|---|---|---|---|---|---|---|---|
| G | H | F | T | R | B | Ä | G | E | C | P | L |
| E | D | A | H | B | N | U | Z | J | K | H | G |
| R | D | N | A | U | O | B | A | G | A | I | N |
| M | O | H | T | Ä | T | A | H | E | Ä | O | C |
| R | C | E | R | V | O | K | N | T | F | T | H |
| Z | A | H | E | T | Z | I | A | S | M | S | E |
| N | R | E | T | Z | U | E | R | E | Z | I | M |
| P | O | L | M | Z | J | K | Z | G | N | R | I |
| R | U | T | A | B | I | L | T | N | N | U | K |
| Ä | T | L | E | H | R | E | R | A | T | J | E |
| G | I | S | B | U | T | Z | L | G | C | K | R |
| T | S | V | G | E | N | S | W | I | R | T | N |

***e)***

***Figurenreihe 1:***

*Betrachtet man die Veränderungen in den Kästchen zeilenweise, erkennt man die Regel: Die Striche in den Kästchen wandern jeweils von links nach rechts. In der 1. Zeile sind es drei Striche, in der zweiten Zeile zwei, in der 3. Zeile einer. Folgt man diesem Muster, darf die gesuchte neunte Figur nur einen Strich enthalten, der zum rechten Rand des Kästchens gewandert ist. Nur **Figur 2** der Lösungsvarianten 1 bis 4 erfüllt beide Voraussetzungen: Sie beinhaltet einen Strich, am rechten Rand.*

***Figurenreihe 2:***

*Die Zahl der senkrechten und waagrechten Linien in Zeile 1 und 2 beträgt jeweils 16. Außerdem verteilen sich in beiden Zeilen stets vier schwarze Felder auf je drei Figuren. Dabei befinden sich je zwei dieser schwarzen Felder auf gleicher Höhe.*

*Folgt man diesem Muster, muss die gesuchte Figur in Zeile 3 folgende Bedingungen erfüllen:*

- *Sie muss fünf senkrechte oder waagrechte Linien enthalten, da Figur 1 und 2 der Reihe zusammen nur elf Linien enthalten.*
- *Sie muss ein schwarzes Kästchen aufweisen, da in Figur 1 und 2 der Reihe insgesamt erst drei schwarze Kästchen gesetzt wurden. Vier müssen es am Ende sein.*
- *Die Position dieses schwarzen Kästchens muss der in Figur 2 entsprechen, also mittig liegen, da in Figur 1 und 2 bereits zwei schwarze Kästchen auf gleicher Höhe gesetzt sind, unten.*

*Nur **Figur 3** der Lösungsvarianten 1 bis 4 erfüllt diese Voraussetzungen: Sie beinhaltet fünf Linien und ein schwarzes Kästchen, angeordnet auf der richtigen Höhe.*

▶ f) Nachfolgend zeigt das linke Bild jeweils das Innenleben eines durchsichtigen Würfels aus der frontalen Ansicht (von vorne). Welche Ansicht zeigt das rechte Bild? Tragen Sie jeweils den entsprechenden Kennbuchstaben aus der Auswahlliste ein.

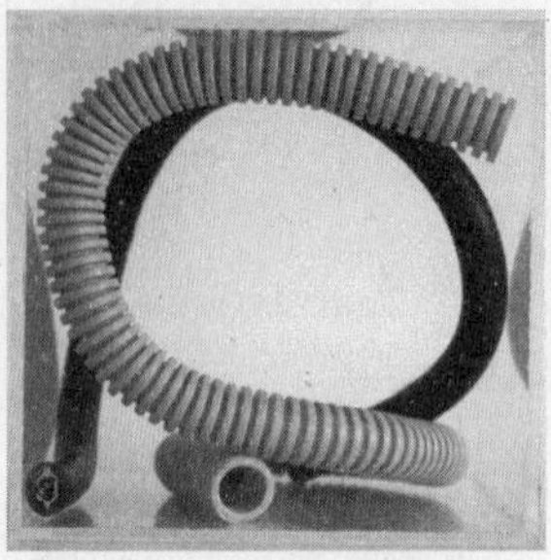

rechtes Bild 1:

**1** von rechts

**2** von links

**3** von unten

**4** von oben

**5** von hinten

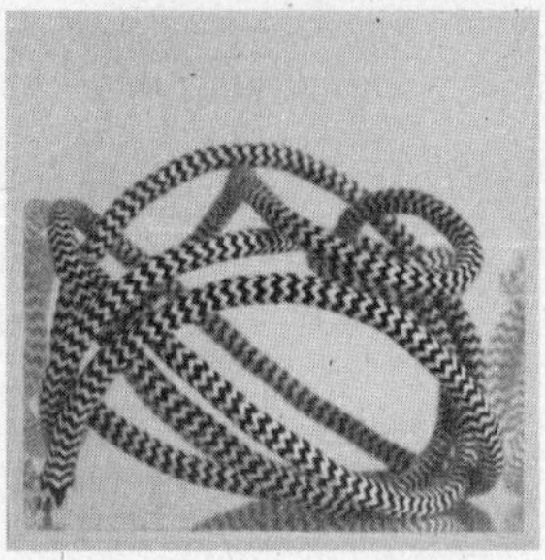

rechtes Bild 2:

**1** von rechts

**2** von links

**3** von unten

**4** von oben

**5** von hinten

*(Quelle: www.studymed.de)*

**Meine Lösung:**

f) Tragen Sie jeweils die Kennzahl ein:

**rechtes Bild 1** ☐ 2 P.**

**rechtes Bild 2** ☐ 2 P.**

f) Tragen Sie jeweils die Kennzahl ein:

**rechtes Bild 1** **3** 2 Punkte 2 P.**

**rechtes Bild 2** **1** 2 Punkte 2 P.**

*f)*

*Das linke Bild zeigt jeweils das Innenleben eines durchsichtigen Würfels aus der frontalen Ansicht (von vorne). Die Perspektive, aus der das rechte Bild aufgenommen wurde, gilt es herauszufinden: Sei es nun von rechts, von links, von oben, von unten oder von hinten. Dabei ist gutes räumliches Vorstellungsvermögen gefragt, insbesondere die Fähigkeit, den linken Würfel virtuell, d. h. vor dem geistigen Auge, so lange zu drehen, bis er sich mit dem rechten Bild deckt.*

*Hilfreich für die Lösung dieser Aufgabe ist es, sich einige Regeln zu vergegenwärtigen: beispielsweise, dass die Oberkante eines Würfels bei vorgegebener frontaler Ansicht stets zur Unterkante des Würfels wird bei Betrachtung von oben. Vorteilhaft ist dabei, markante Stellen, wie beispielsweise die Schlauchenden, des jeweils linken Bildes heranzuziehen und sich dann vorzustellen, wie diese sich darstellen, wenn man den Würfel von oben, unten, von links, von rechts oder von hinten betrachtet.*

***rechtes Bild 1:***

*Das vordere (graue) Schlauchende befindet sich, wenn man den Würfel um 90 Grad nach hinten dreht (in Richtung der z-Achse), so, dass man auf die Unterseite sieht, rechts oben. Das hintere (in der Vorderansicht zunächst verdeckte) graue Schlauchende wird sichtbar und befindet sich unten ebenso wie das schwarze, in der Vorderansicht zunächst ebenfalls nicht sichtbare linke Schlauchende. Richtige Antwort demnach:* ***von unten, Kennziffer 3****.*

***rechtes Bild 2:***

*Diese Seilfigur ist schwieriger als das Schlauchbild, weil es auf den ersten Blick weder eine markante Stelle noch klar sichtbare Seilenden gibt. Hier muss man ein wenig probieren. Interessant ist die in der Vorderansicht rechts befindliche Schlinge (1). Behält man diese im Blick und dreht den Würfel in verschiedene Richtungen, stellt man fest, dass das rechte Bild die Ansicht von rechts darstellen muss (1).*

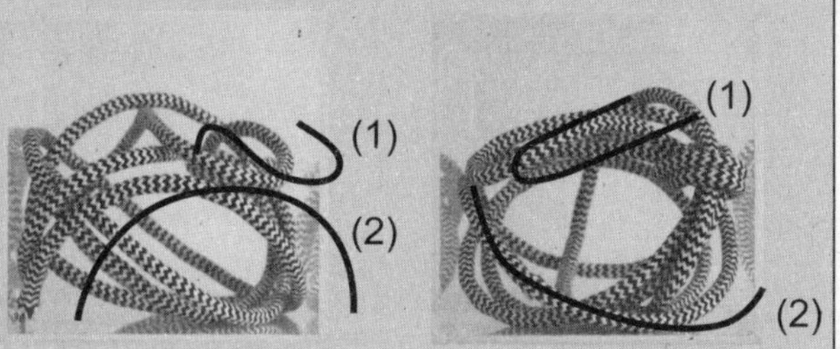


*Zur Absicherung sollte man stets eine zweite markante Stelle heranziehen, hier die große Seilkurve (2), die im rechten Bild sehr gut links erkennbar ist (2), wie sie von links vorne nach links hinten verläuft, d. h. der zweite „Beweis", dass es sich um die rechte Draufsicht handeln muss. Richtige Antwort demnach:* ***von rechts, Kennziffer 1****.*

▶ g) Nachfolgend entsprechen einzelne Symbole einer **Ziffer von 2 bis 8**. Tragen Sie den Zahlenwert für das Symbol ⧄ in den Lösungsbogen ein.

△ · △ + △ − ⧄ = ⧄⧄

▶ h) Tragen Sie den gesuchten Wochentag in den Lösungsbogen ein.

**Der Tag, der vor vorgestern lag, liegt drei Tage nach Samstag. Welcher Tag ist heute?**

**Meine Lösung:**

g) Tragen Sie den Zahlenwert ein: ☐ 2 P.**

h) Tragen Sie den Wochentag ein: ______________________ 2 P.**

g) Tragen Sie den Zahlenwert ein: **6** 2 Punkte 2 P.**

h) Tragen Sie den Wochentag ein: **Freitag** 2 Punkte 2 P.**

*g)*

*Bei derartigen Aufgaben lohnt sich das einfache Ausprobieren. Sie haben eine Gleichung mit zwei Symbolen vor sich, Dreieck und Quadrat, die jeweils einer Ziffer von 2 bis 8 entsprechen, wie dem Aufgabenbogen zu entnehmen ist. Gesucht ist der Zahlenwert für das Quadrat.*

*Auf der rechten Seite der Gleichung steht, markiert durch zwei Quadrate, eine offensichtlich zweistellige Zahl mit demnach zwei Ziffern, also laut Angabe entweder 22, 33, 44, 55, 66, 77 oder 88. Der Zahlenwert einer dieser Ziffern muss auf der linken Seite der Gleichung von einer Summe abgezogen werden, die sich aus der Formel A x A + A ergibt, also z. B. 22 = A x A + A – 2. Damit wären A x A + A = 24. Die Ziffer 2 für A scheidet aus, da sie im Beispiel bereits für das Quadrat vergeben ist. Mit der Ziffer 3 für A geht es nicht weiter, denn 3 x 3 + 3 = 12 – 2 = 10, zu wenig. Die Ziffer 4 für A funktioniert auch nicht, denn 4 x 4 + 4 = 20 – 2 = 18, zu wenig. 5 x 5 + 5 = 30 – 2 = 28, zu viel.*

*Spielt man die Gleichung mit aufsteigenden Zahlenwerten für das Quadrat nach oben durch, wird man bei **Ziffer 6** fündig: 66 = A x A + A – 6 lautet nun die Gleichung. A x A + A muss nun den Wert 72 ergeben, da man am Ende die 6 wieder abziehen muss. Ziffer 8 für A erfüllt – at last – die Bedingung, denn 8 x 8 = 64 + 8 = 72 – 6 = 66! Man sieht: Letztlich sind die Zahlenwerte bzw. Ziffern für beide Symbole zu finden, auch wenn nur nach dem Zahlenwert für das Quadrat gefragt ist. Anders lässt sich dieses mathematische Rätsel nicht lösen. Hat auch mit Hartnäckigkeit zu tun!*

*Mathematisch geschulte Menschen gehen hier natürlich eleganter und zeitsparender vor. Vor ihnen liegt eine Gleichung mit zwei Unbekannten A und B: $A^2 + A - B = BB$.*

*BB = 10 x B + 1 x B (wegen Zehner- und Einerstelle). Durch Umstellung der Gleichung bei Wechsel des Vorzeichens für das B der linken Seite vereinfacht sich diese und lautet nun: $A^2 + A = 10 \times B + B + B$, entspricht: $A^2 + A = 12 \times B$. Mit Hilfe des Distributivgesetzes lässt sich diese Gleichung durch Ausklammern umwandeln zu: A x (A + 1) = 12 x B, die Ausgangsformel für die weiteren Überlegungen.*

*Gesucht ist demnach auf der linken Seite ein Produkt aus dem Zwölfer-Einmaleins, das minimal 24 (für B = 2) und maximal 96 (für B = 8) ergibt, da der Zahlenraum für B auf 2 bis 8 beschränkt ist. Rechenproben mit den Zahlenwerten 2, 3 und 4 für A ergeben, dass sich hierdurch auf der linken Seite viel zu kleine Werte ergeben. Erst bei A = 5 erreicht man den Zahlenraum > 24, landet aber beim Wert 30, der nicht mit dem Zwölfer-Einmaleins übereinstimmt. Auch für A = 6 oder 7 ergeben sich Widersprüche. Nur A = 8 ergibt eine Lösung, die passt, denn: 8 x (8 + 1) = 72 (= 6 x 12, also ein Wert aus dem Zwölfer-Einmaleins!). B ist demnach 6. Eine andere Lösung kann ausgeschlossen werden.*

*h)*

*Man geht bei solch einer Aufgabe am besten vom in der Frage genannten Tag aus, das ist der Samstag. Drei Tage nach Samstag kommt der Dienstag. Dienstag ist also der Tag, der vor vorgestern lag. Man geht folglich drei Tage im Wochenkreis vor, denn die Tage werden hier zurückgerechnet (vorgestern wären zwei Tage, der Tag davor addiert einen dritten Tag). Drei Tage nach Dienstag kommt der **Freitag**, die korrekte Lösung für diese Aufgabe.*

## 29 Abhandlung

**Thema: „Digitales Lernen: der Unterricht der Zukunft?"**

▶ Entfalten Sie zu dieser Fragestellung **drei** Argumente.

*Von der Beifügung einer Gliederung sowie von Einleitung und Schluss – wie sie bei Schulaufsätzen üblich sind – ist abzusehen. Bitte setzen Sie* ***nach jedem Argument eine Leerzeile*** *und achten Sie auf eine ansprechende* ***äußere Form.***

*Für die Bearbeitung wird eine Arbeitszeit von* ***75 Minuten*** *vorgeschlagen. Benutzen Sie für Ihre Ausführungen die Seiten 9 bis 11 des* ***Lösungsbogens****.*

## 29 Abhandlung

**Thema: „Digitales Lernen: der Unterricht der Zukunft?"**

Entfalten Sie zu dieser Fragestellung **drei** Argumente.

*Korrekturhinweise:*

*Erwartet wird eine differenzierte Stellungnahme mit drei Argumenten (These, Begründung, Beispiel), die sich auf einem für den Einstieg in die dritte Qualifikationsebene angemessenen Reflexionsniveau bewegt. Hierbei können u. a. folgende Aspekte bzw. Stichworte aufgegriffen werden:*

***Hintergrund – gesamtgesellschaftlicher Zusammenhang***

- *Medienrevolution/Mediengesellschaft*
- *Siegeszug des Internets und des Smartphones*
- *Allgegenwart digitaler Medien im Beruf (z. B. Industrie 4.0) und Alltag (z. B. Soziale Medien)*
- *Notwendigkeit des lebenslangen Lernens*
- *Medienkompetenz als zentrale Anforderung der Gegenwart*

***Lernen mit digitalen Medien***

- *Informationsrecherche und -verarbeitung*
- *Nutzung digitaler Bildungsressourcen (z. B. Internet-Datenbanken, Learning Apps)*
- *Präsentation von Arbeitsergebnissen mit Hilfe digitaler Medien (Bild, Ton, Film)*
- *Selbstständiges Lernen mit Hilfe digitaler Angebote, z. B. Online-Kurse bzw. Lern- und Austauschplattformen*
- *Computer- und EDV-Kenntnisse (z. B. Office-Anwendungen) sowie Programmieren als Schlüsselqualifikationen*

***Veränderung des Unterrichts***

- *Steigerung der Selbsttätigkeit der Schülerinnen und Schüler z. B. durch interaktive Lernangebote, Internetrecherche, Laptop-Klassen, Einrichtung von Lern- und Austauschplattformen*
- *Veranschaulichung der Unterrichtsinhalte durch digitale Angebote (Bild, Ton, Film)*
- *Intensivierung kooperativer Unterrichtsformen*
- *Individualisierung des Lernens (z. B. Lerntempo, Differenzierung des Lernniveaus, Berücksichtigung individueller Interessen)*
- *Motivationssteigerung der Schülerinnen und Schüler*

***Lernen über digitale Medien***

- *Datenschutz und Urheberrecht*
- *Mechanismen der Online-Werbung und Sozialer Netzwerke (z. B. Cyber Mobbing)*
- *Quellenkritik – Fake News*
- *Politischer Extremismus im Netz*
- *Jugendschutz*
- *Netiquette*
- *Risiken und Gefahren des Cyberraums*

***Voraussetzungen für eine zeitgemäße Medienbildung in der Schule***

- *Verbesserung der Medienausstattung*
- *Verankerung/Verstärkung von IT-Inhalten in Lehrplänen und Stundentafeln*
- *Intensivierung der Lehrerfortbildung*

*Die **besondere Qualität** einer Abhandlung zeigt sich, wenn in den Ausführungen auch gesamtgesellschaftliche Aspekte (s. o.) anklingen und ein der Fragestellung entsprechendes Problembewusstsein unter Beweis gestellt wird.*

**Bewertungskriterien „Inhalt" und „Argumentation" (= I/A)**

- Themarelevanz und Vielfalt der Bezüge
- Differenziertheit der Argumentation
- Anschaulichkeit der Beispiele
- Übersichtlichkeit des Aufbaus
- Stichhaltigkeit der Logik
- Adäquatheit des Abstraktionsniveaus
- Klarheit der Aussage

**Bewertungskriterien „Sprache" und „Form" (= S/F)**

- Angemessenheit der Wortwahl
- Korrektheit von Grammatik und Satzbau
- „Lesbarkeit"
- Korrektheit von Rechtschreibung und Zeichensetzung
- Schriftbild und äußere Form

## Abkürzungen für die Korrektur

Bei der Korrektur sind folgende **Korrekturzeichen** zu verwenden:

**A** = Ausdruck
**Bz** = Bezug
**Gr** = Grammatik
**R** = Rechtschreibung
**Sb** = Satzbau
**Wh** = Wiederholung
**Z** = Zeichensetzung

## Benotung

Für beide Bewertungsdimensionen („Inhalt"/„Argumentation" und „Sprache"/„Form") ist jeweils eine Note zu vergeben. Die Benotung richtet sich nach folgender **Notenskala** (§ 27 APO):

| | | |
|---|---|---|
| sehr gut | (1) | = eine besonders hervorragende Leistung, |
| gut | (2) | = eine Leistung, die die durchschnittlichen Anforderungen übertrifft, |
| befriedigend | (3) | = eine Leistung, die in jeder Hinsicht durchschnittlichen Anforderungen entspricht, |
| ausreichend | (4) | = eine Leistung, die trotz ihrer Mängel durchschnittlichen Leistungen noch entspricht, |
| mangelhaft | (5) | = eine an erheblichen Mängeln leidende, im Ganzen nicht mehr brauchbare Leistung, |
| ungenügend | (6) | = eine völlig unbrauchbare Leistung. |

**Punkteermittlung**

Die aus der Korrektur resultierenden Noten sind entsprechend der nachstehenden Tabelle in Punkte umzurechnen. Innerhalb einer Note können nur jeweils drei Abstufungen vorgenommen werden, um dadurch ggf. auch Plus- oder Minus-Tendenzen zum Ausdruck zu bringen.

| Note | Punkte | |
|---|---|---|
| | I/A | S/F |
| 1 | 45 – **42** – 39 | 15 – **14** – 13 |
| 2 | 36 – **33** – 30 | 12 – **11** – 10 |
| 3 | 27 – **24** – 21 | 9 – **8** – 7 |
| 4 | 18 – **15** – 12 | 6 – **5** – 4 |
| 5 | 9 – **6** – 3 | 3 – **2** – 1 |
| 6 | 0 | 0 |

Im **Bewertungsschema Abhandlung** (s. Lösungsbogen S. 11) sind jeweils die vergebene Note und die Punktezahl anzugeben sowie in einer stichwortartigen Bemerkung die Erwägungen für die Benotung aufzuzeigen.

## Bildnachweis

| | |
|---|---|
| S. 76 | picture-alliance / dpa-infografik |
| S. 82 | picture-alliance / dpa-infografik |
| S. 84 | picture-alliance / dpa-infografik |
| S. 88 | Sozialpolitik-aktuell.de |
| S. 104 | www.shutterstock.com |
| S. 110 | www.shutterstock.com |
| S. 118 | www.shutterstock.com |
| S. 154 | www.shutterstock.com |
| S. 168 | www.ard-zdf-onlinestudie.de/Hessischer Rundfunk |
| S. 172 | www.shutterstock.com |
| S. 190 | Abb. A: BArch, Bild 146-1983-089-20 / o. Ang<br>Abb. B: Deutsches Historisches Museum, Berlin<br>Abb. C: BArch, Bild 146-1991-039-11 / o. Ang<br>Abb. D: Bundesregierung / Jesco Denzel |
| S. 192 | Klaus Stuttmann |
| S. 194 | Michael Holtschulte |
| S. 200 | www.studymed.de |

Für einige wenige Abbildungen konnten keine Urheber ermittelt werden. Der Verlag bittet Personen oder Institutionen, welche die Urheberrechte daran besitzen, sich zwecks angemessener Vergütung zu melden.